现代教育技术简论

关洪海　著

北　京
冶 金 工 业 出 版 社
2019

内 容 提 要

本书共分七章，阐述了现代教育技术中的基础理论知识、教学方法和教学媒体操作技能，分别从现代教育技术与教育创新、教育技术与课程整合、数字校园发展及教育技术发展史、现代教学环境及现代教育多媒体应用等方面，对现代教育技术做了系统地探析与研究。

本书可供教育工作者阅读，也可供大专院校有关专业师生参考。

图书在版编目(CIP)数据

现代教育技术简论/关洪海著.—北京：冶金工业出版社，2019.10

ISBN 978-7-5024-8295-4

Ⅰ.①现… Ⅱ.①关… Ⅲ.①教育技术学—研究 Ⅳ.①G40-057

中国版本图书馆 CIP 数据核字(2019)第 214771 号

出 版 人 谭学余
地　　址 北京市东城区嵩祝院北巷 39 号 邮编 100009 电话 (010)64027926
网　　址 www.cnmip.com.cn 电子信箱 yjcbs@cnmip.com.cn
责任编辑 曾 媛 美术编辑 郑小利 版式设计 禹 蕊
责任校对 李 娜 责任印制 牛晓波
ISBN 978-7-5024-8295-4
冶金工业出版社出版发行；各地新华书店经销；北京建宏印刷有限公司印刷
2019 年 10 月第 1 版，2019 年 10 月第 1 次印刷
169mm×239mm；13.5 印张；264 千字；209 页
69.00 元

冶金工业出版社 投稿电话 (010)64027932 投稿信箱 tougao@cnmip.com.cn
冶金工业出版社营销中心 电话 (010)64044283 传真 (010)64027893
冶金工业出版社天猫旗舰店 yjgycbs.tmall.com
（本书如有印装质量问题，本社营销中心负责退换）

前　言

百年大计，教育为本；教育大计，教师为本。人类社会进入21世纪，信息技术已渗透到经济发展和社会生活的各个方面，人们的生产方式、生活方式以及学习方式正在发生深刻的变化，全民教育、优质教育、个性化学习和终身学习已成为信息时代教育发展的重要特征。以计算机网络技术和多媒体技术为主要特征的信息技术，依据学习科学、认知科学、教育教学理论、媒体理论、传播理论和系统工程方法的研究成果，为设计、实施和改善教育教学方案提供了一系列可能的方式和途径（完全不同于以往的任何一种技术所提供的内容），并不断变革教育教学的各个领域。这些研究内容和实践领域在国内外被称为现代教育技术。

当前，世界各国都在普遍关注教育信息化在提高国民素质和增强国家创新能力方面的重要作用。随着我国教育信息化公共服务体系建设工程、数字化校园建设工程、“班班通工程”、“金教工程”、教学教研网络应用建设、学习型社区等教育信息化工程的全面实施，信息技术对教育改革和发展的影响越来越大。《国家中长期教育改革和发展规划纲要（2010—2020年）》（以下简称《纲要》）中明确指出：“信息技术对教育发展具有革命性影响，必须予以高度重视。”2019年2月，《中国教育现代化2035》中提出：“加快信息化时代教育变革。建设智能化校园，统筹建设一体化智能化教学、管理与服务平台。利用现代技术加快推动人才培养模式改革，实现规模化教育与个性化培养的有机结合。”我国教育改革和发展正面临着前所未有的机遇和挑战。以教育信息化带动教育现代化，破解制约我国教育发展的难题，促进教育的创新与变革，是加快我国从教育大国向教育强国迈进的重大战略抉择。

现代教育技术作为连接教育理论与教育实践的桥梁，实现了信息技术与现代教育思想、教育理论、教育内容、教育方法、教育管理的有效融合，为教师进行有效的教学、学生组织有效的学习提供了理论指导，搭建了实践平台。现代教育技术是实现教育信息化的重要力量，它的发展推动了教育事业的现代化进程，并成为改革的制高点和突破口。2010年，《纲要》中提出了“提高教育现代化水平”的教育改革和发展目标，要实现这一目标的关键举措是加快教育信息化进程和强化信息技术应用。现代教育技术以其先进的理念与丰富的技术手段，将在未来的教育改革和发展进程中发挥重要的作用。

纵观目前国内关于信息化教育的学术专著，普遍存在理论性滞后、实用性不够、时效性不强等现实问题，为了破解上述实际问题，作者在查阅大量国内外资料、总结教学实践及科研经验的基础上，从教育技术学的角度，以新的叙述方式对现代教育技术中最主要且应用较为广泛的几个系统，从硬件和软件两个方面进行了探讨。在突出体现现代教育技术实用性的同时，注意体现其思想性、科学性和系统性。

本书既是作者多年教学、研究与实践的反思与小结，也凝聚了众多专家学者的智慧和经验。在本书编写过程中，编者引用了一些国内外专家学者的资料，其中的主要来源已在参考文献中列出，如有遗漏，恳请原谅；同时，对这些专家学者表示衷心的感谢。

由于作者的经验和视野有限，加之时间仓促，书中不足之处在所难免，恳请专家与读者批评指正，不胜感激。

作　者

2019年4月

作者简介：关洪海，1979年生，牡丹江师范学院教务处副处长、副教授，教育科学学院教育管理硕士生导师，东北师范大学教育学部博士在读。主要研究方向为高等教育管理、计算机教学方法、现代教育技术等。

目　录

第一章　导　论

第一节　信息社会对教育的影响

在飞速发展的信息时代，信息日益成为社会各领域中最活跃、最具有决定意义的因素。信息时代给教育注入了新的生机和活力，对教育产生了深刻的影响，也提出了更高的要求，开展信息教育，培养学习者的信息意识和信息能力已成为当前教育改革的必然趋势。随着信息社会的不断发展，传统教育越来越不能适应社会发展的要求。信息社会对教育的要求以及信息技术对教育的影响促使传统教育发生彻底变革，这种变革的当务之急是改革教育的结构、内容和方式。首先要破除传统的教育思想，树立现代化的教育思想和观念。

第一，树立现代教育思想。现代教育思想主要包括现代教育观、现代教学观、现代学生观、现代教材观、现代学校观以及现代人才观。传统教学过分强调教师的主导作用和书本知识的传授，忽视了学生的主体作用和能力的培养，认为教学的功能只有一个，即传授书本知识；而现代教学观认为教学具有多方面的功能，它既要传授知识，又要发展多种能力，如学习能力、信息能力，还要培养品德。只有建立起现代化的教育思想和观念，才能实现全面的教育改革。

第二，改革教育目标和内容。21 世纪教育的目标是培养全面发展、具有高度创新能力和使用信息化手段获取知识和更新知识能力的高素质人才。为了实现新的教育目标，教育内容也必须做出相应的改革。其总的趋势是：教材的难度增加，重视基本理论，强调知识内在的联系，按照高难度、高速度和理论化原则重新编写教材，在课程设计上注重学科结构合理，教学内容少而精，着重使学生掌握一般的基本原理以发展学生的认知能力。制定教学大纲要着眼于能力，特别是思维能力、创造能力的培养，而不是现成知识的传授和一般技术的培训，教育内容还要与生产初衷相结合，着力培养学生解决实际问题的能力。教师的主要任务是培养具有综合素质、具有全面创新能力和高尚道德精神的一代新人。教育四大支柱的实质是要培养具有创新能力和高尚道德精神的人才，教育技术对这种人才的培养具有决定性的意义与作用。它强调以德育为基础，重视培养能力，让学生学会认知的特征，四大支柱对于智育不仅强调知识的学习而且强调实际能力的掌握；对于学习知识强调的是让学生掌握认知的手段、方法，要求学生学会自己发现知识、获取知识的能力。

第三，改革教育形式和方法。信息化教育不再仅限于传统的“班级授课制”这种单一的教学组织形式，而是传统教育、个别化教育、远程教育等相结合，多种办学形式并存，不同类型和层次的学校并存，多种功能的教育融合，重在个别化教育和创新性自主学习，使受教育者具有极大的自由选择余地和发展空间。信息时代的教育不仅要抓基本教育，而且要改革中等教育结构，积极发展职业技术教育，还要改革高等教育结构，发展远距离教育、成人教育以及继续教育，融学校教育、社会教育于一体。教学方法的改革，应在传统教学的基础上逐步采用多种多样的教学方法进行教改实验，把这些单一、落后的手段改变成多样化的现代化教育技术手段，要使其更适应社会发展的要求，体现信息时代的特征。

同时，信息社会的教育与过去相比，在教育教学的观念、内容、手段、方法和模式等方面都在发生着质的变化，学生的学习方式以及教师的职能都发生了相应的变化。

一、信息社会的学校变化

信息技术的发展与应用，推动了优秀学习资源的共享，学校变得越来越开放，并且越来越多的公益组织机构和个人将参与到优秀资源共享的过程中来。

现在常见的开放课程资源有 CORE、OOPS、OCW 及网易公开课等：

（1）CORE 是指中国开放式教育资源，其宗旨为：吸收以美国麻省理工学院为代表的国内外大学的优秀开放式课件、先进教学技术、教学手段等资源用于教育，以提高中国的教育质量。同时，将中国高校的优秀课件与文化精品推向世界，促成教育资源交流和共享。

（2）OOPS 是指 open source open course ware prototype system，即开放式课程计划。其主要计划将麻省理工学院、尤他州立大学开放课程、剑桥大学课程等翻译成中文，以使中文世界的教师和学生可以有机会接触更多世界一流的教育资源。

（3）OCW 是 open course ware 的简写，世界一些知名大学，如 MIT（麻省理工学院）、耶鲁大学，牛津大学等，将逐步把其所开设的全部课程的教学材料和课件公布于网上，供全世界的求知者和教育者们免费无偿地享用。

（4）网易公开课是通过视频免费分享国内外著名学校的公开课程，如 OCW 翻译成为中文的课程。

现代教学媒体和信息技术在课堂教学中的应用越来越普遍，这些媒体和技术的使用对教育过程、教学过程的组织序列和形式、教学方法和手段产生了深刻影响。校校通工程：用 5~10 年时间，使全国 90%左右的独立建制的中小学校能够上网，使中小学师生都能共享网上教育资源，提高所有中小学的教育教学质量，使全体教师能普遍接受旨在提高素质教育水平和能力的继续教育。

具体目标是：2005年前，争取东部地区县以上和中西部地区中等以上城市的中小学都能上网；西部地区及中部边远贫困地区的县和县以下的中学及乡镇中心小学与中国教育卫星宽带网联通。2010年前，争取使全国90%以上独立建制的中小学都能上网。不具备上网条件的少数中小学校也可配备多媒体教学设备和教育教学资源。

校校通工程自2000年开始实施。

(5) 班班通是指学校每个班级具备与外界进行不同层次的信息沟通、信息化资源获取与利用、终端信息显示的软硬件环境，实现信息技术与学科日常教学的有效整合，促进教师教学方式和学生学习方式的变革，最终促进学生的发展。

二、信息时代教师的新型能力和素质要求

随着信息技术的迅速发展和教育信息化的日益深化，教师的专业素养有了新的要求和变化。教育部颁布的《中小学教师教育技术能力标准》从意识与态度、知识与技能、应用与创新、社会责任4个方面对教师素质做了全面的界定，北京师范大学教育技术专家马宁和余胜泉教授从情意与规范、知识素养、能力素养三个维度，对信息时代的教师的专业素养做了全面总结。

信息时代教师专业素养大体包括以下几个方面：

(1) 要具备信息化教育意识和追求自身职业发展与创新的意识和理念。

教育信息化对教师应用信息、采用信息技术优化教学提出了更高要求，而要具备信息应用和信息教学能力，首先必须有运用信息技术的意识与责任、提升自我发展和创新能力的意识，懂得合理、正确地运用信息的途径和维护版权的法律意识等，因此，信息时代的教师应具有以下几方面的意识与理念：

1) 具有高度的职业责任感与不断提升自身专业素养的意识。信息时代要求人们具备改变与创新的能力，教师同样如此，因此，教师应热爱自己的职业，并对自己的职业充满感情，应尊重自己的工作，并具有专业理想，对自己的工作要有很强的责任心及不断提升自己专业素养的意识，并具有对自己的教学进行评价和反思的意识。被动的教师是无法在自己的职业和教学中真正获得发展和进步的，培养职业道德和发展意识对于教师专业发展至关重要。

2) 具备合理获取信息和信息化教学的意识。信息时代的教育要求教育信息化，现代教育技术在教学中的广泛应用，为提高教学效益、培养信息化人才提供了有利条件，但如果教师不善于正确应用，将导致好钢无法用在刀刃上，因此，教师必须正确认识教育技术和教育教学理念对教学的作用和重要性，懂得信息技术工具和信息资源环境对学习具有重大支持，具备运用教育技术和教育教学理念优化教学的意识和在教学中合理整合媒体、技术与教学优势的意识。

3）具备信息规范应用意识和版权法律意识。信息时代对信息的依赖程度大大提高，信息的规范应用和版权保护已成为信息合法应用的关注重点，因此，教师应树立合法的信息应用理念，不仅在自己教学中注重资源的合理使用、尊重他人的隐私和知识版权，同时还应具有培养学生遵循信息伦理道德、提高学生信息责任感和合法应用信息能力的意识。

（2）要具有广博的知识和信息化教学能力。

培养具有综合素质的创新人才是新课标提出的对学生培养要求，随着信息技术及网络在教学中的应用，以及研究性学习、案例学习、情景式学习在教学中的开展，知识多学科融合表现得越来越突出，因此，信息时代的教师除了具备自己本专业知识以外，还应具有深厚的当代科学、人文科学知识基础，并能应用现代教育技术和信息技术，改革教学过程，发展学生的综合素质和创新能力。为此，信息时代教师应具备的知识和能力要素主要包括以下几个方面：

1）具备扎实的专业知识和深厚的文化底蕴。

①扎实的专业知识。具备1~2个学科的专门性知识与技能。教师应对该学科的基础性知识、技能有广泛而深入的理解，熟练掌握相关技能、技巧；教师还应该对该学科相关的知识，尤其是相关点、相关性质、逻辑关系有基本了解。

教师需要了解该学科的发展历史和趋势，了解推动其发展的因素，了解该学科对于社会、人类发展的价值以及在人类生活实践中的多种表现形态。

教师需要掌握每一个学科所提供的独特的认识世界的视角、域界、层次及思维的工具与方法，熟悉学科内科学家的创造发现过程和成功经验，以及在他们身上展现的科学精神和人格力量。

②深厚的知识文化底蕴。综合素质人才培养，要求教师具有综合文化知识，因此，作为一名专业教师，除了必备的专业知识以外，还应具有宽阔的知识视野，这不仅有利于教师的文化积累、教学视野的开拓、教育创新能力的提高，而且在教学中教师还能利用自己的广博知识增加学生的知识面，提高学生的综合素质，为培养全面发展、具有一定创新开拓思维的学生提供必要的知识准备。

2）具有信息化教育必备的知识与能力。

信息时代的教师除了具备教学法知识、课程知识和学科教学法知识以外，教育技术知识素养和实践能力也成为当前教师必备的素质，为此，教师应具备以下信息化教育知识和能力：

①具有完善的现代教育技术知识素养和实践能力。教育技术是对学习过程和学习资源进行设计、开发、应用、管理和评价的理论与实践。因此，学科教师应能对教育技术的概念作深刻理解，并掌握教育技术的理论基础、信息技术与课程

整合的理论与实践、信息化教学设计的理论与方法、资源和媒体应用理论与实践、信息化教学的管理与评价的理论与具体实施措施等。

②具有全面的信息化教育能力。信息化教育不仅需要高度信息化的教学设备，而且需要具有信息化教育能力的教师与之相适应。信息化教育对教师能力提出了更高要求，要求教师转变教育观念，掌握信息技术，培养应用能力，建立以学生为中心的新型教学模式。为保证信息化教育有效开展与落实，信息时代的教师应具备全面的信息化教育能力，这就要求教师除了具备一般教学能力以外，还应具备教学科研能力、信息化教学设计能力、信息化教学实施与评价能力。

教学科研能力。教师具有教学研究的能力，是教师专业发展的重要手段，也是培养学生科研能力、提升学生创新意识的教师必备能力。具体来讲，教师应具备以下几个方面的科研能力：第一，具有教学反思和捕捉当前教育教学改革研究热点问题的能力；第二，具有恰当运用教育教学理论和研究方法、全面地分析和解决教育教学存在的问题与困难的能力；第三，能与其他教师针对某一研究问题进行群体合作，依靠团队的力量提升研究问题的成效和深度的能力。

信息化教学设计能力。新课程改革背景和信息技术在教育中的渗透，使得具备信息化教学设计能力是决定信息化教育成败的关键要素之一，因此，有效地分析教学目标、教学内容和学生特征，选择优化的教学过程模式与策略，提供支持学生探究与协作的信息化学习资源与环境，并合理发挥信息技术的作用，与课程进行有效的整合，对信息化教学过程进行有效的评价与修正等，是教师具备信息化教学设计能力的必备知识。

信息化教学实施与评价能力。教师在对教学进行设计后，还要开展有效的教学过程，因此，能将教学设计的思路落于实处，并发挥效益，也是考量信息化教师的一个重要内容。为此，教师应能在实践过程中积累经验，不断反思自己的实践过程，拓宽教学思路，改进技术应用和教学方法，灵活调整教学过程，并在后续教学中不断完善设计及教学的实施。

三、信息社会学生的变化

信息技术的应用，一方面改变了学习者获取信息的途径，改变了学习者的基本听、说、读、写的方式，学习者具备了更加自由化、多样化的表达方式。另一方面，信息社会是一个知识爆炸的社会，任何一个学习者都必须具备一定的信息素养，具备独立的终身学习能力。

现代教育技术应帮助师范生具有信息社会要求的观念、意识和现代教育技术能力，以适应将来的教学工作。

第二节 现代教育技术与教育创新

一、信息化教育与现代教育技术

（一）信息化教育与教育技术

1993 年 9 月，美国正式提出建设“国家信息基础设施”计划，其主题是发展以互联网为核心的综合化信息服务体系和推进信息技术在社会各领域的广泛应用，特别是把 IT 在教育中的应用作为实施面向 21 世纪教育改革的重要途径。信息化教育概念随之兴起。美国的这一举动引起世界各国的积极响应，许多国家政府相继制定了推进本国教育信息化的计划，在全球范围内掀起了波澜壮阔的信息化教育浪潮。

信息化教育，就是在现代教育思想和理论的指导下，主要运用现代信息技术开发教育资源，优化教育过程，以培养和提高学生信息素养为重要目标的一种新的教育方式。

信息化教育是现代教育思想理论与现代信息技术相结合的产物。它与教育技术是两个不同的概念，它们的区别主要是：

（1）“教育技术”（education technology）一词，是 20 世纪 70 年代末由美国引进的，“信息化教育”一词，是 21 世纪初随着教育信息化建设的开展及网络教育的兴起，在我国出现的。

（2）教育技术的研究对象是学习过程和学习资源的设计、开发、利用、管理与评价。信息化教育的研究对象，是在现代信息技术媒体和现代传媒教学法作用下的学习过程，而不是一般的学习过程；是与信息化教育资源自然地交织在一起的那些学习资源，而不是泛指所有的学习资源的设计、开发、利用、管理和评价。

（3）信息化教育要求必须运用现代信息技术媒体和媒传教学法，必须进行教学系统设计；而教育技术没有这个要求。

（4）信息化教育要求必须在现代教育思想和理论的指导下进行，而教育技术没有这个要求。

（二）教育技术与现代教育技术的定义

1. 教育技术的定义

教育技术就是运用技术手段（特别是信息技术）优化教育教学过程，提高教学效率与效益。技术分为物化形态和智能形态，在教育教学中应用的技术包括以下三个方面。

（1）现代媒体技术，即教育教学中应用的现代教育媒体，是一种物化形态的技术。

（2）现代媒体传播技术，即运用现代教育媒体进行教育教学活动的方法，也就是媒传教学方法，是一种智能形态的技术。

（3）教学系统设计技术，即优化教学过程的系统方法，也就是教学设计，是一种应用广泛的智能形态的技术。

现在普遍接受的教育技术定义是1994年美国教育传播和技术协会（Association for Education Communication and Technology，AECT）对教育技术的定义："教育技术是关于学习过程与学习资源的设计、开发、利用、管理和评价的理论与实践。"该定义将教育技术的研究对象表述为"学习资源"和"学习过程"，体现了现代教学观念从以教为中心转向以学为中心，从传授知识转向发展学生学习能力的重大转变。

学习过程是学习者通过与信息、环境的相互作用获取知识和技能的认知过程，学习资源是学习过程中所要利用的各种信息和环境条件。

2. 现代教育技术的定义

我国现代教育技术的发展起始于20世纪20年代，称为电化教育。当时教学活动中使用幻灯、电影等媒体比原始口耳之学以及后来的印刷媒体用于教学，其传播方式跃进了一大步，已属现代教育技术的范畴，但这还不是完整意义上的现代教育技术，只是现代教育技术发展的初级阶段。

1970年美国教育传播与技术协会成立，其致力于教育技术领域理论与实践的研究工作，分别于1972年、1977年、1994年和2005年四次提出有关教育技术的定义。其中AECT 2005定义界定："教育技术是通过创造、使用和管理合适的技术性的过程和资源，以促进学习和提高绩效的研究与符合伦理道德的实践。"

"现代教育技术"是我国引进"教育技术"的概念后，根据美国教育传播与技术协会的教育技术定义，结合我国的实际情况提出的新概念。现代教育技术是在教育技术的基础上加上"现代"两个字，在教育技术中，对"现代"的理解主要包含两个方面：一是指现在新出现的教育技术，与之对应的是革新的传统教育技术；二是指现在正在使用的教育技术，它包括传统教育技术和新出现的教育技术。前者为狭义理解，后者为广义理解，因此从狭义的角度上来分析，现代教育技术是指以现代教育思想、现代学与教理论为指导，运用现代教育媒体及现代信息技术，通过对教与学过程和资源的设计、开发、利用、评价和管理，以实现教学过程优化的理论和实践。

根据上述论证可知，信息化教育就是在现代教育思想和理论的指导下，主要运用现代信息技术，开发教育资源，优化教育过程，以培养和提高学生信息素养为重要目标的一种新的教育方式。由此可见信息化教育与现代教育存在共通之处：

（1）均以现代教育思想和现代学与教的理论为指导。现代教育思想、理论是与传统教育思想、理论相对而言的。传统教育思想、理论一般是指以德国教育家赫尔巴特和苏联教育家凯洛夫等为代表的教育理论及其所表现的教育思想。这种教育思想、理论对我国教育影响很大，特别是它的六个弊端已成为今天深化改革的严重障碍。现代教育思想、理论一般是指第二次世界大战以后的当代教育思想、理论，赞可夫、布鲁纳等是其主要代表。它的基本精神是：

1）革除传统的六个弊端（忘了学生、忘了能力的培养、忽视现代教育媒体的应用、忽视教学中的非智力因素、上课与谋生不搭界、教学上注入灌输死记硬背法）。

2）实现教学上的四个重心转移和四个最佳结合（从以教为重心逐渐转移到以学重心，力求做到教与学的最佳结合；从以知识为重心逐渐转移到以能力为重心，力求做到知识与能力的最佳结合；从以传统教学媒体为重心逐渐转移到以现代教学媒体为重心，力求做到传统教学媒体与现代教学媒体的最佳结合；从以接受学习为重心逐渐转移到以发现学习为重心，力求做到接受学习与发现学习的最佳结合）。

对信息化教育影响较大、较直接的现代教育思想，主要包括六种现代教育观：素质教育观、终身教育观、双主体教育观、创新教育观、情商为主教育观、四大支柱教育观。

对信息化教育影响较大、较直接的现代教育理论主要是四种学习理论和五种教学理论，四种学习理论主要是行为主义学习理论、认知主义学习理论、建构主义学习理论及人本主义学习理论，五种教学理论主要指赞可夫发展教学论、布鲁纳结构–发现教学论、布鲁姆的掌握学习、加涅的指导教学模式及克拉夫基的范例教学，这些理论是信息化教育的重要理论基础。

（2）均依赖现代信息技术的应用。技术，就是把理论应用于实践的手段和方法的体系，可分为物化形态和智能形态两类，前者称为硬技术，后者称为软技术。

在教育中应用的现代信息技术，主要是三种技术：

1）现代媒体技术，即教育教学中应用的现代技术手段，也就是现代教育媒体，是一种物化形态的技术。媒体是指承载、加工和传递信息的介质或工具。当某一媒体被用于教育目的，并作为承载教育信息的工具时，就被称为教育媒体。现代教育媒体是指利用现代技术承载和传递教育信息的工具。它由两个相互联系的要素构成：一是硬件或现代教学设备，即用以储存和传递教育信息的多种教学机器；二是软件，又叫教材，即录制或承载了教育信息的各种片、带、软盘等。如今运用于教育教学中的主要媒体类型包括视觉媒体、听觉媒体、视听媒体和交互媒体。媒体在教学中主要发挥集中注意力、激发动机、材料直观、有利于感知、形象具体、有利于理解、便于回忆、有利于巩固、提供示范、培养技能、扩大教育规模、提高教学效率和绩效、促进教育改革等作用。

2）现代媒传技术，即运用现代教育媒体进行教育教学活动的方法，也就是媒传教学法，是一种智能形态的技术。媒传教学法既包括教师运用现代教育媒体进行教学的方法，也包括学生运用现代教育媒体进行学习的方法。

3）教学系统设计技术，即优化教学过程的系统方法，也就是教学设计，即利用系统科学的思想和方法，对教学过程进行整体安排和规划的一种可操作的过程。这个操作过程由确定教学目标、分析教学内容、了解学习者的特征、组织教学资源、形成教学方案和实施学习评价等一系列工作组成，是一种应用广泛的智能形态的技术。

（3）均关注优质教育信息资源和教学资源的开发与利用。所谓教育信息资源是指教育活动中师生使用的教育信息的来源。教育信息资源包括三方面：1）教育、教学内容；2）承载教育、教学内容的载体，如书本、影视材料、课件和网络上信息材料等；3）取得教育信息的途径或方式，如阅读、视听、点击浏览、查询等。在信息化教育中，需要积极开发、充分利用的教育信息资源，最主要的是现代教材资源和现代信息技术环境资源，即软件环境建设和硬件环境建设。

教学资源是为教学的有效开展提供的素材等各种可被利用的条件，通常包括教材、案例、影视、图片、课件等，也包括教师资源、教具、基础设施等。从广义上来讲，教学资源可以指在教学过程中被教学者利用的一切要素，包括支撑教学的、为教学服务的人、财、物、信息等；从狭义上来讲，教学资源（学习资源）主要包括教学材料、教学环境及教学后援系统。随着教育信息化的发展，教学资源的主要形式逐渐趋向于电子版的教案、课件、试卷、电子书、素材、视频课堂等，并通过网站建设，实现师生互动和互联网空间的零距离交流。

（4）最终目标都是为了实现教育过程的优化。优化教育过程是现代教育技术和信息化教育共同追求的目标。所谓教育过程最优化就是指在一定的教育教学条件和任务前提下，运用分析、设计、开发、实施和评价的系统方法，使教育和教学达到最好的效果。

由此可见，现代教育技术和信息化教育的目的和研究对象相同，现代教育技术其是我国走进信息化教育的途径和方法。

二、现代教育技术与教育创新

现代教育技术是信息化社会的产物，是现代信息技术与现代教育思想的有效结合，它在教育中的兴起是信息社会对教育的呼声，是我国发展教育信息化的重要途径，它的广泛应用对教育创新与变革产生了重大影响，主要表现在以下几个方面。

(一) 变革了教学内容呈现的方式

随着信息技术在教育中的广泛应用，教学内容的呈现已从传统的教材和板书等静态文字呈现方式中脱离出来，知识呈现趋向于多媒化、超文本、集成性和网络化等特点。

多媒体是计算机技术领域中的一个术语，意指文本、图形图像、声音、动画和视频等多种信息符号以及处理和呈现这些信息符号的功能。知识的多媒体呈现提供了对大脑的多种刺激活动，对知识的获取和保持具有良好效果。在课堂教学过程中，多媒体教学软件还可以呈现教科书以外的教学内容，课件可依据学科特点由教师选择，集成在计算机中，有利于教师在课堂教学中随时使用。

超文本是用超链接的方法，将各种不同空间的文字信息组织在一起的网状文本。随着网络技术在教育中的广泛应用，知识的超文本呈现实现了教学内容的有效管理和组织。

大容量存储技术和多媒体呈现技术，使教学内容集成性有效提高，如在课程教材建设方面，可开发多媒体电子教材、教学资料，将文字、声音、图像、动画等有机地集成，制作成 CD-ROM 等光盘以长期、大容量地储存。

信息技术可提供网络传递方式，实现教学内容的实时开放。建立教学专用网站，使教学内容可随时更新、补充，教学资源获得极大扩充，教师和学生使用教学资源也变得更为便利。

(二) 促进了学生学习方式的变革

现代教育技术依赖现代信息技术的应用，而现代信息技术的发展对人们学习知识、掌握知识、运用知识提出了新的挑战，计算机和网络技术的发展和应用，引发了信息与知识的急剧增长，知识更新的周期缩短，创新的频率加快，早期通过灌输知识提升个人文化的教育理念已不能满足信息社会发展需求，因此，终身学习理念的培养被提上教育重要日程，提升个人素质成为当今教育的核心任务，由此引发学生学习方式逐渐向自主学习、探究式学习和协作学习方向发展。

自主学习是以学生作为学习主体，通过学生独立分析、探索、实践、质疑、创造等方法来实现学习目标的学习方式。自主学习强调培育学生强烈的学习动机和浓厚的学习兴趣，从而进行能动的学习。现代教育技术的应用有助于提高学生的学习兴趣和学习内在动机，多媒体技术使信息呈现方式多样化，给学生提供了一个全方位、立体学习的空间，超文本、超媒体的强大功能是构建自主学习的有效平台，超文本的信息呈现方式实现了分层次教学，为学生自主学习提供尽可能的学习内容选择空间。

探究学习是在学生在主动参与的前提下，根据自己的猜想或假设，在科学理论指导下，运用科学的方法对问题进行研究，在研究过程中获得创新实践能力，获得思维发展，自主构建知识体系的一种学习方式。现代信息技术是学生开展探究学习的重要工具，学生从提高基本的学习效率（读、写、算）到完成较复杂的研究任务都可以依赖现代信息技术，从而帮助学生提高学习的质量和效率。例如，学生利用网络技术从不同资源中查找、评价、收集信息；学生利用数据处理技术分析实验数据、绘制图表以及汇报研究成果；学生利用虚拟技术模拟研究现实问题，提出解决策略和方案等。

协作学习是一种通过小组或团队的形式组织学生进行学习的一种策略。学生学习中的协作活动有利于发展学生个体的思维能力，增强学生个体之间的沟通能力以及对学生个体之间差异的包容能力。此外，协作学习对提高学生的学习业绩、形成学生的批判性思维与创新性思维、培养对待学习内容与学校的乐观态度、提高小组个体之间及其与社会成员的交流沟通能力、加强自尊心与个体间相互尊重关系的处理等都有明显的积极作用。现代信息技术特别是网络技术的交互功能，为协作学习的有效开展提供了广阔平台。例如，学生通过网络通信技术与同伴、专家及其他读者合作，发布作品并进行交流。利用网络技术的 BBS 和电子邮件等开展合作学习，并把自己的观念和信息有效地传播给其他人。学生可以建立个人主页或小集体主页，创设个性化的学习平台。

（三）促进了教师教学方式的变革

现代教育技术在教学中的应用，极大地冲击了以课堂、教师、书本为中心的传统教学体系，使教学由“教”为主体转向以学“为”主体，给传统的教学过程及方法带来了一次深刻的变革。主要表现在以下几方面：学习目标由传统教学的系统知识和操作技能传授向学生实践能力培养和增加智慧体验方面转变；学习环境由传统课堂环境、教学情境和学习材料展示向创设问题情境、提供共享资源和研究工具培养学生研究能力方向转变；学习过程由导入情境、传授知识、练习验证、复习巩固模式向情境体验、问题探究转变；学习活动由明确目标、接受讲解、练习验证、巩固运用向选择目标、收集资料、分析整合、自主建构转变。教学更强调学生的自主参与和协作探究，强调学生自主、探究、协作能力的培养，强调终身学习能力的培养。

（四）促进了师生互动方式的变革

师生互动方式的转变实际上是师生关系转变的表现，信息技术使师生由主动与被动的关系变为平等、和谐的关系。信息技术的信息传递具有快速、隐蔽、灵活等特点，可以丰富传统的师生互动方式，使师生之间增加更广泛、更民主、更有针对性的交流。信息技术对师生互动方式变革的促进作用主要表现在以下几个方面：

（1）信息技术可以实现一名教师与多个学生的互动，学生可以随时向教师提问，教师可以针对每个学生的特点进行个别性的辅导。

（2）信息技术可以实现远距离师生互动，加强师生、生生之间的跨时空的交流与合作。

（3）信息技术强大的管理功能可以提高师生之间评价与反馈的质量与效率。

第三节 信息技术与课程整合

以计算机网络技术和多媒体技术为主要特征的信息技术正在不断变革教育教学的各个领域。在国内，这些研究内容和实践领域常常被称为现代教育技术。信息技术在教学领域的应用更直接、更深入地表现在课程的变革上，即课程目标、课程设计与开发、课程实施与评价的变革，这就是信息技术与课程整合。

一、信息技术与课程整合的含义

在分析信息技术与课程整合的含义之前，有必要先对信息技术与课程整合的发展历程做简单介绍，以便于大家在继承和借鉴的基础上，更好地认识和理解信息技术与课程整合的本质。

（一）信息技术与课程整合的发展历程

自1959年美国IBM公司研发出第一个计算机辅助教学系统以来，信息技术与课程整合大体经历了以下三个发展阶段。

1. 计算机辅助教学（computer assisted instruction，CAI）阶段

20世纪60年代初至80年代中期，是信息技术应用于教育的第一个发展阶段，即CAI阶段。该阶段主要利用计算机的快速运算、图形动画和仿真等功能，辅助教师解决教学中的某些重点、难点问题，设计的CAI课件大多以演示为主。在这一阶段，一般只提计算机教育（或计算机文化），还没有提出信息技术的概念

2. 计算机辅助学习（computer assisted learning，CAL）阶段

20世纪80年代中期至90年代中期是CAL阶段。此阶段逐步从辅助教为主转向辅助学为主，也就是强调如何利用计算机辅助学生学习。例如，用计算机帮助学生搜集资料、辅导答疑、自我测试以及帮助学生安排学习计划等，即不仅仅用计算机辅助教师的教，更强调用计算机辅助学生自主地学。在这一阶段，计算机教育和信息技术教育两种概念并存。

应当指出的是，我国因为信息技术应用于教育起步较晚——20 世纪 80 年代初才开始进行计算机辅助教学的试验研究，加上我国教育界历来受“以教为主”的传统教育思想影响，往往只重视教师的教，而忽视学生自主地学，所以尽管国际上自 20 世纪 80 年代中期开始信息技术应用于教育的主要模式逐渐由 CAI 转向 CAL，但是在我国似乎并没有这种变化。

3. 信息技术与课程整合（integrating information technology into the curriculum，IITC）阶段

20 世纪 90 年代中期以来，信息技术与各学科课程的整合是国际教育界非常关注和重视的一个研究课题，也是信息技术应用于教育进入第三个发展阶段（即 IITC 阶段）的主要模式。在这一阶段，原来的计算机教育（或计算机文化）概念已完全被信息技术教育概念取代。

（二）信息技术与课程整合的内涵

何克抗教授认为，所谓信息技术与课程整合，就是通过将信息技术有效地融合于各学科的教学过程来营造一种新型教学环境，实现一种既能发挥教师主导作用又能充分体现学生主体地位的以“自主、探究、合作”为特征的教与学方式。这一观点把学生的主动性、积极性和创造性较充分地发挥出来，使传统的以教师为中心的课堂教学结构发生根本性变革，从而使学生的创新精神与实践能力的培养真正落到实处。由此可见，信息技术与课程整合包含三个基本属性：营造（或建构）新型教学环境、实现新的教与学方式、变革传统教学结构。应当指出，这三个基本属性并非平行并列的关系，而是逐步递进的关系——营造新型教学环境是为了支持新的教与学方式，实现新的教与学方式是为了变革传统教学结构，变革传统教学结构则是为了最终达到培养学生的创新精神与实践能力的目标（即培养创新人才的目标）。可见，整合的实质与落脚点是变革传统的教学结构，即改变“以教师为中心”的教学结构，创建新型的既能发挥教师主导作用又能充分体现学生主体地位的“主导-主体相结合”的教学结构。只有依据三个基本属性，特别是变革传统教学结构这一属性来理解整合的内涵，才可能把握信息技术与课程整合的实质。

因为“环境”这一概念含义很广（教学过程主体以外的一切人力因素与非人力因素都属于教学环境的范畴），所以上述定义就信息技术在教育领域的应用而言，与把以计算机为核心的信息技术仅仅看成工具、手段的 CAI 或 CAL 相比，显然要广泛得多、深刻得多，其实际意义也要重大得多。

CAI 主要是对教学方法与教学手段的改变（涉及教学环境和教学方式），它基本上没有体现新的学习方式，更没有改变教学结构，因此它和信息技术与课程整合二者之间不能画等号。当然，在课程整合过程中，有时候会将 CAI 课件用于

促进学生的自主学习，所以整合并不排斥 CAI。不过，整合过程中运用 CAI 课件是把它作为促进学生自主学习的认知工具与协作交流工具，这种场合中的 CAI 只是整合过程（即信息技术应用于教育的全过程）中的一个环节、一个局部。而传统的“以教师为中心”的计算机辅助教学是把 CAI 课件作为辅助教师突破教学重难点的直观教具、演示教具，并且这种场合中的 CAI 就是信息技术应用于教育的全部内容（而不是其中的一个环节或局部）。可见，这两种场合中 CAI 课件的运用，即使不从其内涵实质而仅从其应用方式上看，也是不一样的。所以只有依据上述三个基本属性来认识和理解信息技术与课程整合的内涵与实质，才有可能形成真正有效的能实现深层次整合的具体途径与方法。从目前全球的发展趋势来看，信息技术应用于教育正日渐深入地进入第三个发展阶段，即信息技术与课程整合的阶段。由以上分析可见，在进入这个阶段以后，实际上信息技术就不再仅仅是辅助教或学的工具，而是要通过新型教学环境和教与学方式的建构从根本上改变传统的“以教师为中心”的教学结构，使培养学生的创新精神与实践能力的目标（即培养创新人才的目标）真正落到实处。正因为如此，大力倡导与推进信息技术与课程整合，目前已经成为全球教育改革的总趋势。

二、信息技术与课程整合的目标

信息技术与课程整合要达到的宏观目标是：建设数字化教育环境，推进教育信息化进程，促进学校教学方式的根本性变革，培养学生的创新精神和实践能力，实现信息技术环境下的素质教育与创新教育。具体目标包括四个方面。

（一）优化教学过程，提高教学质量和效益

信息技术与课程整合的本质是在教育思想、教育理论的指导下，把以计算机及网络技术为核心的信息技术作为教学环境的创设工具和促进学生学习的认知工具，应用到各学科教学过程中。要将各种教学资源、各个教学要素和教学环节进行组合、重构，使其相互融合，以提高教学质量，促进传统教学方法的变革。

（二）培养学生的信息素养

培养学生获取（包括信息发现、信息采集与信息优选）、分析（包括信息分类、信息综合、信息查错与信息评价）、加工（包括信息的排序与检索、信息的组织与表达、信息的存储与变换以及信息的控制与传输等）和利用（包括如何有效地利用信息解决学习、工作和生活中的各种问题）信息的知识与能力，为学生打好全面、扎实的信息文化基础，同时使学生具备对信息内容的批判与理解能力，并能在虚拟的环境中具有良好的信息伦理道德和法律意识。

（三）培养学生掌握信息时代的学习方式

海量的网络信息改变了人类的学习方式，使其从接受式学习转变为自主学习、探究性学习和协作学习。新的学习方式要求学生能够利用资源进行学习，学会在数字化情境中进行自主发现，学会利用网络通信工具进行协商交流、合作讨论式学习，学会利用信息加工工具和创作平台，进行实践性、创造性学习。

（四）培养学生终身学习的态度和能力

在信息时代，知识的更新加快，各学科之间相互渗透，从而出现了更多的新兴学科和交叉学科。这就要求学生具有主动汲取知识的愿望，并能付诸于日常生活实践，能够独立自主地学习，能够自我组织并控制整个学习过程，对学习进行自我评估。

三、信息技术与课程整合的基本方式

信息技术与课程整合的关键是如何有效应用信息技术的优势来更好地实现课程学习的目标，培养学生的信息素养、创新精神与实践能力。信息技术与课程整合的基本方式有以下 10 种。

（一）信息技术作为学习对象

信息技术作为学习对象包含三个方面的含义。(1) 学习信息技术的相关科学知识。像物理、化学一样，信息技术也凝聚了人类的智慧，学生应当学习信息技术的相关科学知识，了解计算机的基本原理、构成、程序语言、历史以及未来发展趋势等。(2) 学习信息技术的基本技能。信息技术在社会中具有广泛的用途，作为社会公民，学生应当掌握信息技术的基本技能。(3) 了解信息技术的用途及其对社会的影响。信息技术对社会产生了重大影响，学生应当了解信息技术给社会各领域带来的变化及问题，知道信息技术能做什么，不能做什么。

（二）信息技术作为演示工具

信息技术作为演示工具是信息技术应用于学科教学的最初表现形式，是信息技术与课程整合的最低层次，目前大多数基础教育和高等教育都采用这种方式。教师可以利用现成的计算机辅助教学软件或多媒体素材库，选择合适的部分运用在自己的教学中；也可以利用一些多媒体制作工具，有效结合各种教学素材，制作演示文稿或多媒体课件，清楚地说明要讲解的内容的结构，形象地演示其中某些难以理解的内容，用图表、动画等展示动态的变化过程和理论模型，等等。另外，教师也可以利用模拟软件或者计算机外接传感器来演示某些实验现象，帮助学生理解所学的知识。这样，通过合理的设计与选择，用计算机代替幻灯、投影、粉笔、黑板等传统媒体，实现新的教育功能。

(三) 信息技术作为交流工具

信息技术作为交流工具是指将信息技术作为辅助教学交流的工具引入教学，主要实现师生之间情感与信息的交流。网络通信技术的发展为信息的交流提供了有力的工具，如电子邮件、BBS、聊天室、视频会议等，都可以为教师和学生之间的交流提供支持。同一个学科的教师可以通过邮件列表或 BBS 等建立一个讨论组，交流自己在教学中的经验体会。学生可以在网上建立各种兴趣小组，对共同感兴趣的主题进行探索和讨论。比如，在科学教育中，世界上不同国家的学生利用互联网来共同研究全球气候变暖的问题。他们分别收集当地气候变化的有关资料，并进行实地观测，然后将数据录入基于互联网的数据库中，再在网上对气候变化及其原因进行讨论。这样，这些学生就可以对世界上不同地方的气候变化情况进行分析和研究。学生可以通过网络向教师提问题或交作业，教师可以通过网络为学生提供指导，学校和家长之间也可以利用网络实现更好的沟通和合作。另外，在进行某个领域的学习时，学生还可以通过互联网访问该领域的一流专家或者一线实践工作者。比如，学生可以就遗传问题直接通过电子邮件访问遗传学专家。

(四) 信息技术作为个别辅导工具

目前有大量的练习型软件和计算机辅助测验软件，可以让学生在练习和测验中巩固所学的知识，并决定下一步学习的方向，实现个别辅导式教学。在此过程中，计算机软件代替了教师的部分职能，如出题、评定等。因此，教学的发生对技术有较强的依赖性。此外，这种教学还能在一定程度上注意学生的个别差异，提高学生学习的投入性。根据不同的学习内容和学习目标，不同模式的个别辅导软件采用不同的教学（或学习）方法，提供的交互方式也有所不同，包括操练和练习、对话、游戏、模拟、测试、问题解答等。

(五) 信息技术提供资源环境

用信息技术提供资源环境就是要突破书本是知识主要来源的限制，用各种相关资源来丰富课堂教学，极大地扩充教学知识量，使学生不再只是学习课本上的内容，而是开阔思路，了解各种观点。以前，教师在备课时能利用的信息资源主要是教科书、教学参考书以及其他参考资料；学生在学习活动中的信息源主要是教师、课本以及其他学习辅导书。信息技术进入教学扩展了教师和学生的信息源，他们可以访问各种电子化的课程资源库，获得直接相关的素材和资料；使用各种多媒体百科全书光盘（如“科学大百科”“世界名画”等），获得图、文、声并茂的教学资料；通过网络检索图书馆中的相关资源，或者直接访问数字图书馆中的内容，比如中国期刊网；浏览万维网上的各种专业网站，获得某学科的最新信息。丰富有效的信息资源是优质教学的重要保障，因此，在设计教学活动时，教师需要精心考虑应该利用哪些信息资源，如何用信息技术为学生提供最好、最新、最有吸引力的信息。另外，教师要引导、帮助学生有效地获取和利用各种信息资源，让他们能利用这些信息资源进行探索性学习。

在资源丰富的环境下学习，可以培养学生获取信息、分析信息的能力，让学生在对大量信息进行筛选的过程中，实现对事物的多层面了解。

（六）信息技术作为情境探究和发现学习的工具

一定的社会行为总是伴随行为发生所依赖的情境。要求学生理解某种社会行为，最好的方法是创设同样的情境，让学生具有真实的情境体验，在特定的情境中理解事物本身。利用多媒体集成工具或网页开发工具对需要呈现的课程学习内容以多媒体、超文本、友好交互等方式进行集成、加工处理，转化为数字化学习资源，并根据教学的需要创设一定的情境，让学生在情境中进行探究、发现，有助于加深学生对学习内容的理解，促进学生学习能力的提高。在发现式教学中，教师不是直接把现成的知识呈现给学生，而是给学生提供一定的问题情境和有关的资源，让学生通过自己的思考、探索来形成某些概念，发现事物的运动规律。在教学中，信息技术的作用主要是呈现探索情境，提供解决问题所需要的工具和信息资源，也可以检查、评价学生的学习情况。计算机模拟软件是发现学习的好工具。发现学习开始于需要学生探索的问题情境。传统教学中的习题往往是高度简化的，是与现实问题相差很大的“伪问题”。在这些习题中，条件和问题是明确给出的，而且它们之间是对应的，即所需要的条件都给了，不需要的条件一点不提，这与现实世界中的问题情境截然不同。这种教学方式不利于培养学生解决实际问题的能力。因此，新的教学方式提倡利用模拟软件或其他多媒体软件呈现探索情境，让学生对真实的问题情境进行探索。比如，可以用动画来表现一个故事情节，其中蕴含着需要学生解答的问题以及解决问题所需要的条件，这种方式更能激发学生的兴趣，更能保持问题的真实性。模拟软件一般向学生展现某种情境或过程，其中蕴含着一定的变量关系，学生可以通过对模拟情境的探究来发现其中的规律。一些开放的工具型教学软件也可以作为发现式教学的有力工具，比如中学数学教师利用几何画板来探索三角形重心的规律、直角三角形三条边的关系等。

通过信息技术对呈现的社会、文化、自然情境进行观察、分析、思考，激发学生的学习兴趣、提高学生的观察和思考能力；通过信息技术对设置的问题情境进行思考、探索，利用数字化资源具有多媒体、超文本和友好交互界面等特点，培养学生发现问题、解决问题的能力；通过利用节点之间所具有的语义关系，培养学生进行知识意义建构的能力；通过信息技术创设虚拟实验环境，让学生实际操作、观察现象、读取数据、分析数据，培养其科学研究的能力，使其形成正确的科学研究态度，并掌握科学探索的方法与途径，这些都是信息技术作为情境探究和发现学习的工具的主要作用。

（七）信息技术作为信息加工和知识构建的工具

将信息技术作为信息加工工具主要是培养学生的信息加工和分析能力以及思维的流畅表达能力，强调学生在对大量信息进行快速提取的过程中，要对信息进行重整、加工和再应用。将信息技术作为知识构建工具可以使大量知识内化，在内化的过程中还可以开展通信和交流，提高学生在信息技术条件下思考、表达和交流信息的能力以及应用信息的能力。在这些过程中，通常可以采用任务式教学策略，它适用于小学高年级及以上的所有年级。例如，让小学六年级学生写一篇有关他最向往的地方的作文，学生可以在网上自由选择祖国山河的壮丽一景，结合图片及相关文字介绍写出一篇精美、感人的作文。在教学过程中，教师要密切注意学生信息加工处理的整个过程，在其遇到困难的时候给予及时的辅导和帮助。

将信息技术作为信息加工与知识建构的工具的途径有以下三种。

1. 使用专门的工具型教学软件

工具型教学软件不为教师提供具体的教学内容，而是提供一个展示、处理某类教学内容的平台，教师、学生可以利用它来解决自己所面临的具体问题。几何画板是当前数学教学中应用非常广泛的工具型软件，利用这一软件，学生可以很方便地绘制各种几何图形，测量长度、角度等参数，还可以对图形做各种操作，比如伸缩、旋转等。通过这些操作，学生可以研究和发现图形中的各种内在关系。其他很多学科也都有一些可以利用的工具型软件，比如化学中的专用绘图软件 Chem Draw。另外，一些教育软件开发商还专门为不同学科的教师开发了电子备课工具。

2. 在教学中应用一般工具软件

一般工具软件也可以用在教学中，如文字处理软件、演示文稿软件、电子表格软件、数据库软件等。微软公司的 PowerPoint 是教学中常用的工具软件，教师可以用它制作电子教案，在一定程度上代替黑板来演示教学提纲和内容。文字处理软件（如 Word 等）可以用在语文的写作课上，学生可以利用 Word 等进行写作和编辑排版；在进行英语写作时，Word 等还具有拼写和语法检查的功能，对学生的写作提供一定的帮助；另外，也可以在社会科学或自然科学课上让学生用

Word 撰写研究报告等。数据库、电子表格等软件可以用在自然科学研究或社会调查中，对数据进行管理和处理分析。比如，在学习中国人口问题时，教师不是直接向学生讲解中国的人口现状和人口政策，而是给学生提供中国人口数量发展的原始数据、世界人口发展的资料、中国及世界的耕地面积数据等，让学生通过电子表格软件建立相应的数据表，绘制中国和世界人口发展的曲线，分析中国人口发展的趋势及面临的问题。

3. 将计算机及其外接设备作为教学工具

传感器用于实验教学在国外的理科教学中已经比较普遍。将计算机与一些传感器连接起来，可以很方便地进行科学实验。传感器可以精确地测量和传递实验中的各种变量，如温度、光强、速度、pH、氧气浓度、电压、电流、压力等。在进行实验时，实验的各种数据会实时地输入计算机，由计算机统计分析后转化为图像、表格等形式呈现在屏幕上。比如，把温度传感器放进一杯热水中，计算机屏幕上会出现一条正在逐渐上升的温度曲线，而且会在表格中显示温度的具体变化数据。这样一来，利用基于计算机的实验，不仅可以使传统教学中的定性实验得以量化，还可以使原有的定量实验变得更为准确和精密。

（八）信息技术作为合作工具

计算机网络技术为信息技术与课程整合、合作式学习提供了良好的技术基础和支持环境。计算机网络环境大大扩充了合作的范围，减少了合作的非必要支出，学生可以借助 Mud、E-mail、BBS 等网络通信工具实现相互之间的交流，参加各种类型的对话、协商、讨论等活动，促进独立思考，发展求异思维，培养创新能力和团队合作精神。基于互联网的学习合作模式有四种：竞争、合作、伙伴和角色扮演。不同类型的合作学习对技术的要求程度不同。在课堂的合作研讨活动中，信息技术可以作为表达工具，如学生个人或者学习小组可以将自己对研讨问题的思考做成 PowerPoint 演示文稿，使自己的表达更清楚、更有条理。另外，信息技术还可以作为信息记录和整理的工具，如交互式电子白板。在计算机上连接投影仪和交互式电子白板，教师就可以在教学过程中随时将学生的发言要点记录在白板上，并且可以绘制成示意图呈现讨论的思路和进展过程。借助这样的外部记录手段，学生可以更好地整理自己的想法，进行发散思维，加深讨论的深度，扩大讨论的广度。白板上的记录可以形成文件，保存在计算机的硬盘上，以便随时调用和回顾。

教师还可以组织学生在网上对某个问题进行合作研讨。学生可以在 BBS 专题讨论区内发表自己的观点，并相互评论；可以通过电子邮件列表进行交流；不同地方的学生甚至可以通过视频会议等进行实时交流讨论。在互联网上有很多为学生设计的合作研讨站点，这些站点一般是围绕某些课题而设计的，不同地方的学习者可以通过互联网对这些课题进行研讨，并形成研究报告。

（九）信息技术作为研发工具

虽然我们强调培养学生的信息加工、处理能力及合作能力，但最重要的还是要培养学生的探索能力、发现问题和解决问题的能力以及创造性思维能力，这才是教育的最终目标。在实现这种目标的教学中，信息技术扮演着研发工具的角色。

很多工具型教学软件都可以为研究性教学和学习提供支持。如在中学数学教学中，几何画板可为学生提供自我动手、探索问题的机会。当面对问题时，学生可以通过思考和合作，提出自己的假设和推理，然后用几何画板进行验证。此外，学生还可以使用几何画板做实验来发现一些数学现象，总结一些数学规律，如三角形的内角和为180°、圆周率的存在及计算等。随着信息技术的飞速发展，新技术在教学中的应用有助于学生的探索和学生在各种真实、复杂的条件下做出决策和选择，可以提高学生解决实际问题的能力。探索式教学和问题解决式教学等都是将信息技术作为研发工具的典型教学模式。

（十）信息技术作为评价工具

新课程改革改变了评价的功能、内容和方式。评价的功能不再是单一地评定学业成绩的好差，更重要的是对教师的教学、学生的学习进行诊断，为改进教与学提供参考；评价的内容也不再局限于学生的知识掌握情况，而开始关注学生的能力及其发展的过程，重视过程的评价；考试不再是唯一的评价方式，档案袋评价、课堂评价、学生自我评价、调查问卷等都成为评价的方式。这些改变对教师提出了新的要求，要求教师不仅要经常性地设计课堂评价表、调查问卷、学生自主评价表等，还要付出更多的精力来统计、管理这些评价用的材料和相关信息。过程性评价是否能真正落到实处、真正实现评价诊断教学的功能对教师来说是一个极大的挑战。如果有一个高效的电子评估系统，可以对学生的成长档案袋、日常评价信息、调查问卷等进行电子化管理，那么就有可能使教师从繁重的统计、档案管理中解脱出来，从而使他们有更多的精力关注教学，关注评价结果所反映的教学信息，利用评价诊断教与学中出现的问题，从而促进教与学。

测验是教学过程的重要环节，计算机辅助测验是指用计算机协助实施测验，它是独立于计算机辅助教学的客观性测验。计算机辅助测验系统具有生成测验的功能，教师只要设计并录入试题的具体内容，测验模板就能按照所选择的形式和格式自动生成教师所需要的测验。利用多媒体作业与考试系统提供的各种类型的试题库，学生可以按照不同组题策略选出不同等级的测试题目，做联机测试，并利用统计分析软件和学习反应信息分析系统分析测试成绩，发掘教学过程中的信息，并借助统计图表等对学习水平进行自我评价。教师可以根据测验结果诊断学生的学习问题，从而及时调整教学策略。利用信息技术建立电子档案袋系统，可以减轻教师建立和管理档案袋的工作量，可以推进面向学习过程的评估；建立在线问卷调查系统，可以将素质教育的评估指标体系内置到系统内做在线调查和统计，并自动生成统计报告，提升素质教育评估的可操作性。

第四节 体验数字校园

《国家中长期教育改革和发展规划纲要（2010—2020 年）》提出推进数字化校园建设，用数字技术改造和提升学校教育管理和教学水平，促进信息技术和教育教学、学校管理的有机整合，提高效率和效能。目前，已有许多中小学校、高等学校开展了数字化校园建设，以信息化手段带动教育教学改革，提高课堂效率，提升教学质量，提升管理服务水平，全方位覆盖学校的教学、科研、管理和服务等工作。数字校园实现了现实校园在时间和空间上的扩展与延伸，它包含了现实校园及其所衍生出来的数字空间。

一、什么是数字校园

数字校园是利用信息技术对学校的各项工作进行全面整合，可以说数字校园=数字技术+学校各项工作。

数字校园以教师、学生、管理人员为主体，以教学、科研、管理和服务活动为主要内容，通过校园数字化实现资源高度共享、信息高速流动，是数字化虚拟教育环境。数字校园为教师、学生、管理人员和服务人员等各类人员提供相关的平台。如教师的备课、教学和培训等，学生的学习、课程选修、研究性学习和心理咨询等，管理人员的办公、人事管理、图书管理、教务管理和财务管理等，服务人员的食堂管理、宿舍管理、门禁安全管理等。

二、数字校园的主要功能

（1）综合信息服务。通过校内信息门户平台提供综合信息服务，主要包括校园信息发布、学习社区、电子邮件、文件传输、域名服务、目录服务等信息服务功能。

（2）统一身份认证。通过统一身份认证系统，集中进行用户管理、权限管理，保证用户电子身份的唯一性、真实性与权威性，实现用户单点登录，保证系统的安全性。

（3）公共数据交换。通过学校信息化教学、科研和管理资源中心实现各个应用系统之间的数据交换与数据共享。

(4) 各种应用系统。如网络教学平台、校园一卡通系统、图书管理系统、教务管理系统、行政办公自动化系统、人事管理系统、学生综合管理、科研管理系统和资产管理系统，实现学校各项管理工作的信息化。目前，针对新生入学接待，许多高校开发了数字迎新系统等。

数字校园利用计算机技术、网络技术以及科学规范的管理对校园内的教学、科研、管理和生活服务有关的所有信息资源进行整合、集成和全面的数字化，构成了统一的用户管理、统一的资源管理和统一的权限控制，通过组织和业务流程，推动学校进行制度创新、管理创新，实现教育信息化、决策科学化和管理规范化，促进数字校园在学习、生活的各种应用。

三、数字校园的主要应用

当前，我国高校数字应用主要有网络教学系统、一卡通系统、教务管理系统、图书管理系统、人事管理系统、科研管理系统和资产管理系统等。

（一）网络教学系统

网络教学系统主要有基于课堂的多媒体教学模式、基于网络的资源型教学模式、基于网络的远程教学模式三种：

(1) 在基于课堂的多媒体教学模式中，教师运用多媒体网络教室，在课堂中面向学生进行教学活动，师生能够面对面地交流。基于多媒体网络教室的课堂教学模式的最大缺点是受时间、空间和教师的约束，使该教学系统不可能适合所有教师，不能让课堂外更多人享受到这种优质资源。

(2) 在基于网络的资源型教学模式中，学生不受时间、空间限制，可以把优质资源分享给所有需要资源的人，这种资源型教学模式只能解决部分学生的部分需求。

(3) 在基于网络的远程教学模式中，学生不受空间限制，任何学生都可以享受这种优质资源。学生可以享受自主学习的乐趣。这种教学模式虽然具有师生交流，但实时交互性较弱，教学效果相比课堂教学而言要差一些，却比网络资源型教学模式要好。

在三种教学模式中，教学效果以课堂多媒体教学模式为最好，网络资源型模式为最差；教学投入以网络资源型模式最低，课堂多媒体教学模式为最高；服务人数以网络远程教学模式和网络资源型模式为最多，课堂多媒体教学模式为最少。

目前，在高等学校中，网络教学系统已普遍应用，其中应用较多的是天空教室网络课堂。天空网络课堂教学平台是基于网络的远程教学模式，主要作为课堂教学的补充。课堂多媒体教学模式由于教学效果最好，已被中小学校、高校普遍采用。

（二）校园一卡通

校园一卡通系统由校园卡平台系统和校园卡应用子系统、校园卡三大部分组成。校园卡平台系统由数据中心和管理中心组成。管理中心又分为人工服务点和自助服务点。校园卡应用子系统是接受持卡人各种应用的服务系统，分为商务消费类、身份识别类、商务消费与身份识别混合类三大类。商务消费类如食堂就餐、超市购物、自动售货、商服消费等；身份识别类如替代学生证、工作证等完成学籍查询管理，替代图书证完成借还书及文献检索，自动识别出入图书馆、教学实验楼和宿舍的门禁。商务消费与身份识别混合类如医疗付费、上机付费等。

校园一卡通系统在学校内简称校园卡系统，是数字校园的组成部分和重要标志之一。校园一卡通系统是集统一身份认证、管理信息系统（MIS）于一身的管理系统。校园卡是将师生员工与数字校园有机连接在一起的最有效的媒介，在校园中，师生员工的校园卡，集身份卡、借书卡、消费卡、上机卡、医疗卡等多种功能卡片于一体，代表持卡人的身份，在卡上可自由充值和消费，在校园内做到一卡通用，实现了“一卡在手，走遍校园”。

校园一卡通改变了传统消费及身份识别管理模式，同时具有学校管理决策支持系统的部分功能，为学校的管理带来了高效、方便与安全。校园一卡通系统通过采用逻辑一体、物理分离的校园卡，实现校园卡在银行各个网点通用，可以进行电子货币结算，做到各个银行互通。持卡人通过转存等方式实现银行卡与校园卡之间的转账功能，赋予校园卡系统金融功能，让校园卡走出了校园，成为校园外一定区域内的“一卡通”。

（三）数字图书馆

数字图书馆是利用数字技术对信息资源进行收集、整理、保存、发布和利用的数字化信息资源库。数字图书馆将期刊、参考工具书、专著、视频声频资料等经过数字化转换的各类资源、以电子形式出版的资料、新出版或经过回溯性加工的资料等数字化信息，通过互联网传输，实现信息资源共享。计算机终端的用户可以在任何时间、任何地点通过网络登录到相关数字图书馆的网站，使用数字图书馆的丰富的数字化信息资源，数字图书馆具有信息储存空间小、信息不易损坏丢失、信息查阅检索方便、可远程迅速传递信息、同一信息可多人同时使用等特点。

目前，国内的主要数字图书馆有中国数字图书馆、中国知网、维普资讯网、万方数据、超星数字图书馆和高校数字图书馆等。

数字图书馆可以提供各种类型的资源，如图书资料、期刊论文、会议文献、学位论文、专利信息、标准信息、报纸、音像资料、学科资源以及许多非书资源等。在图书馆海量资源中查找图书资料一般通过数字图书馆的联机公共检索目录进行。查阅中文期刊论文可以通过中国知网、维普资讯网等检索，查阅外文期刊可以通过 Elsevier 等进行检索。

四、数字校园建设

《国家中长期教育改革和发展规划纲要（2010—2020 年）》明确指出“信息技术对教育发展具有革命性影响，必须予以高度重视”，并要求“把教育信息化纳入国家信息化发展整体战略”，“加快教育信息化进程”。教学活动是学校教育活动的中心工作，教学信息化将有力地推进教育信息化的进程。教学信息化是指充分利用信息技术及现代教育教学的思想、方法和手段进行教学，使教学的所有环节信息化，从而提高教学质量和效率，最终实现教学现代化的过程。它包含教学基础平台、教学资源、教学过程和教学管理等信息化。数字校园建设是实现教育信息化的一个重要途径。

（一）数字校园的架构

数字校园是一个层次化的结构，根据功能其架构可以分为五个层次：网络基础设施、网络基本服务、应用支撑系统、信息服务系统及虚拟校园等。

（1）网络基础设施主要是由综合布线系统、服务器和终端工作站、网络互连设备等构成的校园网，它们是信息的存储与传输的硬件基础。另外，还包括根据办公、教学和服务场所等实际情况和需要配备的相应硬件设备和软件系统形成的数字空间。

（2）网络基本服务是数字校园的软件基础，包括电子邮件、文件传输、信息发布、域名服务、身份认证、目录服务等，它是衡量网络系统功能是否完善的一个重要标志。

（3）应用支撑系统是数字校园的关键，主要包括基础数据库、数据存储中心、统一身份认证系统和信息安全系统等。它提供资源共享和应用服务基础平台，管理各种信息资源，并根据相关的逻辑提供给用户使用。如学生的信息、教师的信息、多媒体课件、图形、声音等教育教学信息，信息系统平台的身份入口等。

（4）信息服务系统是数字校园的具体应用，提供用户使用界面，为用户提供信息管理服务。主要有网络教学平台、校园一卡通系统、图书管理系统、教务管理系统、人事管理系统、科研管理系统和资产管理系统等。

（5）虚拟校园是数字校园对现实校园功能的自然扩展，实现远程教育功能，使大学的功能突破围墙的限制，成为网络覆盖范围内的无围墙大学。数字校园通过虚拟校园实现对外服务职能，是传统校园数字化后社会功能的延伸。

数字校园建设是一项基础性、长期性和经常性的工作，学校需要根据自身发展的需要，采用先进的信息技术来构建数字校园，加快信息化建设的步伐。数字校园建设是实现跨越式发展的研究型基础性工程，特别是数字化学习环境建设实现了学校教育时间和空间的跨越。数字化校园建设不仅仅是实现教学、科研、管理及服务手段的现代化，更重要的是人才培养的观念和教育理念的异常深刻变革。以校园网为基础，实现教学、科研、管理和服务的全面整合的数字校园，是学校实现现代化的必由之路。

（二）数字校园建设的主要内容

1. 校园网络信息安全体系

校园网络是数字校园的基础，建立全校的网络信息安全体系，保证校园网络的安全，保证关键数据、关键应用的安全以及关键业务部门的安全，实现校园网络及其应用系统的安全高效运行。

2. 校园信息管理系统

校园管理系统是数字校园在教学、科研、管理和服务等各方面的具体应用系统，建设包括网络教学平台、教务管理系统、人事管理系统、校园一卡通系统、科研管理系统、图书管理系统和资产管理系统等在内的一整套校园信息管理系统，为实现“网上办公、网上管理、网上教学、网上服务”提供全面的系统支持，做到信息资源的全面共享和利用。

3. 数据中心

数据中心是数字校园的应用支持系统，建设一个为全校服务的数据中心，保证数据实时更新和高度一致，为信息资源的共享和应用提供基础条件。数字校园中网络教学和学习资源，如互动点播系统、多媒体教学资源库等，是数据中心的主要内容之一。

4. 统一身份认证系统

对学校的教师、学生、管理人员建立统一的身份认证中心，集中进行身份认证，保证用户电子身份的唯一性、真实性与权威性，提高数字化校园应用系统的有效性、安全性。

第二章　走进教育技术

第一节　教育技术概述

随着科学技术的进步，人类已经进入信息时代，教育也随之进入了重大变革的新纪元。现代科学技术及其相伴而生的教育技术在教育教学中的应用，不仅丰富了传统的教学手段，增加了信息传递的方式、方法，提高了教育教学的效果和效率，也极大地改变了传统的教育教学模式和人们的思想观念，推动并促进了教育教学改革的不断深入和发展。

作为将在教育第一线上从事教学工作的师范生——未来的教师应该清楚地认识教育技术在学科教学中的重要意义，认真学习并掌握教育技术以完成信息时代赋予教师的使命。那么，什么是教育技术，它是怎样产生和发展的，教育技术的理论基础又是什么，教师教育信息化的意义何在？这些都是我们在探讨教育技术之初应该了解和掌握的重要内容。

一、教育技术的含义

"概念"是反映对象本质属性的思维形式，科学认识的成果都是通过形成各种概念来加以总结和概括的。我们在研究"教育技术学"这一学科领域之前，有必要先明确三个基本概念：教育、技术、教育技术。

"教育技术"英文名称为 educational technology。从词语的构成上看，它是"教育"和"技术"两个词搭配而成的一个复合偏正词组，通常可以理解为"教育的技术"或"教育当中的技术"。

什么是"教育"？通常对"教育"一词有两种界定：一是广义的教育，指"按照一定的社会要求，对受教育者的身心施以影响的一种有目的、有计划的社会活动"。二是狭义的教育，就是指学校教育。教学是学校教育的主要形式，"教学是教师讲授和学生学习的共同活动"。我们认为教育就是按照一定的目的、要求，对受教育者的人格——包括健康、对基本过程的掌握、和睦的家庭关系、职业、居民关系、有效娱乐以及道德品质等 7 大目标全面提升的一种社会活动。"技术"的英文为 technology，其词根为 techne，来源于希腊语。在希腊语中"技术"（technology）的本义就是"对纯艺术和实用技巧的论述"，因此，它的词根

tech-就意味着"艺术和手工技巧"。就其含义而言，"技术"一词习惯上与工艺联系在一起，对此，我国学术界有如下解释：以《辞海》为代表的解释把技术定义为：(1)泛指根据生产实践经验和自然科学原理而发展成的各种工艺操作方法与技能；(2)除操作技能外，广义的还包括相应的生产工具和其他物质设备，以及生产的工艺过程或作业程序、方法。

《科学学辞典》和《科技词典》把技术定义为：是为社会生产和人类物质文化生活需要服务的，供人类利用和改造自然的物质手段、智能手段和信息手段的总和。前一种定义显然是受了"技术"一词主要是用来表达工业生产中"工艺"说法的影响，把其定义得较窄，几乎只局限于技术的有形的物质性方面。如果按照这种定义来看待教育技术中的"技术"，势必就以为教育技术只包括"硬件"和"软件"，把教育技术等同为录音机和录音带、录像机和录像带、计算机和课件等有形的东西。基于这种理解，教育技术就是教学媒体。对"技术"的后一种定义显然已经意识到现代用法中的"技术"一词所包含的内容除了有形的物质性方面之外，还包含无形的非物质性方面。这种"无形的非物质性"方面技术是客观存在的，是在人们的社会实践中起到实实在在作用的。而且，在某种意义上说，这方面技术的作用并不亚于有形的物质性方面的技术，更不能为后者所取代。因此，在本书中涉及的有关"技术"的含义，指的是有形技术和无形技术的总和。

教育技术基本上包含了两个方面的核心内容，即有形的物质工具手段和无形的非物质的智能方法。这样，用"教育"和"技术"的含义来解释"教育技术"，我们就可以认为：教育技术就是人类在教育活动中所采用的一切技术手段和方法的总和，它分为有形技术（物化形态）和无形技术（智能形态）两大类。有形技术是指凝固和体现在有形物体中的科学知识，它包括从黑板、粉笔等传统教具到计算机、卫星通信等现代各种教育、教学媒体；无形技术是指在解决教育、教学问题的过程中起重要作用，以抽象形式表现出来的技巧、方法和理论。

人们对教育技术的认识过程：20世纪80年代，随着幻灯投影、广播电视在学校教学中的广泛应用，教育技术迅速在学校普及开来。传统的教学活动主要是教师向学生传递教学内容，教育技术往往被看作是提高教学质量的手段。当前，互联网的普及将全球的学校、图书馆、各种信息资源中心连接在一起，学生的课堂教学活动受地域、校别、课程、经济、文化，甚至师资的限制越来越小，学习的概念、方式、评价等都在被巨大的互联网所改变，人们对教育技术的看法正在发生质的飞跃。人们应该更新教育技术观念，树立"全面的教育技术观"，改变那种认为教育技术就是媒体，甚至只有视听媒体的狭隘观念。教育技术不仅是教师教学的工具或教具，而且是学习者进行学习活动必不可少的丰富的教学资源，是学校和家庭基本的学习和生存环境，应适应信息技术时代教育的要求。

二、教育技术定义

随着教育技术及其理论研究的不断发展，“教育技术”这一概念也在不断地更新、拓展。美国是教育技术产生最早、发展较快、研究比较深入的国家。教育技术作为一个专业和领域的出现，最早可以追溯到20世纪20年代美国的“视听教育运动”。在20世纪60年代初开始提出并使用“教育技术”这个术语的时候，它的基本含义只是物化技术在教育中的应用。从1963~1994年，美国教育技术界对教育技术进行了多次定义，开始用系统理论和系统方法来定义这一领域。用系统方法来定义教育技术，标志着人们对教育技术内涵的理解向前大大迈进了一步，也标志着教育技术作为一个学科领域逐渐成熟了。

教育技术领域经历了许多变化，如技术的进步，特别是以计算机为核心的多媒体技术发挥和利用的潜能，其实践范围的扩展等，美国教育传播与技术协会组织专家，经过五年的搜集资料和研讨工作，在1994年，美国教育传播与技术协会（AECT）发表了西尔斯（Seels）与里齐（Richey）合写的专著《教学技术：领域的定义与范畴》。书中对教育技术给出了一个全新的定义，该定义不仅反映了美国教育技术界，在很大程度上也反映了当时国际教育技术界对教育技术的新看法。因此，按照这个定义来认识当代教育技术学的特点及其研究内容，比较符合当前的世界潮流，也比较适应信息社会发展的趋势。

“AECT94”定义教学技术是对学习的过程和资源进行设计、开发、利用、管理和评价的理论与实践（Instructional technology is the study and practice of design, development, utilization, management and evaluation of processes and resources for learning）。该定义被译成多国文字，在世界各国传播，成为教育技术的定义。

（1）它与我国通常使用的“现代教育技术”术语不同，该定义强调“教学技术”，鼓励老师的教和学生的学同时、平等进行。

（2）它将教育技术视为理论与实践相结合的研究领域，视为教育理论与教育实践活动联系的桥梁。

（3）教育技术的研究对象是与学习有关的过程和资源。所谓过程，是指为达到学习目标的一系列社会活动。例如，人们对教学策略及其与各种学习类型和媒体之间关系的研究便是过程研究的一个案例。所谓资源，是指支持学习的一切资源，包括人力资源（如师资、学生、教学辅助人员等）和非人力资源（如用于教学过程的教材、设备、环境设施等）。教育技术的定义没有特指计算机网络等现代信息技术资源，而是包括与学习有关的一切资源。

（4）这个定义将教育技术划分为设计、开发、利用、管理和评价5个研究范畴，每一个范畴都有独特的功能和范围，构成了教育科学领域中一个独立的研究领域。

由于“AECT94”定义相比其他定义更加简捷和概括，也更能反映这一领域理论与实践的本质特点，所以得到了教育技术领域的学者和实际工作者的广泛认可和支持。这是迄今为止人们对教育技术这一概念的内涵做出的最科学的解释。作为一个充满勃勃生机、理论与实践不断发展的新兴学科，我们今天仍然要以发展的眼光看待美国“AECT94”定义。人们对教育技术的定义及其内涵的探讨还要继续下去，认识上也还将进一步深化。

综合国内外专家和学者对教育技术的理解，我们可以看出，作为一门学科，教育技术学的主要任务是在系统科学方法论指导下，运用现代教育科学理论和先进的技术手段与方法，对教育、教学中存在的问题进行分析，提出解决问题的策略和方法，并付诸实施、给予评价和不断修改，促进学习者的良好发展，以实现提升教学质量的目标。

三、教育技术学的研究范畴

美国教育传播与技术协会是以教育技术专业领域从业人员和专家学者为主体的专业性团体，因而该协会 1994 年关于教育技术的定义是针对教育技术专业和专业人员的知识范围和业务范围来做出的。该定义中的设计和开发范畴较为成熟。近年来，美国教育技术领域的发展更加强调教师和学生在工作和学习中充分应用现代教育技术，将现代信息技术整合到教与学过程之中。

我国学者根据美国 AECT 1994 年定义，提出教育技术学的研究对象是“学习过程和学习资源”两个范畴，包含了学习过程和学习资源的设计、开发、利用、管理和评价等 5 个方面：

（1）设计研究指运用系统科学方法分析教学问题，确定教学目标，建立解决教学问题策略方案，并对方案进行实施、评价和修正的过程。这里特别强调在充分了解学习者特征基础上进行的教学内容设计（信息设计）和教学策略设计。设计研究是教育技术的核心，是教育技术的整个学科领域中最重要的部分。

（2）资源开发主要指教学媒体制作，包括印刷媒体的开发、视听媒体（如广播、录音、电视等音像媒体）的开发和基于计算机技术的软硬件开发。目前，该领域强调多种教学媒体与教学活动的整合技术，其中，基于人工智能技术的整合学习系统和电子绩效支持系统已成为教育技术开发中的一个重要方面。

（3）有效利用是指对各种学习资源的有效利用（特别是媒体和新技术的应用）以促进学习的活动，包括在教学中运用学习资源，利用各种媒体；为推广教学中的创新而进行的有计划的活动；实施和制度化；政策和法规的制定与执行等。

(4) 科学管理是指对所有学习资源和学习的全过程进行计划、组织、指挥、协调和控制，具体包括教学系统管理、教学资源管理、教学开发项目的管理和信息管理四个方面。

(5) 合理评价是指对一个事物的价值的肯定，一般使用调查和判断方法，包括确定判断质量的标准，收集有关信息，使用标准来决定被评价事物的质量。在学科教育中，评价包括诊断性评价、形成性评价和总结性评价。在教育技术中更强调标准参照评价——以行为目标为基础，重视为学习者本人提供有关学习进步的情况，而不是以与其他学习者的比较为主要目的，也不以事先确定的目标为依据。

基于我国的实践，教育技术的研究范围包括以下几方面：

(1) 教育技术的学科基础理论。包括教育技术学科的性质、任务、基本概念、研究方法，教育技术与相关学科的关系等。

(2) 视听教育的理论与技术。包括常规视听媒体的教育功能，常规媒体教材的设计、制作、使用与评价技术，各种常规媒体的组合应用，利用常规媒体优化教学过程的理论与实践研究。

(3) 计算机辅助教育的理论与技术。包括计算机辅助教学、计算机辅助测试、计算机管理教学等。

(4) 教学设计与评价的理论与技术。包括学习理论、教学理论、教育传播理论、系统方法应用研究。

(5) 远程教育的理论与技术。包括计算机网络建设与教学应用，远程教育的形式、特点、组织、实施与管理等。

(6) 教育技术管理的理论与技术。包括教育技术硬件设施和软件资源的管理方法，教育技术的专业设置，组织机构以及相关的方针、政策等的研究。

(7) 新技术、新方法和新思想在教育中的应用。包括网络新技术、人工智能技术、虚拟现实技术等现代信息技术应用于教育的研究、开发与应用。

综合上述国内外专家对教育技术的理解，可以认为教育技术的主要任务是，在系统科学方法论指导下，运用现代教育科学理论和先进的技术手段与方法，对教育、教学中存在的问题进行分析，提出解决问题的策略和方法，实施并给予评价和修改，以实现教育教学的最优化，促进学习者良好的发展。

第二节 教育技术发展历史

一、国外教育技术的产生与发展

由于教育和信息技术发展水平的差异，教育技术在不同的国家经历了不同的发展阶段。以美国为代表的发达国家的教育技术，大致经历了以下四个阶段。

（一）视觉教育阶段（20 世纪初至 30 年代）

19 世纪末，教育技术受到了科学技术迅速发展的影响，同时大量科学成果的运用对教育技术的发展产生了深刻的影响。照相、幻灯、无声电影等新媒体技术相继应用于教学，向学生提供了生动的视觉形象，使教学获得了不同以往的良好效果。1906 年，美国宾夕法尼亚州一家公司出版了《视觉教育》一书，介绍照片拍摄、制作与幻灯片使用等技术，这是首次使用“视觉教育”这一术语。

随后，越来越多的教育工作者参与了对新媒体应用的研究。1913 年，托马斯·爱迪生（Thomas Edison）预言：将来可以用电影来代替课堂教学。10 年过去了，爱迪生预期的变化没有出现。然而，视觉教育活动却有了长足的发展。1923 年，美国教育协会建立了视觉教学分会（Department of Visual Instruction），视觉教育工作者开始发展他们自己的学说，并把捷克教育家 Comenius · Johann Amos 的直观教学论作为视觉教育的理论基础，1928 年，第一本关于视觉教育的教科书——《学校中的视觉教育》问世了，这本书断言“视觉经验对学习的影响比其他各种经验都强得多”。

1924 年，在美国心理学会的会议上，S. L. 普莱西宣布他设计出了第一台可以进行教学、测验和记分的教学机器，它不仅能呈现视觉材料，还能针对学生的学习情况提供反馈信息，这是教学机器与音像媒体的重要区别。该教学机器被用于个别化教学活动，于是产生了早期的个别化教学。

（二）视听教育阶段（20 世纪 30~50 年代）

20 世纪 30 年代后期，无线电广播、有声电影、录音机先后在教学中获得应用，人们开始在相关文章中使用“视听教育”这一术语。1947 年，美国教育协会视觉教学分会正式更名为视听教育分会。

1931 年 7 月，美国辛克斯公司在华盛顿做了一个电影教学的实验：在儿童看电影的前后，分别用 5 种测验表格考查他们的学习成绩，看电影后的成绩比看电影前的成绩平均增加 88 分，学生知识量增加 35%。美国哈佛大学在麻省 3 个城市中学所进行的实验也证明，用电影教学的学生比不用电影教学的学生成绩提高 20. 5%。随着第二次世界大战的爆发，视听设备在军事机关和工业部门广泛应用。战争期间，美国政府通过影片培训技术人员获得极大成功，把大量的没有军事知识的普通老百姓培养成军事人员，把普通的年轻人培养成技术人员，战时的极大成功更刺激了人们在战后大范围采用视觉教育。

20 世纪 50 年代，电视的出现为视听教育提供了更好的技术手段，与电影相比，电视具有制作周期短，传播、复制容易等优点，于是电视被迅速应用到教育领域。20 世纪 30~50 年代，在美国掀起了一场视听教育运动。与此同时，关于视听教育的理论研究也推动了视听教育的进一步发展，其中以戴尔（Dale）的“经验之塔”理论最具代表性，该理论被认为视听教育的主要理论依据。

通过戴尔的“经验之塔”，可以得到以下几条规律，这些规律对指导视听教学起到了很大的作用。

（1）最底层的行为最具体，越到上层行为越抽象；

（2）教学活动应该从具体的经验入手，逐步进入抽象的经验；

（3）视听部分比上层语言和视觉符号具体，能突破时间、空间的限制，弥补了下层各种直接经验的不足。

20世纪50年代中期，美国心理学家斯金纳（B. P. Skinner）根据行为主义学习理论设计了新一代的教学机器，被称为斯金纳程序教学机，并由试验阶段转入实用阶段，在大学和军队中得到应用。

（三）视听传播阶段（20世纪50~60年代）

20世纪60年代以后，教育电视的使用由实验阶段进入实用阶段，程序教学机风靡一时。与此同时，由拉斯韦尔（H. Lasswell）等人在20世纪40年代创立的传播学开始影响教育领域，有的学者将教学过程作为信息传播过程加以研究。上述背景推动了对教育传播的重视，提出了视听传播（audiovisual communications）的概念。1963年，美国视听教育协会对视听传播的概念进行了描述：视听传播是教育理论和实践的分支，主要研究控制学习过程的信息的设计和使用，它包括：

（1）对直观信息和抽象信息各自独特的和相互联系的优缺点的研究，这些信息可用于任何目的的学习过程。

（2）对教学环境中的人和设施产生的教育信息进行研究，使其结构化和系统化。

上述研究涉及计划、制作、选择、管理、运用各种部分和整体结构系统，其目标是有效地运用每一种传播方法和媒体来帮助发挥学习者的全部潜能。

这一时期，比“视听媒体”概念更为宽泛的“教学资源”的概念崭露头角，人们逐渐将关注的焦点从原来的视听教具转到整体的教学传播过程、教学系统上来。

美国IBM公司于1958年首次将电子计算机用于辅助教学，伊利诺斯大学于1960年研制出著名的PLATO教学系统，这使计算机辅助教学对“个别化教学”作出了重要贡献。

（四）教育技术阶段（20世纪70年代至今）

20世纪70年代中期，随着微型计算机的问世。计算机教育应用也进入了新的阶段。1970 年，美国教育传播和技术协会（AECT）成立，首次提出“教育技术”的概念并对其进行了定义。此后，AECT 又分别在 1972 年、1977 年两次对定义进行修改，并在原有的传播理论和行为主义学习理论的基础上，加入系统理论作为教育技术的理论基础。

随着多媒体计算机技术、网络技术、远程通信技术，激光视盘技术等媒体技术的发展，教育技术的实践进一步深入，使教育技术的内涵不断丰富。上述发展也推动了教育技术理论的研究。认知主义学习理论和建构主义学习理论也被作为教育技术的理论基础。

1994 年，AECT 再次对教育技术进行定义，从而使其更加符合当时信息技术和教育教学的实际，对世界各国教育技术的发展产生了较大的影响。AECT 在 2005 年再次修订了教育技术的定义，该定义也受到了人们的广泛关注。

二、我国教育技术的发展

我国的教育技术源于欧美的视听教育，其发展历程可以分为四个阶段。

（一）初创阶段

幻灯、电影等媒体在教育中的应用揭开了我国电化教育的序幕。

早在 1919 年，国内已有人开始使用幻灯来开展教学试验。

1920 年，上海商务印书馆（当时我国最大的图书出版企业）成立国光影片公司，拍过一些无声影片，其中就有教育片，如《盲童教育》《养真幼儿园》《女子体育》《陆军练》《养蚕》等，这些是我国拍摄的最早的教育影片。金陵大学是我国最早推行电化教育的高等学校，1922 年就已开始用幻灯、电影宣传棉花种植。

1923 年，中国教育家陶行知在长沙、烟台、嘉兴举办大规模的“千字课”教学试验。在嘉兴试验时，用了幻灯。随后，广播和电影教学在我国更为广泛地开展起来。

1925 年 6 月，当时的教育部定购下发 1000 多台收音机，并聘请专家通过广播电台播放教育节目。

1937 年 7 月，当时的教育部建立了播音教育委员会，并在全国建立了 11 个播音教育指导区。

1932 年，在南京成立了“中国教育电影协会”，这是我国最早的群众性电教学术团体。

1935 年，江苏镇江民众教育馆将该馆的大会堂改名为“电化教学讲映场”，这是我国最早使用“电化教学”这个名词。1935 年，上海大厦大学社会教育系开设“教育电影”课，这是我国最早在大学开设的电化教育课。

1936年，南京教育部成立了电影教育委员会，这是我国最早的政府电影机构。1936年，无锡市江苏省立教育学院开办电影广播专修科，这是我国最早的电教专业。同年，教育界人士在为当时推行的电影、播音教育的定名问题时，提出并确定了“电化教育”这个名词，此后，这个名词被普遍采用；同年，上海教育界人士还创办了“中国电影教育用品公司”，并出版《电化教育》周刊，共出了6期，这是我国最早的电教刊物。

1937年，上海商务印书馆出版了陈友松著述的《有声教育电影》，这是我国出版的第一部电教专著。

1942年，在重庆成立了“中华教育电影制片厂”，这是我国最早的教育电影制片厂。

1945年，苏州国立社会教育学院设立电化教育系，这是我国最早的电化教育系。

（二）奠基阶段

新中国成立后，从20世纪50年代到60年代中期，我国电化教育进入了初期发展阶段。其主要表现是：1949年11月在文化部科技普及局成立了电化教育处，负责领导全国教育技术工作。1949年，北京人民广播电台和上海人民广播电台举办俄语讲座，后又改为开办俄语广播学校。每年参加学习的学员达5000人，到1960年，累计招生19万多人。1955年北京市、天津市分别创办了自己的广播函授学校。1958年前后，中国掀起了教育改革运动，推动了高等学校和中小学电化教育活动的开展，北京市、沈阳市等地相继成立了电化教育馆，由教师、技术人员、工人构成的电教专业队伍不断壮大。1960年起，上海、北京、沈阳、哈尔滨、广州等地相继开办电视大学。在这段时期内，幻灯、录音、电影开始进入城市中小学校和高等院校，特别是外语和医科院校，电教教材和电教资料开始制作、生产；外语教学唱片、教学幻灯片已批量生产；外语录音带已在校际间复制、交流：外语院校开始设立同声翻译室、简易型语言实验室等较先进的电教设施。1964年高等教育部批准在上海外国语学院建造了国内第一幢电化教学楼。但是1966年，我国爆发了“文化大革命”，整个教育事业受到严重摧残，电化教育也不例外，电教机构被撤销，人员被解散，设备、资料被破坏，使我国电教事业进入停滞期。

（三）重新起步和发展阶段

“文化大革命”以后，我国的教育工作经过拨乱反正逐步得到了恢复。在1978年召开的党的十一届三中全会上，邓小平代表党中央提出“要制定加速发展电视、广播等现代化教育手段的措施，这是多快好省发展教育事业的重要途径”，为中国电化教育的发展指明了方向，同时这也标志着中国的电化教育进入了快速发展的阶段。其主要表现在以下几个方面。

1. 建立健全了电教机构，逐步形成全国性的电教网络

1978年经国务院批准，教育部首先成立了电化教育局和中央电教馆，之后各地教育主管部门也相继成立了电化教育馆。1979年创建中央广播电视大学，之后地方广播电视大学相继建立。各级各类学校也建立了电教专门机构，如学校电教馆、电教中心、电教组等。

2. 形成了一支专职、兼职电教队伍

从1978~1988年，通过多种形式的培养和培训，我国已经造就出了一大批高素质的电教专职、兼职人才。许多中等师范学校开设了电化教育公共课，一批高等师范院校设置了电化教育（教育技术）系或电教专业。1987年，河北大学、北京师范大学和华南师范大学首次招收电化教育专业研究生。

3. 配备了相应的电教设备和器材

为了有计划地配备电教设备和器材、指导电化教育的发展，国家教育委员会（教育部前身）于1992年制定了中小学校电化教育设备标准，促进了我国电化教育的快速发展。

4. 编制了相当数量的电教教材

电教教材建设是电化教育发展的一项基本建设，当时我国已经出版发行了大量的电教教材，并在全国成立了许多电教教材的生产厂家，如中央音像教材出版社、北京幻灯片厂、福建幻灯片厂等，为电教教材的生产发行提供了有效保障。为了加速电教教材建设，指导电教教材建设的正常稳定发展，国家教育委员会于1988年3月发出了《关于进一步加强电教教材建设的意见》，着重提出了今后电教教材建设的原则及主要任务。各级电教部门都把电教教材建设作为重点，编制出了大量的电教教材。

5. 开展电教理论研究和电教实验

通过电教研究者的潜心工作，我国目前已出版了一大批电教理论书籍，并创办了各种电化教育刊物。全国性的电教刊物包括中央电教馆主办的《中国电化教育》、西北师范大学主办的《电化教育研究》、中国高校外语电教学会主办的《外语电化教学》等。此外，诸多省市都创办了自己的电教刊物，如《北京电教》《河北电教》《江苏电教》等。各地电教部门和学校开展了不同形式的电教实验，由中央电教馆提出的“电化教育促进中小学教学优化”这一实验课题，被列为全国教育科学“八五”规划国家教委重点课题，在各省市全面展开。

6. 逐步形成了包括专科、本科、研究生在内三层次的人才培养体系

在学科建设方面，从1978年开始，几所高等院校着手开设教育技术（电化

教育）专业，从1983年起，北京师范大学现代教育技术研究所、华南师范大学电化教育中心、华东师范大学现代教育技术研究所三个单位开设了四年制本科教育技术（电化教育）专业。随后几年之内，电教专业形成了包括专科、本科、研究生在内三个层次的人员培养体系。

（四）深入发展阶段

1. 学科名称从“电化教育”到“教育技术”

受国外教育技术的影响，20世纪80年代中国电化教育领域出现了关于学科名称的争议，并引发了一场全国范围的辩论，全国电化教育理论和实践工作者纷纷从不同的角度发表了自己的观点。主张“电化教育”更名为“教育技术”的观点认为，中国的电化教育以“现代教育媒体的研究和应用”为中心，违背教育技术的系统观念，缺乏教育系统方法的研究和应用；主张仍然沿用“电化教育”名称的观点认为，名称并不能决定事物的实质，以现代教育媒体的研究和应用为中心，并不排斥对教育系统方法的研究，如冯秀琪教授对电化教育的定义：“电化教育是依据教育科学理论，运用现代教育媒体，并与传统媒体恰当结合，通过教学系统设计高效的传递教育信息，以实现教育、教学的现代化和最优化。”这一观点突出反映了电化教育中的系统观念。

经过全面的讨论，到2000年，大家对电化教育和教育技术的认识逐渐趋于一致。为了有效地开展研究和国际交流，在学术界采用“教育技术”的名称；为了保持中国教育技术的实践传统，在实践领域仍然采用“电化教育”的名称。

2. 确定教育技术的学科体系

以美国教育技术与传播委员会1994年发表的教育技术的定义为基础，经过众多专家学者的讨论，逐渐确定了中国教育技术学的概念、研究领域和学科体系。

3. 积极推动教育信息化工程

进入21世纪以后，教育技术研究与实践领域的焦点和热点是教育信息化。在研究领域，以推动信息技术在教育中应用为核心的信息技术与课程整合的研究在全国全面展开；与此同时，中央政府和各级政府积极采取措施，推动教育信息化进程。

例如，教育部在《关于在中小学普及信息技术教育的通知》中明确提出：从2001年开始用5~10年的时间，在中小学（包括中等职业技术学校）普及信息技术教育，以信息化带动教育的现代化，努力实现中国基础教育跨越式的发展。其具体措施包括：将信息技术课程列入中小学生的必修课程；全面启动中小学“校校通”工程，为中小学普及信息技术教育、推动教育信息化建设奠定基础，用5~10年的时间，使全国90%左右的独立建制的中小学校能够与互联网或中国教育卫星宽带网连通，使中小学生都能共享网上教育资源。

三、概览国内教育信息化发展现状

从我国教育信息化发展初期的计算机教育到目前的教育资源云共享、智慧校园建设和数字化人才培养等，其中的每一环节都离不开我国政府颁布的一系列教育信息化重要政策规划和开展的诸多教育信息化重大行动项目。

（一）了解国内教育信息化战略规划

在我国教育信息化发展过程中，政府颁布的一系列重要政策与战略规划起到了良好的引领和促进作用。这些政策与战略规划按内容可划分为两类：一类是涵盖教育信息化内容的总体教育政策规划；另一类是独立完整的教育信息化政策规划。第一类政策规划颁布时间较早，体现了国家早期对信息技术在教育中应用的重视：2010 年颁布的重大政策《国家中长期教育改革和发展规划纲要（2010—2020 年）》提出“加快教育信息基础设施建设”“加强优质教育资源开发与应用”“构建国家教育管理信息系统”等一系列加快教育信息化进程的发展任务。这些政策及规划从顶层设计的角度引领了教育信息化的发展方向，但只提出对教育信息化的高度重视和总体发展目标，没有具体措施，因此，只具有引领参照意义，不具有系统指导功能。第二类政策规划颁布时间较晚，目前我国国家层面共颁布了三个，分别是《教育信息化“十五”发展规划（纲要）》《教育信息化十年发展规划（2011—2020 年）》《教育信息化“十三五”规划》，它们完整、详细、系统，兼具引领和系统指导作用，是我们需重点了解的。

1.《教育信息化“十五”发展规划（纲要）》

2002 年 9 月，教育部发布《教育信息化“十五”发展规划（纲要）》，是我国第一个以“教育信息化”命名的中期发展规划，打破了当时我国国家层面没有任何一个独立完整的教育信息化发展规划的局面。该规划首先肯定了教育信息化在国家信息化、国民经济、社会发展和教育现代化方面的重要性；然后对教育信息化的现状展开了具体描述，指出当前阶段存在教育信息化投入不足、教育资源缺乏和信息化人才培养欠缺等问题；并针对这些问题，围绕教育信息化基础设施建设、发达和边远地区学校信息化建设、教学资源开发和人才培养等方面提出了发展目标和任务；同时还提出了着力启动六项重大基础建设工程：中国教育和科研计算机网（CERNET）（http：//www. edu. ch/）延伸和扩展工程、中国教育卫星宽带传输网建设工程、“校校通”工程和中小学现代远程教育建设工程、大学校园网建设工程、政务信息化工程、信息人才培养工程；最后制订了完善管理体制、加大投入、健全法律法规和实施人才战略等多项措施以保证上述任务和工程的开展。该规划系统全面，现状、挑战、目标、任务、工程和保障措施环环相扣，特别是其中提出的几项重大基础工程在“十五”期间都得到了顺利开展，为此后我国教育信息化发展奠定了坚实基础。

2.《教育信息化十年发展规划（2011—2020年）》

为适应信息技术日新月异的发展态势，推进落实《国家中长期教育改革和发展规划纲要（2010—2020年）》对教育信息化的专项部署及要求，2012年3月，教育部正式颁布了《教育信息化十年发展规划（2011—2020年）》，勾画此后10年我国教育信息化发展蓝图。该规划涵盖序言、总体战略、发展任务、行动计划、保障措施和实施六部分内容，其中总体战略、发展任务和行动计划为核心内容。在总体战略部分，梳理了我国教育信息化发展的现状与不足，提出了“形成与国家教育现代化发展目标相适应的教育信息化体系”和“教育信息化整体上接近国际先进水平”的总体目标；发展任务部分围绕教学资源、职业教育、高等教育、继续教育、教育管理、信息化公共支撑环境、队伍建设和体制机制等方面统筹规划，首次提出多维度的发展水平框架，细化发展任务，便于目标达成：在行动计划部分，提出了“中国数字教育2020”行动计划，内容涉及优质资源共享、学校信息化、教育管理信息化、可持续发展能力与信息化基础能力等多个方面的一系列重点项目。它从信息技术与教育双向融合创新的视角，将关注的焦点从此前的教育信息化基础设施建设转为教育信息化能力体系构建，强化学习方式和教育模式创新，突出信息化公共环境共建共享和信息化人才培养，标志着信息技术在我国教育教学中的发展已由兴起阶段进入到应用阶段，并逐步向融合创新阶段迈进。

3.《教育信息化“十三五”规划》

“十二五”期间，特别是《教育信息化十年发展规划（2011—2020年）》发布和实施以来，我国教育信息化发展速度处于历史上最快时期，相关工作取得了突破性进展，并收获了丰硕成果，但一些固有的问题仍待解决，新的挑战也逐渐浮现。为此，教育部于2016年6月正式颁布了《教育信息化“十三五”规划》，进一步推动我国教育信息化发展，并力争走出一条中国特色教育信息化发展道路。该规划肯定了“十二五”期间我国在学校网络教学普及、优质教学资源建设和个人信息化意识提升等方面取得的成效，同时指出思想认识、信息化教学、机制体制、网络安全意识和信息化均衡发展等方面凸显的问题与挑战。针对这些问题，在“服务全局、融合创新、深化应用、完善机制”的指导思想下，提出了“到2020年，基本建成‘人人皆学、处处能学、时时可学’的教育信息化体系”的总体发展目标。并且，从提升教育信息化应用水平、拓展教育信息化应用广度与深度两方面提出发展任务，具体包括完成“三通工程”建设、实现公共服务平台协同发展、扩大优质教育资源覆盖面、加快探索数字教育资源服务供给模式、创新“网络学习空间人人通”建设与应用模式、深化信息技术与教育教学的融合发展、深入推进管理信息化和服务国家经济社会发展等八大任务。同时制订了保障措施，确保规划的贯彻落实。该规划既从国家层面统筹教育信息化全局发展，力争实现教育信息化全面融合创新；又关注区域、城乡间的信息化差异，力求缩小数字鸿沟、实现均衡发展。其中，首次提出的教育信息化服务对象由“教育”自身拓展为“国家经济社会发展”，标志着我国教育信息化发展从理念认识上有了一个质的跨越。

（二）熟悉国内教育信息化行动项目

20世纪以来，我国在国家层面相继启动了信息化基础设施建设、数字化教学资源建设、教师应用能力提升和“三通两平台”工程建设等多项教育信息化重大行动项目。

1. 教育信息化基础设施建设项目

信息化基础设施是实现教育信息化最基本的条件。中国教育和科研计算机网（CERNET）系列建设项目是我国教育信息化基础设施建设最典型的项目，是我国教育信息化稳步发展的有力保障。1994~1995年，国家开展“CERNET示范工程”项目，建成64Kbps DDN专线的CERNET主干网，接入108所高校，完成了我国第一批互联网技术的科技攻关。1997~1999年，国家实施“CERNET主干网升级工程”，建成覆盖全国20多个城市的CERNET卫星网络，传输速率达到4Mbps以上，接入高校增至500余所。1999~2002年，国家开展“CERNET高速主干网建设”项目，建成覆盖全国20000多公里，传输容量达到80G的CERNET高速光纤传输网络。高速主干网的建成，支持和促成了国家一大批重点教育信息化工程的开展，如现代远程教育工程、中国高等教育文献保障体系、高等学校招生网上录取系统、高等学校仪器设备和优质资源共享系统项目等。在此基础上，2012年，国家启动“CERNET主干网和重点学科信息服务体系升级扩容工程”，重点解决CERNET的升级和扩容问题，将核心节点的交换性能提升至1Tbps以上，使主干网总带宽达到600Gbps以上，单个节点接入能力达到140Gbps以上，支持全国1000多所大学的高速接入，并且将覆盖范围向西部大幅度扩展。

CERNET建设项目立足现状，从低速到高速、从东部区域到全面覆盖，发展稳步进行。作为信息化基础设施，在建设自身的同时，支持和带动一系列相关项目的开展，是我国教育信息化发展的基石和最重要保障。

2. 数字化教学资源共建共享项目

数字化教学资源是教育信息化发展的底层建筑，是信息化环境下构建新的教学模式和推动教育教学改革的基本前提。我国非常重视数字化教学资源的共建共享，也开展了诸多工程项目，其中尤以围绕“国家精品课程—国家精品开放课程（视频公开课与资源共享课）—慕课”这条主线开展的项目最具代表性。

2003 年 4 月，教育部下发《教育部关于启动高等学校教学质量与教学改革工程精品课程建设工作的通知》，标志着精品课程建设项目正式启动，其目标是建设一批“具有一流教师队伍、一流教学内容、一流教学方法、一流教材、一流教学管理等特点的示范性课程”。截至 2010 年年底，共建成国家级精品课程 3900 余门，并带动近 1 万门省级精品课程和校级精品课程的建设，积累了优质教学资源。但精品课程存在“重申报，轻建设”和资源共享率低的现象，且大部分课程后期维护和更新不足，使得课程质量明显下降。此后，在国家公开课受到热议的大背景下，教育部于 2011 年出台《教育部关于国家精品开放课程建设的实施意见》，着力建设规范性更强、质量更好、共享程度更高的国家精品开放课程。国家精品开放课程包括精品视频公开课与精品资源共享课，其中精品视频公开课以视频为知识的唯一传递载体，内容涉及科学、文化素质等，受众是高校学生和社会大众；精品资源共享课则在视频的基础上加入相关课程资料，使知识的传递载体更丰富，内容主要是高校基础课和专业课，主要面向高校师生，同时也辐射到社会学习者。截至 2016 年 6 月，共上线 992 门精品视频公开课、2686 门国家级精品资源共享课，极大地丰富了我国数字化教学资源库。但存在的问题是，学习者的普遍认同感和参与度较低。2013 年，慕课 MOOC 建设在我国逐步启动，建设之初并没有国家层面介入，主要依靠高校和企业合作共建。它的特点是大规模性、开放性、完整性、自主性，资源的层次性不明显，没有校、省和国家等级别划分，但融汇性强，国内外优质资源均可上线，且学习者参与度相较国家精品课程和国家精品开放课程更高，共建共享程度也更高。截至 2015 年，国内 MOOC 用户量已达到 575 万。2015 年 4 月，教育部出台《教育部关于加强高等学校在线开放课程建设应用与管理的意见》，从国家层面统筹 MOOC 学分认定和管理制度创新等工作，提升了 MOOC 的可持续性发展。

我国数字化教学资源建设经历了由简单积累到共建共享共生的过程，上一阶段发现的问题在下一阶段着手解决，不断向利用丰富的教学资源为推动教育改革、提升教育质量提供保障的方向发展。

3. 教师 IT 应用能力提升工程项目

我国非常重视对教师信息化意识与能力的培养，大力推进教师培训综合改革，开展了一系列致力于提升教师信息技术（1T）应用能力的培训项目。

1999~2002 年，教育部实施“中小学教师继续教育工程”，在全国中小学教师中开展以计算机基础知识和计算机辅助教学为主的继续教育培训，着力提升中小学教师应用信息技术开展教学、科研的能力。该工程由教育部牵头，具体工作由各省、自治区和直辖市结合自身情况开展，工作落到实处，促进了全国中小学教师教育技术能力在一定程度上的普遍提升。此后，为贯彻国务院批准的《2003—2007 年教育振兴行动计划》，2005~2007 年，教育部实施“中小学教师教育技术能力建设计划”，开展以信息技术与学科教学有效整合为主的教育技术培训，使广大教师在适应信息技术新环境的基础上提高教育教学水平。该工程同样由教育部牵头，具体工作由各省、自治区和直辖市结合自身情况开展，在此基础上，国家还统一组织教育技术能力水平考试认定教师的教育技术能力水平。随着信息技术的发展速度加快，教师掌握的教育技术也必须逐步更新，因此，教育部于 2013 年启动“全国中小学教师信息技术应用能力提升工程”，以建立教师信息技术应用能力标准体系、推行符合信息技术特点的培训新模式和推动教师主动应用信息技术等内容为主，旨在提升教师信息技术应用能力、学科教学能力和专业自主发展能力，促进信息技术与教育教学融合取得新突破。截至 2013 年，该项目对中小学任教教师的培训已基本完成，现正在大力推进对中小学校长等管理人员的相关培训。2014 年 5 月，由该提升工程催化的《中小学教师信息技术应用能力标准（试行）》和《中小学教师信息技术应用能力培训课程标准（试行）》发布，进一步规范了各地教师信息技术能力培训工作的实施，使各省市开展的相关培训工作既有统一、规范的评测标准，又能结合自身情况，开展多元丰富、各具针对性的培训项目。近年来，教育部还联合中国移动、中国电信等企业，在网络研修平台上开展一年一度的“中小学教师信息技术能力国家级培训项目”“中小学校长信息化领导力培训项目”等。该系列培训以工作坊的形式开展，为参训人员提供了更多实践机会，同时，通过远程教育扩大了培训规模。

我国从教育信息化的起步阶段就非常重视对教师信息化能力的培养。培训内容从计算机基础知识到信息技术与教学深度融合，培训模式由单一线下培训到“测评、培训、应用”三位一体的线上线下混合式培训，并且逐步规范认定标准、丰富考核方式，使教师信息化能力培养真正落于实践、融于教学，成为推动教育信息化发展的关键因素。

4.“三通两平台”工程的建设项目

教育信息化综合建设项目是指囊括并融合信息化基础设施建设、数字化教学资源建设、师生信息化能力培养等方面的综合性创新项目。“三通两平台”工程是我国教育信息化综合建设项目的最典型代表。2012 年 5 月，时任教育部副部长杜占元在教育信息化试点工作座谈会上，从《教育信息化十年发展规划（2011—2020 年）》的 8 项计划和 5 个任务中首次提炼出“三通两平台”的发展目标。同年 9 月，时任国务院副总理刘延东在全国教育信息化工作电视电话会议上指出，“三通两平台”是当前教育信息化建设的核心目标和标志工程。至此，“三通两平台”的概念正式确立，成为“十二五”期间的重点工程项目。

“三通两平台”包括“宽带网络校校通、优质资源班班通、网络学习空间人人通”、建设教育资源公共服务平台和教育管理公共服务平台。“三通”是应用层，其中“校校通”解决学校的宽带接入条件，建设网络条件下的教学环境；

“班班通”利用信息技术实现优质教育资源的共享，并使其成为教学、教研活动的常态；“人人通”为每位师生构建一个实名的网络学习空间，在其上能够开展线上教学或学习活动。“两平台”是系统层，“资源平台”和“管理平台”为以上应用提供资源汇聚、共享和管理的载体。“三通两平台”中的每一部分都不是孤立的个体，而是层层递进的有机整体：“两平台”是总载体，“校校通”指向“班班通”，“两平台”“校校通”“班班通”共同服务“人人通”，因此，“人人通”是“三通两平台”工程的核心。网络学习空间在我国已经由初始探索阶段（2000~2011 年）和系统推进阶段（2012~2015 年）发展至融合创新阶段（2016 年至今），呈现出一体化、数据化、智能化和个性化的发展趋势（杨现民等，2016）。“三通两平台”建设在全国紧锣密鼓开展，根据相关报告，截至 2015 年 11 月，国家教育资源公共服务平台已成功上线运行，与 26 个地方平台互联互通。教育管理公共服务平台两级（国家、省）建设、五级（国家、省、市、县、校）应用格局基本形成。全国有超过 30% 的学校开通了网络学习空间，湖南、北京、上海等地更是涌现了一大批优秀的建设案例，为“人人通”的开展积累了宝贵经验。

“三通两平台”作为“十二五”期间的核心建设项目，是对我国当前阶段教育信息化发展战略的高度概括。它的建成是构建我国泛在学习和终身学习环境的基础，是我国教育信息化发展由点到面、由浅入深的标志。

（三）掌握教育技术学研究领域方向

一门学科的研究范畴客观反映了该学科的基本性质和规律，是学科体系中最基础、最一般的概念，同时也是最抽象的概念，它不具备使研究者找到研究切入点的功能。在研究范畴之下有一个“研究领域”的概念，是对从事专门活动的界定，具有具象性和可操作性，研究人员可以在其中找到相关理论或实践研究活动的切入点，继而开展实质性的研究。

一门学科中成熟的研究领域需具备以下基本条件：明确的研究对象、任务和目的；独立、科学的研究方法和研究路径；有本领域的学科带头人并形成了较为合理的学术梯队；有重要的研究成果并在实践中产生了较大影响等（李龙等，2005）。根据以上条件，再结合词频分析和可视化分析等研究结果（兰国帅，2017；赵呈领等，2017），目前教育技术学的研究领域可大致分为教育技术学理论体系、教学模式开发与教学系统设计、教学资源开发与应用、远程教育与开放学习、媒介素养与信息素养等。

1. 教育技术学理论体系研究

教育技术学理论体系研究以教育技术学的基本理论作为研究对象，通过归纳、演绎、思辨等内省的研究方法或手段，试图厘清教育技术学的基本概念、原理、价值、范畴与应用等问题，从而影响教育技术学的发展方向，从根本上推动教育技术学的演进。教育技术学理论体系的研究内容从功能上可以分为以下三个方面：一是涉及对“教育技术学”意义与作用的认识，即这一学科的基本价值观与哲学立场，其内容属于“教育技术哲学”的部分，回答了“为什么”要研究这一学科的问题；二是涉及“教育技术学”的基本概念、基本原理、基本研究方法等，其内容属于“教育技术学”的基础理论部分，回答了这一学科“是什么”的问题；三是涉及如何运用“教育技术学”的理论、方法去解决教育、教学问题的知识，其内容属于“教育技术学”的应用科学部分，回答了这一学科“怎么做”的问题（何可抗，2005）。由于教育技术学属于综合性的交叉学科，因此上述三方面的研究内容必须从教育学、心理学、信息科学与传播学等学科的基础理论中汲取营养。

2. 教学模式开发与教学系统设计研究

教学模式开发与教学系统设计的研究以教学目标、教学重难点、教学方法、教学过程、教学评价和教学活动结构作为研究对象，在一定的教育思想和教学理论指导下，运用实验计划法和系统开发研究方法分析教学过程中相互联系的各部分的问题和需求，确立解决方法、步骤，并构建各种类型教学活动的基本结构和框架，旨在提高教学质量和教学效率。教学模式开发与教学系统设计受到学习理论和教学理论的深刻影响，可以说用什么样的学习理论与教学理论作指导，就有什么样的教学模式和教学系统设计，如行为主义学习或教学理论指导产生机械的传递——接受学习、程序教学和计算机辅助教学等模式；认知主义学习或教学理论指导产生有意义的传递——接受学习、探究发现式学习、范例式教学等模式；建构主义学习或教学理论指导产生基于问题的学习、基于项目的学习、合作式学习和混合式学习等模式。

3. 教学资源开发与应用研究

教学资源开发与应用研究以人力资源、物质资源和环境资源作为研究对象，在心理科学基础、教育思想和教学原则的指导下，运用行动研究法和系统开发研究法分析、设计、开发、利用、管理和评价教学过程中的人、财、物、环境、信息等资源，以教育性、科学性、艺术性、整体性、可靠性和开放性为原则，为教学的有效开展提供更多必要的素材。教学资源的开发与应用根据研究对象的不同可以分为三大类：（1）教学过程中人力资源的开发与应用，包括对教师、学生、教学管理人员、教学技术人员的积极性、协调性调动和专业能力培训等；（2）教学过程中物质资源，如教学媒体、教学游戏与软件、微课和 MOOC 等网络课程的开发与应用；（3）教学过程中环境资源的开发与应用，主要包括对教学支持系统的设计、开发与应用，教学地点的选择，以及学习者与教学材料、支持系统交流过程中所形成氛围的优化等。

4. 远程教育与开放学习研究

远程教育与开放学习研究以非面对面知识传递过程中的教师、学生、学习社区、教学材料、教学媒体、教学模式及教学支撑平台或系统作为研究对象，综合应用一定社会时期的技术，收集、设计、开发和利用各种教育资源，构建远程教育环境，并基于这些技术、资源和环境为学生提供教育服务，多采用行动研究法、案例研究法、比较研究法和实验研究法，扩大教育规模和学习对象，增加学习机会，降低学习成本，使知识的传递突破时空界限，促进泛在化学习的形成。远程教育与开放学习的发展历经第一代函授教育、第二代广播电视教育和第三代现代远程教育三个阶段。现在我们正处于现代远程教育阶段，其特点是以信息技术和网络技术为基础支撑，实现异时异地双向交互的知识传递。目前，我们对远程教育与开放学习的研究着重于开放教育资源的使用与获取、开放与远程学习项目设计、开发与管理、远程培训与评估、远程教育与国家发展关系宏观分析、远程教育经济学成本效益研究等方面。

5. 媒介素养与信息素养研究

媒介素养与信息素养的研究以媒介与信息素养基本理论，人们的信息意识、信息知识、信息能力和信息道德，使用媒介信息资源的动机、方式、方法和态度，以及人们选择、理解、评价、质疑、批评和创造媒体信息的过程作为研究对象，通过内容分析法、抽样调查法和行动研究法，探究媒介素养与信息素养的内涵与外延、人们利用媒介信息资源的有效程度、公众媒介素养与信息素养的培养策略等，旨在提升人们享用媒介信息资源完善自我、参与和推动社会进步的综合能力。根据关键词词频分析，目前，媒介素养的研究热点有新媒体、大众传媒、批判性媒介素养、媒介素养课程、媒介素养教育等，信息素养的研究热点有信息科学、信息素养技能、信息素养课程、信息素养教育、信息化专业人才、终身学习等（兰国帅等，2014）。

第三节 教育技术思维

师范生作为未来教师的预备者，其知识储备在一定程度上决定着未来教育质量的好坏。师范生不仅要掌握学科专业知识和教育理论知识，还要有广博的文化知识和丰富的教育实践知识，还并具备一定的信息素养和运用信息技术支持教育教学的能力。

一、掌握教师 TPACK 知识结构框架模型

在信息化大背景下，美国学者克勒（M. J. Koehler）和米什拉（P. Mishra）（2005 年）从教师知识专业发展的角度出发，提出了 TPACK（technological pedagogical and content knowledge，国内某些学者将其翻译为“整合技术的学科教学知识”）这一教师知识新框架。它不仅考虑单一的知识要素，更关注不同境脉下知识要素动态交互形成的综合知识体系。

（一）TPACK 的源起

从20世纪80年代开始，教师的知识结构成为教师专业发展研究的焦点。作为一名研究教师知识最具代表性的学者，李·舒曼（L. S. Shulman，1986，1987）认为，教师知识不仅包含学科内容知识（content knowledge，CK）和一般教学法知识（pedagogical knowledge，PK），而且涉及学科知识和一般教学法知识的复杂互动与整合，这种整合后形成的知识就是学科教学知识（pedagogical content knowledge，PCK）。李·舒曼提出的PCK概念没有明确涉及技术，那是因为当时教育中的技术是以明确的、稳定的传统技术为主，如黑板、铅笔、显微镜等。这些技术在教育中经过长时间的适应，已融入教学环境的“背景”之中，不易被使用者察觉。但随着技术的不断发展，产生了千变万化、不透明、不稳定、与传统技术有显著差异的新兴技术。如何将这些技术知识整合进教师知识结构就成为新的研究焦点。为此，美国密歇根州立大学的克勒和米什拉以李·舒曼提出的PCK模型为基础，整合技术知识，于2005年首次提出TPACK知识结构模型，该模型成功地将教师利用技术进行有效教学的知识整合到了教师知识结构中。起初，克勒和米什拉以TPCK，即technological pedagogical content knowledge的缩写命名这一模型。但鉴于该名称不好读且顺序易混，因此在一次学术会议讨论中，他们将其更名为TPACK（Thompson，等，2007）（本书中，“TPCK”和“TPACK”通用）。

（二）TPACK 的核心要素

TPACK模型包括三个单一知识要素，即学科内容知识、一般教学法知识和技术知识；四个复合知识要素，即学科教学知识、整合技术的学科内容知识、整合技术的教学知识、整合技术的学科教学知识以及这些知识要素动态交互所处的境脉。

学科内容知识是有关学生实际所学和教师实际所教的学科知识，包括学科的核心事实、概念、理论和过程；一般教学法知识是关于教与学的过程、实践和方法的深层次知识，包括学生学习、课堂管理、教学计划的制订与实施、教学评价等；技术知识是有关传统技术（如书本、粉笔、黑板等）和数字技术（如因特网、音视频等）的知识；学科教学知识是指将学科内容和教学法融合，形成对于具体主题、问题和议题是如何根据学习者的不同兴趣与能力进行组织、表征和改编，以及如何用于教学呈现的理解。整合技术的学科内容知识指对技术和学科内容互相影响和互相限制的方式的理解；整合技术的教学知识指对当具体技术应用时教学和学习如何改变的理解；整合技术的学科教学知识指对涌现于学科内容、教学法和技术之间的相互作用的理解，是教师利用技术进行有效教学的关键（Koehler 等，2009）。Mishra 等（2006）认为，TPACK 模型的内涵正是其对内容、教学法和技术的“整合”，即 TPACK 模型不仅考虑单一的内容知识、教学法知识和技术知识，更关注不同境脉下知识要素两者或三者动态交互形成的综合知识。这一点也正是 TPACK 模型与其他教师知识模型最大的区别，即三种知识要素不能分离，应形成一个整体。TPACK 模型自提出以来，受到了教育界学者的积极讨论。不同学者对 TPACK 进行了不同的界定，也对其内涵进行了不断补充和修改，因此，TPACK 模型一直处于持续完善和动态发展的过程中。

二、熟悉基于 TPACK 的师范生知识结构

根据 TPACK 模型，师范生的知识储备可解构为基础知识和综合知识两大部分。基础知识就是 TPACK 模型中的单一知识要素，综合知识就是指 TPACK 模型中的复合知识要素。

（一）师范生的基础知识结构

依照 TPACK 模型，师范生应掌握的基础知识包括学科内容知识、一般教学法知识和技术知识。

学科内容知识包括学科的核心事实、概念、理论和过程，是有关学生实际所学和教师实所教的学科知识，是专业性的基本体现，是师范生以后从事学科教学最基本的保障。师范生的 CK 是从学科基础课程和专业发展课程中习得，不同学科专业师范生的 CK 各不相同，原则上学科大类所涵盖的各专业的学科基础课程相同，专业发展课程各有侧重。一般而言，学科基础课程以必修课的形式安排在本科低年级阶段，专业发展课程以选修课的形式安排在本科中高年级阶段。

一般教学法知识包括学生学习、课堂管理、教学计划的制订与实施、教学评价等，是关于教学过程、实践和方法的知识，是师范性的基本体现，是师范生以后走上讲台，建立知识与学生良好联系的重要保障。PK 具有普适性，即不同学科专业师范生应掌握的 PK 基本相同。师范生一般是在本科中低年级通过教育类通识课程习得 PK，这些课程通常包括教育政策与法规、教育学、心理学、教育心理学、班级管理等。

技术知识包括传统技术（如书本、粉笔、黑板等）和数字技术（如因特网、音视频等）的知识，是师范生以后在教学过程中借助工具进行有效教学的基础。TK 也具有普适性，相关课程通常设置在本科中年级阶段。传统 TK 长久存在于国家对师范生的培养中，开设的课程一般包括“三字一话”（钢笔字、毛笔字、粉

笔字和普通话)、教师语言艺术和教师书写艺术等；数字 TK 在近 30 年开始兴起，近 15 年尤为受到重视，相关知识一般融合在信息技术或教学多媒体技术这一到两门课程中，课程精炼、操作性强。

（二）师范生的综合知识结构

对于师范生来说，TPACK 模型中的基础知识必不可少。但更为重要的是，师范生要超越对三种基础知识的孤立掌握，要在教学实习实践中通过复杂互动形成综合知识。依照 TPACK 模型，师范生应掌握的综合知识有学科教学知识（PCK）、整合技术的学科内容知识（TCK）、整合技术的教学知识（TPK）及整合技术的学科教学知识（TPACK）。综合类知识一般不存在于单一课程中，通常是在本科高年级阶段通过实践习得。

学科教学知识（PCK）是学科内容知识（CK）和一般教学法知识（PK）在特定情境下整合后的复合知识，是指将教学中具体主题和问题根据学习者的不同兴趣与能力进行重新组织、表征、改编和呈现的相关知识，是专业性和师范性的综合体现。师范生对 PCK 的获取要在已有 CK 和 PK 的基础上，但并不是简单地将两者杂糅起来即可。它涉及对具体情境的分析判断，如学生的兴趣和能力、学生的前置知识等，并根据判断对教学内容做出调整，对表征手段进行取舍。在此连续过程中所做的一连串分析、判断和决定，将 CK 和 PK 类的陈述性知识转化为 PCK 类的策略性知识，亦即 PCK 的习得。

整合技术的学科内容知识（TCK）是学科内容知识（CK）和技术知识（TK）在特定情境下整合后的复合知识，是指对技术和学科内容互相影响和互相限制的理解，是师范生在以后教学中借助工具合理高效表征内容的保障。师范生在已有 CK 和 TK 的基础上，通过不同情境下的分析、判断和决定来培养 TCK：分析教学内容，据此选择合适的教具，设计恰当的技术，如对概念性的内容选用概念图或思维导图的呈现方式，对数学中抽象的几何知识选用几何画板软件来呈现，利用模拟软件“伸缩”时空一窥特殊现象等。

整合技术的教学知识是一般教学法知识和技术知识在特定情境下整合后的复合知识，是指对具体技术应用于教学时，教和学应如何改变，技术应如何适应的理解，是师范生在以后教学中利用技术巩固和创新教学法的关键。师范生在教学实践中不仅应熟练使用传统技术和保持对新兴数字技术的高度敏锐，而且应将特定的技术和教学法进行良好“配对”。在不同情境下既可利用合适技术强化原有教学方法，也可利用新技术创新教学方法，如借助平板电脑、录屏软件和网络等技术开展翻转课堂教学和以学生为中心的探究性学习等。

整合技术的学科教学知识是上述三种基础知识，即学科内容知识、一般教学法知识和技术知识在特定情境下复杂互动后形成的综合知识，是指对学科内容、一般教学法和技术三者之间相互影响和相互制约的理解，是师范生在整个学习生涯和今后的教学生涯中应不断追求的高层级知识。CK、PK 和 TK 在一定情境下，经过相互作用达到动态平衡时产生 TPACK，这种平衡状态不稳定，必须通过不断地分析、判断和调整来保持。因此，师范生要想习得 TPACK，必须根据特定教学情境的需要，如学生情况、教学场地情况等来综合考虑内容、教学法和技术的相互支持，并且不断反思，敏锐地在不同情境下寻找三者新的平衡可能。

第四节　研究教育技术的必要性

现代教育技术是以计算机为核心的信息技术在教育、教学领域的运用，显然，这绝不能仅仅看作是一般的教育手段和教学方法的运用问题。信息技术的深入发展将引起整个经济基础和上层建筑的彻底变革，那么，信息技术在教育教学领域的全面应用，也必将引起教学内容、教学手段、教学方法和教学模式的深刻变革，并最终引起教育思想、教学观念、教与学的理论乃至整个教育体制的根本变革。任何把现代教育技术仅仅看作是一种教学手段或教学方法的看法都是极端肤浅的。正是在这个意义上，我们认为现代教育技术是整个教育改革的制高点或突破口。所以，对教师及作为未来教师的师范生来说，学习和研究现代教育技术既非常必要也非常重要。

一、教育技术是教学改革的制高点

教育技术应用系统方法分析和解决人类学习问题，研究和实践教育中“如何做”的问题，并针对以计算机为核心的信息技术在教育、教学领域的运用，从设计、开发、利用、管理和评价等方面做理论和实践上的探索。以计算机为核心的信息技术的应用已成为 21 世纪教育的主流，并伴随着世界各国教育信息化的进程，已经对教育产生了深刻的影响，教育正面临着教育思想、教育体制、教育内容及形式等方面的变革。

（一）教育技术与教师专业发展

众所周知，应用现代教育技术，促进各级各类教育的改革与发展（尤其是促进基础教育的改革与发展），已经成为当今世界各国教育改革的主要趋势和国际教育界的基本共识。国际教育界之所以会有这样的共识，是因为现代教育技术的本质是利用技术手段（特别是信息技术手段）优化教育教学过程，从而达到提高教育教学效果、效益与效率的目标。效果的体现是各学科教学质量的改进；效益的体现是用较少的资金投入获取更大的产出（即培养出更多的优秀人才）；效率的体现是用较少的时间达到教学内容和课程标准的要求。

现代教育技术追求的这三个方面的目标，也是各级教育部门领导和学校校长们时时刻刻都在关注的目标。而确保这些目标的实现，正是现代教育技术的优势所在。但是技术是要靠人来掌握的，要让现代教育技术的上述优势得以发挥，需要靠教师去实施。这样，就对教师教育提出了更高的要求——在教师的专业技能中，提高应用教育技术的能力已变得越来越重要。如2004年12月教育部颁布的《中小学教师教育技术能力标准》，就是要从制度上保证广大教师具有合格的应用教育技术的专业技能。

（二）基础教育课程改革的迫切需求

基础教育新课程改革的核心是要培养学生的创新精神，让青少年生动、活泼、主动地发展，这就要求教师改变在课堂上的教学方式与行为模式，而应用教育技术正是改变教师的教学方式与行为模式的最重要手段。此外，信息技术与各学科教学的整合还是新课改成功的必要条件，而有关信息技术与课程整合的理论、方法（即如何在各学科教学中进行有效的整合）是现代教育技术研究的基本内容。所以，重视教师的教育技术能力发展，引导教师尽快提高应用教育技术的能力是基础教育课程改革的迫切需求。

（三）教育技术与创新能力的培养

21世纪为人类带来物质文明高度发达的信息社会，同时也带来一系列严重的社会与生态问题。例如，能源危机、人口压力、粮食匮乏、环境污染、生态破坏、种族歧视、色情暴力、毒品泛滥……这些都是伴随工业现代化进程的全球性问题。这些问题长期存在并越发严重，实际上已演变成为威胁人类生存的全球性危机。面对这类危机，考虑未来社会的发展，联合国“国际21世纪教育委员会”提出的解决方案是“教育的四大支柱”。所谓“四大支柱”是指能支持现代人在信息社会有效地工作、学习和生活，并能有效地应付上述各种危机的四种最基本的学习能力，即“学会认知，学会做事，学会共同生活和学会生存”。

这四种能力并不是平等、并列的，其中有一种是作为基础能力强调的，这就是“学会共同生活”，其余三种能力是学会共同生活所不可缺少的基本因素。学会共同生活实际上主要指的是道德教育，要求培养学生的高尚道德精神。其余三种能力，即学会认知、学会做事和学会生存，可以用一种能力来概括，这就是“创新能力”，这表明四大支柱的实质就是要培养具有高尚道德精神和创新能力的一代新人。

另外，信息社会要求新型人才应具有较高的信息素养。为了培养出能适应21世纪需要，具有全面文化基础（包括信息方面的文化基础）、创新能力和高尚道德精神的一代新人，现代教育技术具有至关重要的意义。这不仅是因为信息社会的文化基础包含信息方面的知识与能力，而信息方面知识与能力的培养显然有赖于现代化的教育技术手段，而且还因为各个学科（不管是大学、中学还是小学的学科）教学的深化改革都离不开教育技术理论的指导和以计算机为基础的教学环境的支持。如上所述，教育四大支柱的实质是要培养具有创新能力和高尚道德精神的人才，而现代教育技术对这两方面教育目标（培养创新能力与高尚道德）的实现均有不容忽视的重要作用，其中尤其是对创新能力的培养具有决定性的意义。

二、教育技术的运用和师生角色的转变

随着计算机多媒体和计算机网络技术在教育领域的广泛应用，人们开始探讨新时代下教师的角色问题，有的教育家认为，为了培养学生独立思考、独立工作的能力，强调学生的自主性、主体性，就要淡化教师的作用。甚至在西方出现了“教师将被取代”的说法，许多描绘信息社会前景的文章在谈到教育领域的变化时，不乏“学生可以没有教师，自由地与机器对话”之类的观点。那么，我们究竟应该如何看待新时期师生的角色？教师是否可以完全被技术取代？

（一）教师角色的转变

教育技术的发展并不能替代教师的作用。教师永远是教育过程中的灵魂。教师是教育方针的执行者，是教育过程的设计者，是学生心灵的塑造者。为了培养学生独立思考和独立工作的能力，教师固然不能越俎代庖，但却需要加强引导和指导。学生的主动性靠谁来激发？靠教师；学生的活动由谁来设计和组织？由教师；学生的才能靠谁来发现和扶植？靠教师；学生遇到挫折靠谁来帮助？靠教师，教师的品格风貌更是学生学习的榜样。不论在什么时代，教师在培养人才中的作用都是不容忽视的。因此，教师本身素质的高低就成为教育成败的关键。教育技术的发展对教师提出了不同于以往的要求。

1. 教师要更新教育观念

首先，要具有新人才观。21 世纪是竞争激烈的高科技时代，对人才的要求显然与过去不同。21 世纪要求年轻一代具有广阔的胸怀、丰富的知识、聪敏的智慧、开拓的精神、高尚的道德、完善的人格。这一切都不是仅从书本上可以学到的。传授知识是教育过程中不可缺少的重要环节，它是人才成长的基础，任何时候都不能放松。但它只是一个基础，还需要在这个基础上发展学生的能力，培养他们的高尚的思想品质和符合时代精神的各种优秀品质。教师要认真研究新世纪人才的素质并对每个学生进行人才设计。

其次，要认识教师角色的转变。以往的教育，教师扮演的是一种家长式的角色。在未来教育中教师的角色主要表现在教师是设计者、帮助者、品质的示范者

等方面。教师既是学生的长者，又是朋友，还是学生的引路人。

最后，教师要树立大教育观念。教师的眼光不能局限于课堂，而要放眼社会。在当今社会，学生获取信息的途径日趋多样，如课堂、家庭及社会等信息源。课堂学习已经无法满足当下学生的自我发展需求，而作为教师，如果不懂得应变，依然囿于课堂教学，则难以做到有的放矢，因材施教。

2. 要不断更新自己的知识和提高自己的能力

首先，教师掌握的知识应该既有一定的宽度又有一定深度。学科的发展正在向既分化又综合的方向发展。学科的这种发展趋势要求教师掌握的知识应既宽广又专深。但教育职前培训的时间是有限的，因而需要将职前培训和职后继续学习结合起来，不断更新自己的知识，提高业务水平和能力。作为教师，不论教什么专业，都需要提高人文科学的素养。因为人文科学能够帮助人们了解世界、了解自己、了解人对社会的责任，从而提升自己的文化素养、思想情操和行为风貌。教师的这种素养会潜移默化地影响学生。

其次，教师需要提高教育研究能力和合作能力。现代教育技术的发展带来了许多需要研究的新问题，特别是教育技术手段使用过程中学生的学习心理问题。技术“加盟”教育，促逼着教学系统形成了新的动态平衡。在这个新的平衡体系中，它更加关注教师的教育研究能力和合作能力。正如有学者所言：“教育过程一旦凭借技术而加以灵活组织，教师之间那种封闭的状态不复存在，一个教师教一门课的现象也将消失。”现代教育技术作为一种物的纽带，把教师群体的每个成员联结起来，教师只有互相理解、默契配合，才能更好地履行教师的职责。

3. 教师需要掌握教育技术的理论和操作技能

教育技术在教学过程中的运用必然会改变教学过程的模式，会优化教学过程，较大地提高教学质量。但是它的前提条件是教师必须对教育技术有所认识，会操作和运用教学资源，并改变旧的教学方法。这种认识和操作运用不只是简单的技巧，而且包括教师的教学观念的变化。如果教师的教学观念不转变，即使有了出色的多媒体软件教材，也只能把它当作一个简单的教具和课堂教学的点缀。教师只有改变教学观念，进而改变教学方法，才能使教育技术发挥优化教学过程的作用。

因此，现代教育技术的发展对教师角色的影响，并不是使教师失去“主人”的地位而使其角色退化，而是对教师提出了更高要求，教师担负的角色职责更重。

（二）学生角色的转变

在传统教育中，学生的地位完全是被动的，教学内容、教学策略、教学方法、教学步骤等都由教师来安排。现代教育技术的发展改变了学生对教师的这种依附状态，学生由于有现代化技术手段的支持，获得了从多渠道学习知识的机会和学习的自由。他们不仅从教师那里获得知识，更能在教师之外进行“补偿性、验证性、兴趣性、适应性的再学习（re-learning)”。这样，学生角色从被动学习者转变为积极的主动学习者，学生在学习过程中的主体地位得到了体现。

但是，学生角色在现代教育技术发展下的这种转变不是必然的，也就是说，并不是有了现代化的教育技术设备和手段，学生就自然地表现出主动学习者的角色特征。

学生借助于现代教育技术进行积极的自主学习和自我教育是需要一定条件的。这就是学生必须要有独立自主学习的精神，要有善于获取知识的能力，要有良好的学习品质，以及能够掌握适合自己特点和学习要求的一系列方法。离开了这些条件，现代教育技术并不能发挥作用。正如著名教育技术学家霍克里奇所说，“不要期望把学生从学校拉到家庭、拉到机器旁边就可以解决一切，任何先进的、多功能的机器，在不会学习的人面前，充其量是一台玩具而已”。因此，我们在考虑现代教育技术发展对学生角色的影响时，既要看到学生角色转变的外在可能性，又要认识到对学生角色转变的内在条件与能力的要求。

三、教育技术的运用对教学过程的影响

21 世纪教育技术将得到广泛的应用。技术手段运用到教学过程必将引起教学领域的变革。历史上班级授课制的产生改变了过去手工业式的个别教学形式，大大提高了教育效率。但是，无论是个别教学还是集体教学，都没有摆脱教师讲学生听的局面。在这个过程中，学生的视听觉器官没有被充分调动，学生潜在的能力也未能充分发挥，从而影响学生对客观世界的认识。教育技术在教学过程中的应用改变了这种局面。这种变革可以从以下几方面来理解。

（一）改变了学生在教学过程中认识事物的过程

传统的教学过程是由感知教材、理解教材、巩固知识和运用知识几个环节顺序连续地组成的，教育技术则把感知、理解、巩固、运用融合为一体。教育技术有形有声，不仅有较强的直观性，而且能够引导学生直接揭示事物的本质和内在的联系。心理学告诉我们，教学过程中运用的感觉器官越多，它们的作用发挥得越充分，对学习的知识就越容易理解和巩固。而且许多肉眼看不到的宏观世界和微观世界，以及一些事物的运动规律都可以借助教育技术得到，使学生容易理解和掌握事物的本质，有利于学生思维能力的培养和发展。

（二）改变了某些教学原则

传统的教学过程强调教学要由近及远，由浅入深，由具体到抽象。教育技术

改变了这个顺序，它可以把远方的东西放到学生眼前，把复杂的东西变得简单，把抽象的事物化为具体。它既可以把时间和空间放大，又可以把时间和空间缩小。怎样有利于学生的认识就怎样运用。

（三）改变了教学内容和教材形式

通过教育技术，可以把过去许多不容易理解的新科技内容增加到教学内容中，使教学内容现代化。通过教育技术编制的教材软件，把声音、图像和文字结合起来，增加了教材的艺术感染力。

（四）改变了教学过程中教师、学生、教材三者之间的关系

教师、学生、教材是教学过程的三个基本要素，它们互相影响、互相作用。历史上各种教育思想或教育流派都对三者的组合和各自的作用有过不同的主张。例如，有一派主张在教学过程应以教师为中心，另一派则认为应以学生为中心；一派主张应以系统的学科教材为中心，另一派则认为应以学生的经验为中心。教育技术在教学过程中的应用使教学过程的基本要素增加为四个要素。它改变了以往那种教育过程中心的论争，把教师和学生的主动性都调动起来，改变了课程教学的固有模式。教师的角色从单纯地讲授知识转变为设计教材，学生从单纯地接受知识转变为自我学习、自我发现，它有利于因材施教，个别教学。总之，教育技术在教学过程中的出现，不能简单地看作是一种教育手段和方法，它对教育过程的影响是很深刻的，必将引起教学过程的变革。对这一点，我们应该有足够的认识。

四、开展基于翻转课堂的混合教学实践

基于翻转课堂的混合式教学模型不同于传统课堂教学模型或网络在线教学模型，对它的设计要注意以下两方面。

（一）“翻转”的目的

翻转教学又称为颠倒课堂、颠倒教学（fliped classroom），它是相对于传统教学结构而言。传统教学一般是课堂传授教学内容，课下做作业深入强化。而翻转教学恰恰将“课上传授知识+课下强化知识”这两个过程颠倒过来：课下学生通过信息技术手段观看教师制作的微视频学习课程内容，即“课下传授知识”；课堂上学生通过做作业、小组合作、实验探究、讨论等多种学习方式进行知识内化，即“课上强化知识”。

（二）“翻转”的流程

翻转教学的实施过程一般分为课前和课堂两个阶段。课前阶段，教师要向学

生布置课前学习任务单，设计并制作教学微视频，并通过交流平台及时解答学生的疑难问题；学生需要通过计算机或智能设备观看微视频并完成学习任务单。课堂阶段，教师开展多样化课堂教学活动，如课前任务检测、小组探究、讨论、布置作业等；学生则需要全心、积极投入到学习活动中。翻转教学是有别于传统教学的一种新型教学模式，对调动学生的学习积极性，培养学生的自主学习能力、合作能力具有较大优势。它更加强调信息技术支持下的学生自主学习、合作学习，对学生和教师均提出了较高的要求，并对教师的教学设计能力、课堂组织能力、微课设计与制作能力等提出了更大挑战。

第三章　现代教育技术理论研究

第一节　学习理论

学习理论是揭示人类学习活动的本质和规律，解释和说明学习过程的心理机制，指导人类学习，特别是指导学生学习和教师课堂教学的心理学原理或学说。

学习理论要说明学习是怎样发生的，以及为什么有的学习有效，有的学习无效，即解释“为什么”要这样学习。在学习理论的发展过程中，由于研究者研究角度、哲学观、学术视野和研究方法的不同，形成了不同的学习理论流派，到目前为止还没有凝聚成一种统一的、综合的、大家普遍认同的学习理论。但是，如果我们对学习理论的各种流派进行系统透析，就会发现，这些理论流派实际上都是在探讨学习的一些基本问题。事实上，它们为我们提供了探讨这些基本问题的不同视角，使我们有可能比较全面地理解学习的性质、条件和规律。

目前受到广泛关注的学习理论主要有行为主义学习理论、认知主义学习理论、社会学习理论、建构主义学习理论和人本主义学习理论。

一、行为主义学习理论

（一）行为主义学习理论的基本观点

行为主义学习理论关注的是环境在个体学习中的重要性，可以用“刺激—反应—强化”来概括，认为学习的起因在于对外部刺激的反应。行为主义学习理论把学习者当作一个“黑箱”，认为学习是一种可以观察到的行为变化；把观察分析的重点放在行为变化上，关心的是如何获得令人满意的输出，而输出是输入刺激的一种反应。行为主义理论的主要代表有巴甫洛夫的经典条件反射学说、华生的行为主义、桑代克的联结主义、斯金纳的操作性条件反射学说等。

根据这种观点，人类的学习过程可归结为接受外界刺激的过程，教师的任务只是向学生传授知识，安排刺激，观察学生的反应，对令人满意的反应予以加强，对令人不满意的反应予以补救或否定，以此来纠正其反应；学生的任务则是作出反应，接受和消化知识。

在实际的教育过程中，我们很容易找到行为主义学习理论的应用，比如，教师为了让其他学生认真听讲而表扬一些认真听讲的学生，从而激励认真听讲的学生继续保持，使那些不认真听讲的学生为了得到教师的认可而表现得好起来。

（二）斯金纳的操作学习理论

1. 斯金纳的实验

在教育技术领域，美国心理学家斯金纳是备受推崇的学习理论先驱之一。斯金纳认为，“学习”是反应概率的变化；“理论”是对所观察到的事实的解释；“学习理论”所要做的是指出引起反应概率变化的条件。所以，研究学习行为的目的，是要形成一种分析各种环境刺激的功能的方法，以决定和预测有机体的学习行为。为此，斯金纳设计了“斯金纳箱”。实验时，在箱内放一只白鼠或鸽子，它在箱内可自由活动，当它压杠杆或啄键时，就会有一团食物掉进箱子下方的盘中，它就能吃到食物，但并不是每次按杠杆或啄键后都有食物，食物的释放方式由实验者决定。

斯金纳通过实验发现，动物的学习行为是随着一个起强化作用的刺激发生的，他把动物的学习行为推而广之到人类的学习行为上。在斯金纳看来，行为是人类生活的一个基本方面。通过对行为的研究，可以获得对各种环境刺激的功能进行分析的方法，从而可以影响和预测有机体（包括人和动物）的行为。斯金纳创立了操作性条件反射学说和强化理论，并把它们应用于人类学习的研究，提出了程序教学的概念，总结了一系列教学原则。

2. 程序教学

程序教学是一种个别化的自动教学方式，由于经常用机器来进行，也称为机器教学。程序教学对教材进行设计和编制，并按步骤循序进行，其基本过程如图3-1所示。这一程序教学原理曾在计算机辅助教学及CAI课件制作中得到广泛运用，曾是教学软件开发的主导思想。由于斯金纳对程序教学理论作出了杰出贡献，他被称为“程序教学之父”。

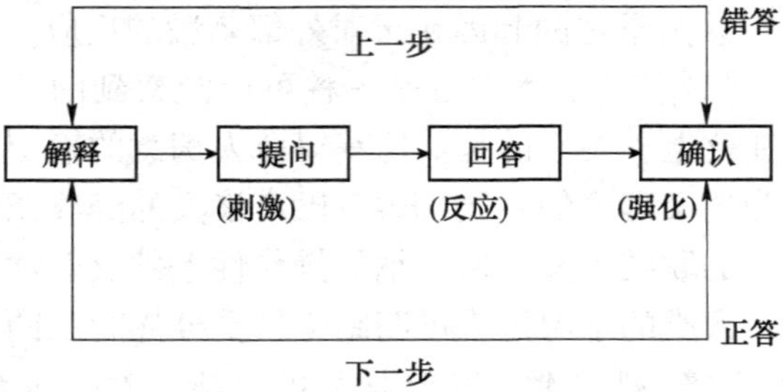

图3-1 程序教学基本过程

斯金纳提出了程序教学的原则：

（1）积极反应原则。通过教学机器或教材向学生呈现知识，使学生对一个个问题作出积极的反应。

（2）小步子原则。将教学内容按内在联系分成若干个小步子编成程序。材料逐步地呈现，步子由易到难排列，每步之间的难度通常是很小的。

（3）及时强化原则。要求在每个学生作出反应后，必须使学生立即知道其反应是否正确。告知学生结果，也就是对学生的反应给予及时强化，这是程序教学中最常用的强化方式。

（4）自定步调原则。以学习者为中心，不强求统一进度，鼓励每一个学生按自己最适宜的速度进行学习。

（5）低错误率原则。要求在教学过程中尽量使学生避免出现错误的反应，因为错误的反应会得到令人反感的刺激，过多的错误会影响学生的情绪和学习的速度。

斯金纳的程序教学理论指导推动了20世纪50年代风行美国乃至其他许多国家的程序教学运动，不仅促进了学习理论的科学化，加速了心理学和教育学的有机结合，推动了教学手段的科学化和现代化，而且重新激起了人们对个别化教学研究的兴趣，使个别化教学在中断多年后又重新活跃起来。

二、认知主义学习理论

认知心理学家探讨学习的角度与行为主义者相反。他们认为，是个体作用于环境，而不是环境引起人的行为。环境只是提供潜在的刺激，至于这些刺激是否受到注意或被加工，取决于学习者内部的心理结构。潜在的环境刺激在任何时候都是无法计数的，为什么有的起作用，有的被忽视，原因在于个体是根据自己内部的心理结构对其加以选择的，目的是为了赋予经验以意义。个体在以这种方式与环境相互作用的过程中，不断地修正自己内部的心理结构，从而影响未来与环境的相互作用。可见，认知主义学习理论要研究的是个体处理环境刺激时的内部过程，而不是外显的刺激与反应。

（一）认知主义学习理论的基本观点

人的认识不是由外界刺激直接给予的，而是外界刺激和认知主体内部的心理过程相互作用的结果。根据这种观点，学习过程被解释为每个人根据自己的态度、需要和兴趣，利用过去的知识与经验对当前工作的外界刺激（如教学内容）作出的主动的、有选择的信息加工过程。教师的任务不是简单地向学生灌输知识，而是首先激发学生的学习兴趣和学习动机，然后将当前的教学内容与学生原有的认知结构有机地联系起来；学生不再是外界刺激的被动接受器，而是主动地对外界刺激提供的信息进行选择性加工的主体。

认知主义学习理论强调认知结构和内部心理表象，即学习的内部因素，这与行为主义学习理论只关注学习者的外显行为，无视其内部心理过程有很大的不同。认知主义学习理论突破了行为主义仅从外部环境考察人的学习的思维模式，从人的内部过程，即中间变量人手，从理性的角度对感觉、知觉、表象和思维等认知环节进行研究，把思维归结为问题解决，从而找到了一条研究人的高级学习活动的途径，抓住了人的思维活动的本质特征。

认知主义学习理论的主要代表有格式塔学习理论、托尔曼的符号学习理论、布鲁纳的认知结构学习理论、奥苏贝尔的认知结构同化学习理论、加涅的认知学习理论、信息加工理论，等等。

（二）认知主义学习理论对教育技术的启示

认知主义学习理论广泛应用于教学软件的开发。比如，人们在设计和开发CAI软件时，可以在CAI课件的开始部分，利用能体现教学内容且具有感染力的图形序列（或图像）、动画、视频、音频等形式，唤起学生的注意；可以在学习开始时，告诉学生学习目标，从而激起学生对学习的期望；可以通过测试，刺激学生回忆以前的学习，以便把已有的知识与将要学习的新知识结合起来，然后向学生呈现教学信息并不断地提供学习指导，以促进其学习；等等。许多CAI软件还利用多媒体技术和多种手段，提供有利于学习迁移的实例和情境，让学生去求解、探索，这不仅有利于学习的迁移，对于发展学生的认知策略也是不可缺少的。

三、社会学习理论

阿尔伯特·班杜拉是美国当代著名的心理学家、现代社会学习理论和社会认知理论的奠基人。他受过严格的行为主义训练，但不满于极端行为主义的观点，他吸取了认知学习理论的观点，形成了一种认知—行为主义模式。在他看来，学习是一种既符合信息加工理论，也符合强化理论的过程，而且他重视对社会学习的研究，形成了很有特色的社会学习理论。

（一）社会学习理论的三元取向

许多心理学家提出了各种理论来解释人类的行为，这些理论或者是研究环境刺激与有机体反应的关系（如行为主义理论），或者是研究有机体行为的内部动因是什么（如人本主义理论）。班杜拉认为，这些理论都是以单向决定论为特征的。环境决定论与个人决定论就是两个极端的例子。环境决定论者认为，行为是由环境刺激引起的；个人决定论者认为，本能、驱力和特质等内部事件驱使有机体按照某些固定的方式行事，换言之，环境取决于个体如何对其发生作用。

但是，有许多行为并非由环境刺激或内在素质单向引发。我们可以看到许多延迟匹配的现象，也就是说，观察者在看到一个榜样的示范动作后，可能会过几天甚至更长的时间才表现出来，而且往往并不是因为有某种直接的强化才表现出这种行为的。这些都无法用个体与环境的简单对应关系来解释。

班杜拉的社会学习理论，把行为B（个体行动、选择和言语描述）、个体P（信念、期望、态度、知识）和环境E（资源、行为、结果、他人）看作一个相互影响的联结在一起的系统，在这个系统中，行为、个体和环境三个因素相互关联，都是“你中有我，我中有你”的。班杜拉把他的这种观点称为交互决定论。

（二）学习来自观察与模仿

根据社会学习理论的观点，人类的大多数行为是通过榜样作用习得的：个体通过观察他人行为，会形成怎样从事某些新行为的观念，并且用这种编码信息指导以后的行动。因此，观察者获得的实质上是榜样活动的符号表征，并以此作为以后适当行为表现的指南。班杜拉认为，观察学习是受注意、保持、动作再现以及动机等心理过程支配的：

（1）注意过程。除非人们注意并精确地感知榜样行为的明显特征，否则是无法学到这种行为的。注意过程决定了个体在受到众多榜样作用的影响时，有选择地观察哪些方面。注意过程受多种因素影响，如观察者的特征、榜样活动本身的特点以及人际互动的安排等。

（2）保持过程。保持过程是要记住观察到的榜样行为。观察者是以符号的形式把这种行为储存在长时记忆中的。班杜拉认为，保持过程主要依赖于两种表征系统：映像表征系统和语言表征系统。映像表征是指以映像方式来保持行为。对于儿童来说，视觉映像在观察学习中是非常重要的；语言表征是指用言语编码来保持行为。支配行为的大多数认知过程是语言。

（3）动作再现过程。动作再现过程是把符号表征转变成适当的行动。为了便于分析，班杜拉把这一过程分解成四个阶段：对反应的认知组织、反应的发起、对反应的监控以及根据反馈信息矫正反应。在大多数日常学习中，人们通常是通过榜样作用大致掌握新的行为，然后根据反馈信息进行自我矫正，最后逐渐熟练掌握这种技能。但由于受到体能、技巧或其他方面的影响，有些动作不能很好地或完整地再现。

（4）动机过程。通常人们并不会实施他们学到的每个行为。首先，如果榜样行为产生了有价值的结果，人们便倾向于实施这种行为。这是一种外部强化。其次，观察到的榜样行为的结果，与自己直接体验到的结果，是以同样方式影响榜样行为的表现的，即学习者的行为表现是受替代强化影响的。通常，看到他人获得积极效果的那些行为，比看到他人受到消极后果的那些行为，更容易表现出来。最后，行为的再现受到人们自我评价的影响。人们倾向于做出感到自我满足的反应，拒绝做出自己不赞成的行为，这是一种自我强化。

（三）对社会学习理论的评价

班杜拉的社会学习理论有别于直接的、机械的行为模仿学习。其自我效能感、自我强化的思想强调了主体认知因素的重要性，充分反映了人的主观能动性，这对学生学会自我控制、自主学习非常重要。

培养学生的自律行为是教育的主要目的之一，传统教育教学生自律都是从他律到自律，再到自治。班杜拉并不赞成经由外控以养成学生自律的观念，他认为自律行为也可以通过观察模仿养成，尤其是通过自我观察、自我评价与自我强化形成。显然，自我强化是形成学生自律行为的重要方面。

四、建构主义学习理论

建构主义（constructivism）又译为结构主义，是认知心理学的进一步发展。建构主义理论最早是由瑞士心理学家皮亚杰提出的，其后许多心理学家对它做了进一步的研究和完善。因为当今的多媒体计算机和基于互联网的网络通信技术所具有的多种特性特别适合于建立建构主义学习环境，所以建构主义学习理论受到了人们的重视，其影响越来越大。

（一）皮亚杰关于建构主义的基本观点

皮亚杰理论体系中的一个核心概念是图式。图式是指个体对世界的知觉、理解和思考的方式。图式的形成和变化是认知发展的实质。皮亚杰认为，认知发展是受三个基本过程影响的：同化、顺化和平衡。具体介绍如下：

（1）同化（assimilation）是指个体对刺激输入的过滤或改变的过程。也就是说，个体在感受到刺激时，把它们纳入头脑中原有的图式之内，使其成为自身的一部分，就像消化系统将营养物吸收一样。

（2）顺化（accommodation）是指有机体调节自己内部结构以适应特定刺激情境的过程。顺化是伴随同化而行的。当个体遇到不能用原有图式来同化的新刺激时，便要对原有图式加以修改或重建，以适应环境，这就是顺化的过程。可见，同化主要是指个体对环境的作用，顺化主要是指环境对个体的作用。

（3）平衡（equilibration）是指个体通过自我调节机制使认知发展从一种平衡状态向另一种较高的平衡状态过渡的过程。

皮亚杰认为，个体的认知图式是通过同化和顺化而不断发展以适应新的环境的。一般来说，每当遇到新的刺激，个体总是试图用原有图式去同化，如获得成功，便得到暂时的平衡。如果用原有图式无法同化新的刺激，个体便会做出顺化，即调节原有图式或重建新图式，直至达到认识上的新的平衡。同化与顺化之间的平衡过程，也就是认识上的适应，是人类智慧的实质所在。需要说明的是，平衡状态不是绝对静止的，一种较低水平的平衡状态，通过个体与环境相互作用，会过渡到一种较高水平的平衡状态。平衡的这种连续不断的发展，就是整个认知发展的过程。

（二）建构主义学习理论的四要素

学习是在一定的情境，即社会文化背景下，借助其他人的帮助，即通过人际间的协作活动而实现的意义建构过程。情境创设、协作会话、信息资源提供，是建构主义要求学习环境所要具备的基本属性或要素。因此，建构主义学习理论认为情境、协作、会话和意义建构是学习环境中的四大要素或四大属性。多媒体和网络技术的普及为建构主义学习提供了理想的学习环境：

（1）情境。学习环境中的情境必须有利于学生对所学内容的意义建构。这就对教学设计提出了新的要求，也就是说，在建构主义学习环境下，教学设计不仅要考虑教学目标分析，还要考虑有利于学生建构意义的情境创设问题，并把情境创设看作教学设计的重要内容之一。

（2）协作。协作发生在学习过程的始终。协作对学习资料的搜集与分析、假设的提出与验证、学习成果的评价直至意义的最终建构均有重要作用。

（3）会话。会话是协作过程中不可缺少的环节。学习小组成员之间必须通过会话商讨如何完成规定的学习任务；此外，协作学习过程也是会话过程，在此过程中，每个学习者的思维成果（智慧）为整个学习群体所共享，因此，会话是达到意义建构的重要手段之一。

（4）意义建构。这是整个学习过程的最终目标。所要建构的意义是指事物的性质、规律以及事物之间的内在联系。在学习过程中帮助学生建构意义就是要帮助学生对当前学习内容所反映的事物的性质、规律以及该事物与其他事物之间的内在联系有较深刻的理解。这种理解在大脑中的长期存储形式就是前面提到的图式，也就是关于当前所学内容的认知结构。

五、人本主义学习理论

人本主义心理学是20世纪50~60年代在美国兴起的一种心理学思潮，人本主义的学习与教学观深刻地影响了世界范围内的教育改革。人本主义学习理论的主要代表人物有马斯洛和罗杰斯。

人本主义心理学家认为，要理解人的行为，应从行为者的角度来看待事物。在了解人的行为时，重要的不是外部事实，而是事实对行为者的意义。如果要改变一个人的行为，首先必须改变他的信念和知觉，当他看问题的方式改变了，他的行为也就不同了。也就是说，人本主义心理学家试图从行为者，而不是从观察者的角度来解释和理解行为。

（一）人本主义学习理论的基本观点

人本主义学习理论提倡真正的学习应以“人的整体性”为核心，强调“以学生为中心”的教育原则，学习的本质是促进学生成为全面发展的人。它关心学生的自尊和成长，认为学生是教学活动中的焦点，应自主地选择学习课程、方式和时间。教师被看作是促进者，应具有高度的责任感。教师要创建合适的氛围，帮助学生成为全面发展的人。学校在社会中扮演着重要的角色。人本主义学习理论把学生的创造和自我实现放在了很高的位置上，教育的目标就是帮助学生满足“自我实现”的需要。

（二）罗杰斯的学习观

罗杰斯把学习分为两类，它们分别处于意义连续体的两端：

一类学习类似于心理学上的无意义音节的学习。无意义音节不容易学习，而且容易遗忘。在罗杰斯看来，学生在课堂上学习的许多内容也具有这种无意义的性质。这类学习只涉及心智，是一种“在颈部以上发生的学习”，它不涉及感情或个人意义，与完整的人无关。

另一类是意义学习。所谓意义学习是指一种使个体的行为、态度、个性以及未来的行动方针发生重大变化的学习。这不仅是一种增长知识的学习，而且是一种与每个人各部分经验都融合在一起的学习。

罗杰斯的意义学习与奥苏贝尔的有意义学习的内涵是不同的，前者关注学习内容与个人之间的关系，而后者强调新旧知识之间的联系。按照罗杰斯的观点，奥苏贝尔的有意义学习只是一种在“颈部以上发生的学习”。

罗杰斯认为，意义学习主要包括四个要素：第一，学习具有个人参与的性质，即整个人（包括情感和认知两个方面）都投入学习活动；第二，学习是自我发起的，即便推动力或刺激来自外界，要求发现、获得、掌握和领会的感觉也是来自内部的；第三，学习是渗透性的，也就是说，它会使学生的行为、态度，乃至个性都会发生变化；第四，学习是由学生自我评价的，因为学生最清楚这种学习是否满足自己的需要，是否有助于认识自己想要知道的东西，是否让自己明了原来不清楚的某些方面。

除了以上几种学习理论外，还有很多学习理论对当前教育技术的理论和实践有重要的影响，如认知灵活性理论、分布式认知理论、情境学习理论等。

六、学习科学的新成果

学习科学是一门主要由生物科学、认知科学和教育科学交叉形成的前沿学科，旨在建立心智、脑和教育之间的桥梁，将生物科学、认知科学的最新成果，包括认知神经科学、情感神经科学、基因科学等，应用于教育和学习过程，给学习、教育以及政策制定提供科学的指导，以迎接教育的重大变革。过去十多年来，研究者运用新兴的脑成像技术，取得了重要的研究成果与突破性进展，其研究成果的数量超过了以往的总和。这些研究成果将对学习与教育产生深远的影响。就目前来说，学习科学的研究主要有四种取向。

（一）认知神经科学取向

作为学习的生理基础，大脑的工作机制和思维过程与行为彼此互动，大脑、思维和行为构成的动态统一，是学习科学领域的学者非常关注的脑科学研究。秉持认知神经科学取向的专家主要关注语言、记忆、思维、情绪情感与社会行为等人脑高级功能的机制研究。其中，最引人瞩目的是从视觉感知与再认、语言与视觉学习、空间智能、语音与语言、认知—情感交互、记忆、概念与规则形成等方面研究大脑的学习机制。此领域不仅探究人类学习的各种行为以及大脑的基本工作机制，而且结合系统科学领域与教育学领域，以对学习过程的认知为基础，开发新的、量化的学习算法，旨在将脑科学研究成果合理应用在教育领域中，进而为理解人的学习和改革传统教学提供重要依据。

（二）技术取向

通过技术改善人类学习绩效，是学习科学领域研究人员的又一个关注点。信息技术的发展及普及，改变着人们的工作方式、生活方式和学习方式。人工智能和虚拟现实等信息技术的发展，从技术层面上可以为学习的研究和实践提供先进的设备和丰富的研究环境。技术对学习的促进主要体现在技术可以创建或模拟具有丰富情景的真实学习环境，提供适当的认知和交流技术，以促进个体和群体的认知发展。技术促进学习的研究不仅包括多种技术环境下各种学习形式的研究，还涉及各种新技术的学习应用研究，以及如何设计和评价新的学习技术与学习环境，以巩固和加强人类的学习与互动。其中，基于计算机的合作学习、基于案例的推理、基于模型的推理、模拟仿真学习等方面的成功案例，为技术支持的学习研究提供了新认识和新思维。

（三）社会学取向

人类的学习既是个体行为，又是社会性活动。人类学家、社会学家对学习社会性的研究也是学习科学的一个重要研究取向。持这种取向的研究者们注重人类学习的社会文化脉络以及学习过程中的社会性协作，而非仅对个体心理进行研究。有学者指出，人类的知识和互动不能与这个世界分割开来，如果这样做，就是在研究离开躯壳的智力。这种智力是人造的、不真实的和不具备实际行为的。

情境和人们从事的活动才是真正重要的。我们既不能只看到情境，或者环境，也不能只看到人。人与环境是互动的、相互协调的，只看到一面就会抹杀情境对认知和行为的作用。因此，情境认知理论认为，学习是通过学习者参与社群实践而发生的，强调真实行为所发生的社会网络和活动系统。学习的设计应当以学习者为主体，学习内容和活动的安排要与人类的具体实践相联系，最好在真实的情境中，通过类似人类真实实践的方式来组织教学，同时将知识的获得与学习者的发展、身份建构等统合在一起。

（四）教育学取向

学习科学的研究不仅仅想揭示各种环境（正规学习环境和非正规学习环境）中人类学习的认知过程和社会过程，更重要的是以此为基础，为学习和教学提供科学的理论依据，提升学习绩效。持教育学取向的人员主要是教育心理学、教育技术学、计算机科学等领域的专家以及学科教师。在“优化学习环境，促进知识建构”思想的指引下，各学科领域的专家及教师相互协作，将真实的课堂作为研究学习的主要场所，借助各种信息技术的支持，研究不同场景、不同学科下个体认知的特点和规律，并根据研究成果，调整优化课堂教学环境，或者创设新型学习环境和学习活动，以促进深度学习的发生。此外，如何使在真实课堂中获得的研究结果符合严格的实验室科学研究的标准，也是专家们竭力探讨的问题，他们创新性的研究方法和解决问题的技术为学习研究开辟了新的路径。

第二节　教学理论

如果说学习理论回答了“学习是什么？（what）”的问题，那么教学理论就是确保理想学习的产生，为之提供实现目标的方法（how）。教学理论是指为求合理设计教学情境，以期达到学校教育目的所建立的一套具有处方功能的系统理论。它是既具有实用性又具有概括性的处方理论，其实用性表现在它能提供教师在教学时如何安排教学情况以达到学校教育的目的；概括性是指它不仅限于探讨某一学科教育方法的理论，而是原则上适合所有学科的理论。因此，学习教学理论，掌握教学规律，有效运用教育技术对改善教学效果有一定的现实意义。本节主要介绍布鲁纳的结构-发现教学法，布鲁姆的掌握学习、范例教学。

一、布鲁纳的“认知-发现”教学法

认知结构主义教育思想是20世纪50～60年代形成的一种西方教育思潮，它是以瑞士心理学家皮亚杰的认知心理学为基础的，其主要代表人物是美国的心理学家和教育家布鲁纳。

（一）理论观点

认知结构—发现教学法的基本观点包括：（1）学习一门学科最重要的是掌握它的基本结构；（2）任何学科都能够用在智力上是正确的方式，有效地教给任何发展阶段的任何儿童；（3）要学得好，必须采取发现法。布鲁纳强调对儿童认知结构的研究以及认知能力的发展，注重对知识结构的理解，提倡发现学习和早期教育。发现学习是指让学生通过自己经历知识发现的过程来获取知识、发展探究能力的学习方式和教学模式，它所强调的是学生的探究过程，而不是现成知识。教师的主要任务不是向学生传授现成的知识，而是为学生的发现活动创造条件、提供支持；同时，强调学生发现能力的培养和对学科知识结构的掌握。

由理论观点可见，发现教学中的学生可以自己发现、组织知识，有助于学后长期记忆；主动思维活动，有助于智力发展与提升；主动发现过程中获得的成就感的满足，不需依靠用赏罚去维持其动机与兴趣；帮助养成主动自发的习惯，有助于以后的独立求知与研究。当然，发现教学并非就十全十美，它也具有一定的局限性：（1）发现学习法的使用，必须具备一个先决条件，那就是学生必须具有相应的知识与技能准备，否则无法从事发现学习。因而对缺乏知识经验的中低年级的学生来说，很难使用这种方式教学。（2）在发现学习中学习的学生，自行探索问题答案时，往往会因遭遇疑难求助教师却又不得要领而感到气馁，以致求知的动机降低。（3）因团体中各个儿童智力与经验不同，率先发现原则的智力优先者的表现，往往对思想较为缓慢者造成极大的精神压力，因而对后者将来的学习形成不利的影响。（4）采用发现教学时，一般用团体讨论方式，但团体讨论时间常被能言善辩的少数人占据，其他学生或因无机会，或因无能力发言，均无法获得学习效益。若教师建议采用轮流发言方式，又难免对不善言辞的学生构成精神压力。（5）发现教学往往需要给学生预留大量的发现时间，教学效率较低。

（二）教学应用

为了能够较好地使用发现教学，教师在教学设计时应注意如下四点原则：一是要想让学生在学习情境中，由主动发现原则获得知识，教师必须先将学习情境及教学材料性质解说得非常清楚。二是教师从事知识教学时，必须配合学生的经验，将所授材料做适当的组织，以使每个学生学到知识。三是教材的难度与逻辑上的先后顺序，必须针对学生的心智发展水平及认知表征方式做适当的安排，以便使学生的知识经验前后衔接，从而产生正向学习迁移。四是在教材的难度安排上，必须考虑学生学习动机的维持，教材太容易学会，学生缺少成就感；太难以学会，又会产生失败感，因而适度的调整教材的难度才能维持学生内在的动机。

总之，在开展发现学习时，教师应该作为学习者发现知识的帮助者，为他们搭建发现知识的脚手架。

在信息技术的支持下，发现教学已经发展了一些新的学习形式：专题探究学习、网络探究学习、基于问题的学习、基于项目的学习等。

二、布鲁姆的掌握学习

掌握学习（mastery learning）是美国心理学家和教育学家布鲁姆提出的。掌握学习教学模式的提出与布鲁姆的“教育目标分类学”联系在一起，布鲁姆把教育目标分为认知、情感和动作技能三大领域。掌握学习教学模式在认知、情感和动作技能等领域中都具有一定的适用性，但其实际应用主要是在认知和动作技能方面。

（一）理论观点

所谓“掌握学习”，就是在“所有学生都能学好”的思想指导下，以集体教学（班级授课制）为基础，辅之以经常、及时的反馈，为学生提供所需的个别化帮助，给予他们所需要的学习时间，让他们都达到课程的目标要求。

布鲁姆认为，学生学习能力的差异不能决定他能否学习要学的内容和学习的好坏，而只能决定他将要花多少时间才能达到该内容的掌握程度。也就是说，学习能力强的学生可以在较短的时间内达到对该内容的掌握水平，而学习能力差的学生则要花较长的时间才能达到同样的掌握程度。

（二）教学环节

“掌握学习”教学模式的程序大致由五个环节组成，如图 3-2 所示。

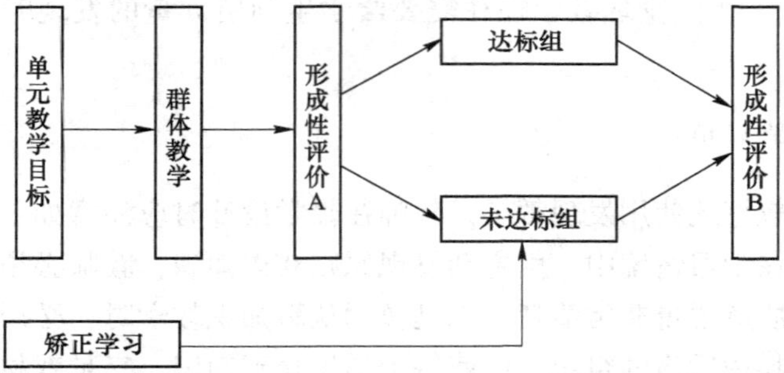

图 3-2 “掌握学习”教学模式

1. 单元教学目标的设计

布鲁姆认为，教学质量首先表现为对教学任务目标的表述是否清晰，每一个学生是否都清楚自己将要学什么。布鲁姆通过对教学目标分类的研制，对各教学目标的表述有其“行为界定”。他认为表述得当的目标，可以表现为一种清楚的行为，通过对该行为是否具备的测定，可以了解其达标的程度。

在“掌握学习”模式中，教育目标分类依据布鲁姆的教育目标分类学分作认知、技能和情感三大类。其中，在认知领域又分作知识、理解、应用、分析、综合、评价六个学习类型。

2. 依据教学单元的群体教学

“掌握学习”模式是试图达到群体教学个别化的教学模式，其设想是在不影响传统班集体授课的前提下，使绝大多数学生达到优良成绩。所以其课堂教学仍然采用通常的集体授课形式，但在授课前，应给予学习知识必需的准备知识以充分的重视。在群体教学中，教师仍然可以根据教学内容、要求、学生与教师的特点，选择适宜的教学方法，仍然是“教学有法而无定法”。

3. 形成性评价（A）

在实施单元集体授课后，就要进行形成性测验。形成性测验的题目与教学目标相匹配，其目的是对学生的学业情况进行诊断。这种诊断不仅要反映学生对教学内容掌握的广度，也要反映出对教学内容掌握的深度。

4. 矫正学习

形成性评价之后，将学生分成达标组和未达标组两类。对未达标组应该进行必要的、补偿性的矫正学习。矫正学习是为了给予那些在群体学习中学习速度慢的学生以额外的学习时间。矫正学习不是简单地重复新课教学的内容，可以采取多种方法。矫正学习的成功关键是要有很强的针对性。

5. 形成性评价（B）

形成性评价是最终检验达标的情况，其测验题与形成性评价（A）相比指向更加明确。对于在形成性测验中大多通过的测验题可以不再出现。通常对两种情况进行检查：一种是学生易犯的错误；另一种是与下一单元关联性特别强的预备知识。

（三）“掌握学习”模式的策略

在布鲁姆看来，只要恰当注意教学的主要变量，就有可能使绝大多数学生（90%以上）都达到掌握水平（得 5 分）。掌握学习就是要探讨达到这一目的的途径，制定相应的策略。

1. 成绩的正态分布与偏态分布

布鲁姆认为，教育是一种有目的、有意图的活动，如果我们的教学是富有成效的话，学生成绩分布应该是与正态分布完全不同的。

2. 掌握学习的变量

布鲁姆的掌握学习教学原理是建立在卡洛尔关于“学校学习模式”的基础

上的。认为学习的程度是学生实际用于某一学习任务上的时间量与掌握该学习任务所需的时间量的函数。实际用于学习的时间量是由这样三个变量组成的：(1) 机会，即允许学习的时间；(2) 耐心，即学生愿意从事学习的时间；(3) 能力倾向，即在理想条件下掌握该任务所需要的时间（这是因教学质量和学生理解教学的能力而变化的）。需要的时间量也是由三个变量组成的：(1) 教学质量；(2) 学生理解教学的能力；(3) 能力倾向，即学生在适应教学质量、理解教学之后，学习所需的时间。

(1) 允许学习的时间。它是指教师对学生完成一定的学习任务明确规定的时限。布鲁姆和卡洛尔都认为，学生要达到掌握的水平，关键在于时间量的安排要符合学生的实际状况。学习速度的快慢是由能力倾向决定的；如果学生把所需要的时间都用于学习，而且有足够的时间去学习，绝大多数学生都能达到掌握水平。布鲁姆认为，教师的任务，一方面是要找到改变某些学生需要的学习时间；另一方面是要找到为每个学生提供需要的时间的途径。当然，学生掌握某门学科所需的时间是受其他变量影响的。

(2) 耐心。如果学生需要花一定的时间才能掌握某门学科，但他花在积极学习上的时间少于需要的时间，就不可能达到掌握的水平。所以，布鲁姆等人试图把学生花在学习上的时间与学生积极从事学习的时间这两者区别开来。

布鲁姆认为，学生的耐心是同学生的态度和兴趣联系在一起的。重要的是通过提高教学质量来减少学生掌握某一学习任务所需要的耐心，而不是通过各种手段使学生增强学习的耐心。教学的艺术在于使学生用适当的时间就能掌握足够的学习内容。

(3) 教学的质量。教学质量主要是根据每个学生的学习效果来评价的，而不是根据某些学生的学习效果来评价的。因此，不能仅凭培养了一两个尖子学生或出了几个后进学生就对教学质量的好坏做出判断。

(4) 理解教学的能力。布鲁姆和卡洛尔对理解教学的能力所下的定义是：学生理解学习任务的性质和他在学习该任务时所要遵循的程序的能力。

(5) 能力倾向。布鲁姆承认学生的能力倾向确实存在着差异，而且这种差异与学习的结果（尤其是学习的速度）有关。能力倾向是学生掌握学习任务所需要的时间量，因此只要有足够的时间，所有学生都能掌握学习任务。这就是说，能力倾向只是学习速度的预示，而不是学生可能达到的学习水平的预示。掌握学习策略的一个基本问题，就在于寻找各种途径，设法减少学习较慢的学生所需要的时间量。

（四）掌握学习的策略

共有三个步骤：阐明学习所必需的先决条件、研制实施的程序、评价这种策略对教师与学生所产生的结果。

1. 先决条件

为了形成学生掌握学习的环境，教师必须在学生达到掌握学习的水平时能够加以识别，必须能够解说掌握意味着什么，必须能够收集必要的证据以确定学生是否已达到掌握学习的要求。对教学目标和教学内容的详细说明，是让教师和学生双方都知道预期目标的一个先决条件。把这些详细说明转化为评价的程序，有助于进一步弄清学生在完成这门课时应该达到什么标准。布鲁姆认为，把重点放在竞争上，可能会摧毁许多学习和发展，因此，应该撇开学生之间的竞争来制定掌握的标准，然后通过努力使尽可能多的学生达到这些标准。

由此，布鲁姆提倡制定绝对标准（根据学生实际水平和常模来评定学生），而不是根据相对标准（根据学生在班上的相对水平）来评定学生的等级。

2. 实施程序

掌握学习的一个核心问题，是要为教师和学生提供详细的反馈，使教与学过程中出现差错后马上便揭示出来，并提供他们所需要的具体的补充材料以矫正差错。因此，反馈通常采用诊断式的形成性测验的方式。

布鲁姆认为，只要教师对学生应该做些什么提供具体的建议（根据形成性测验的结果），学生一般都会试图去克服这些问题。

3. 掌握学习的结果

布鲁姆是从掌握学习的认知结果和情感结果这两个方面进行分析的。布鲁姆认为，只要采取掌握学习的策略，绝大多数人都能得满分。当学生掌握一门学科，并得到了客观的和主观的证据时，他们对自己和对外部世界的看法会产生深刻的变化。

布鲁姆在编制教育目标分类学时，基本上是站在行为主义的立场。然而，布鲁姆对目标分类和评价的看法，对我们是有启示的。我们在制定教育目标时就应该考虑到评价的手段，否则教育目标就会落空。此外，在评价方面，布鲁姆注重对学生学习过程的诊断，以便提供具体的处方。评价的目的不是要对学生进行分等或给个成绩，而是要了解学生是否已掌握所学内容，帮助学生解决疑难问题。该学习理论的独到之处，是对学生认知、情感准备状态、教学质量这三个变量的分析。

三、克拉夫基的“范例教学”

“范例教学”是以德国著名的教育家克拉夫基为代表提出的，是指通过典型的事例和教材中关键性的问题的讲授、探索，来带动学生理解普遍性的过程和问题。

传统的教学让学生掌握一大堆所谓具有系统性的知识、结果，学生脑子里充满了一大堆杂乱的知识而无一种能够统帅全局的概括性观念和方法论观念。要克服传统教学的弊端，就要重视、重构教学内容，选择学科知识中最典型的案例，形成认识的“稠密区”或“岛屿”。在这个“稠密区”里，各种知识汇集、交融，学生通过这个“稠密区”的探究、思考，形成二者整体性的认识结构。

选择范例的依据如下：

（1）基本性。指教给学生的内容应当是一门学科的基本要求，如基本概念、基本知识、基本原理、基本规律等。

（2）基础性。案例的选择应当切合学生的生活经验，适应学生的知识水平和智力的发展水平；同时又要通过教学，促进学生智力的发展。

（3）示范性。指所选择的例子必须能够反映某一阶段教学的全部材料，使学生能够“窥一斑而见全豹”。

范例教学的程序如下：

第一阶段：教师以具体、直观的方法阐明一个范例，使学生首先对“个”的本质特征有一个基本的认识。

第二阶段：根据范例“个”所获得的知识推论特点，分析掌握整“个类”的特征，使对“个”的认识上升为对“类”的认识。

第三阶段：根据对“个”所获得的认识，进一步过渡到对“类”的认识，从而达到对更本质的关系——规律的认识。

第四阶段：以此为经验，认识更为抽象或总结性的规律。

四、维果斯基的“最近发展区”教学

维果斯基是苏联儿童心理学与教育心理学的开创者，他非常关注儿童智力的发展与培养问题，提出了许多极富见解的理论。在教学与发展的关系上，维果斯基提出了三个重要问题：

（1）“最近发展区”思想。维果斯基认为，至少要确定学生的两种发展水平：第一种水平是学生的现有发展水平；第二种是在有指导的情况下借助他人的帮助所能达到的解决问题的较高的水平。这两种水平的差异就是“最近发展区”。教学创造着最近发展区，儿童第一种发展水平与第二种发展水平之间的动力状态是由教学决定的。

（2）根据上述思想，维果斯基提出“教学应当走在发展的前面”。这是他对教学与发展问题的最主要结论。也就是说，教学“可以定义为人为的发展”，教学决定着学生智力的发展。

（3）对于怎样发挥教学的最大作用，他强调了“学习的最佳期限”。如果脱离了学习某一技能的最佳年龄，从发展的观点看来都是不利的，它会造成儿童智力发展的障碍。因此，开始某一种教学时，必须以学生的成熟与发育为前提。与此同时，更重要的是，教学必须首先建立在正在开始尚未形成的心理机能的基础上，走在心理机能形成的前面。

五、赞科夫的“发展性”教学

列·符·赞科夫博士（1901—1977）是当代著名的教育学家、心理学家、缺陷儿童学家和教学论专家。他研究的主要课题同时也是他对普通教育理论的主要贡献，在这样两个方面：一个是探讨教学中语言和直观手段的相互关系，出版了《教师语言与直观教学手段的结合》《直观性与学生在教学中的积极化问题》等著作；更为重要、更具特色的另一个方面是研究教学与学生发展之间的相互关系。

关于“教学与发展的关系”这一课题，赞科夫于1957～1977年进行了大规模和长时间的研究，在长期的实验研究过程中，逐步形成了指导各科教学工作的五条“教学原则”。

（一）以高难度进行教学的原则

赞科夫指出，现代儿童在入学之前，就在家里、幼儿园里、街道上，从电影、电视、广播里，从大人的谈话和跟小朋友的交往中，储备了相当丰富的知识，积攒了许多问题。可是传统教学的教学内容非常贫乏、陈旧，无法满足儿童的需求。所以，他认为教学内容必须增加知识的容量和难度，为儿童的精神成长提供足够的“食粮”，不要使它“营养不良”。赞科夫认为，教学内容充实了，教学方法必须随之革新。新的方法不再是对儿童进行单调乏味的“操练”，而是要掌握难度的分寸，适当设置学习障碍，让学生经过自己的思考、推理，独立地探求问题的答案，充分理解学习内容。

（二）以高速度进行教学的原则

赞科夫指出，在传统教学中，往往对教学内容进行单调的重复，用几节课讲一节课就能够完成内容的做法比比皆是，这不仅浪费了大量的教学时间，更为严重地是阻碍了学生的发展。他认为，在学习过程中，不要强求学生通过连续重复一下子记住许多知识和技能，因为事实上有许多东西是通过“无意的识记”和以后的经常重现而学到并巩固下来的。因此，教师讲的东西，学生懂了就可以往下讲，不要原地跑步，要让学生总觉得在学习新东西，从而保持较高的学习兴趣。赞科夫进一步解释说，“高速度”不是“开快车”“赶进度”，而是“不断地前进，不断地以多方面的内容丰富学生的智慧，能为学生更深刻地理解所获得的知识创造有利的积极作用，使知识纳入一个广泛展开的体系”。也就是要从加快速度中求知识的广度，从知识的广度来求得知识的深度。这就必须用不同的方式进行教学，让学生多读点课外书，多参加点科技活动，多搞一些参观旅行，多交谈，多争论，使他们的知识不仅得到巩固，而且能灵活使用。

（三）理论知识起指导作用的原则

赞科夫指出，传统教学片面理解“由简单到复杂”“由具体到抽象”的教学原则，事事直观，因而削弱了理论知识在小学教学中的作用。他认为，教学中学生的感性认识和理性认识是有机地交织在一起的，经验和理论处在不断地相互作用之中，不能只强调一面，应该让那些系统的理论知识在小学教学内容中占主导地位。他的实验也证实了一年级学生就能够掌握许多抽象概念，理解事物之间的某些内在联系。

赞科夫进一步解释说，这条原则绝不是贬低儿童直接观察和形成技能和技巧的重大意义，而是为了克服旧教学体系的片面性和原始性，“把教学的认识方面提到首要地位”，让学生在尽可能深刻地理解有关概念、关系和依存性的基础上进行学习，“这不仅是促进学生发展的强大手段，也是切实掌握技能和技巧的可靠基础”。

（四）使学生理解学习过程的原则

传统教学论着眼于学习活动的“外部”因素，即把应当掌握的知识、技能和技巧作为理解的对象，而赞科夫的实验教学论要求学生理解的对象是学习过程，着眼于学习活动的“内在”机制，让学生留心应当怎样进行学习。例如，在解题之前，要预先计划解题的步骤，对自己解题的方法要能论证，要能随时反省自己，及早地发现错误并加以改正等。这样做能使学生注意探索适合于自身特点的学习方法，有利于培养学生的自学能力，并提高他们学习的主动性与创造性。

（五）使全体学生都得到发展的原则

赞科夫根据他的实验提出，“只有在发展上取得成绩的基础上，才能真正地掌握知识和技巧”，并在新的情况下运用所学到的知识；只有那些具有相应的智力、意志和感情品质的人才能比较容易地适应新情况，顺利掌握他们所不了解的新知识和新技术。因此，教学应当“使每一个学生（包括优等生、中等生以及差生）都能在发展上尽他自己的最大的可能性取得最大的成果”。

要使全体学生都得到发展，必须解决好“差生”的问题。经过长期研究，赞科夫认为“差生”有以下几个比较普遍的特点：自尊心强，但学习成绩差，多数人在情感、意志、情绪方面有一种“自我中心主义”，与集体合不来，思想负担重；求知欲低，没有学习的愿望，有的还对学习、学校、教师有反感；观察力、语言表达能力、抽象思维能力都比较差。因此，不应该像传统教学那样对“差生”滥加压力，把补课和布置大量练习当作克服“差生”落后状况的主要手段，而应该首先设法增强他们的学习信心，利用一切机会引导他们观察事物，培养他们的求知欲，发展他们所缺乏的心理品质。同时，“对于教学大纲中的同一些问题，不同的学生可按不同的深度来学习。这样一来，全班学生，包括最差的学生在内，就都能快速地前进了”。

赞科夫指出，以上原则作用各异，同时又相互联系，形成一个整体。它们的特点是强调培养学生学习的内部诱因，并在保证共同的思想方向性的前提下，给予个性以发挥作用的余地。

六、巴班斯基的“最优化”教学

巴班斯基博士是当代一位颇负盛名的教育学家。多年来，他致力于教学教育过程最优化理论的研究，由此形成的教育思想具有十分丰富的内容和积极的现实意义，在国际上引起了强烈反响。

（一）教育过程最优化程序

从“培养全面发展的人”这一教育目标出发，巴班斯基在运用辩证系统方法对教育教学过程进行系统分析的基础上，提出了“教育教学过程最优化”的概念。所谓“最优化”，就是要求教师在全面考虑教学规律、教学原则、现代教育教学的形式与方法、已有条件以及具体班级和学生特点的基础上，来选择和实施一整套教学教育方法，以最小的代价取得最大的成果。

为了实现教育过程最优化，应该运用教育过程最优化程序。最优化程序遵循任务—内容—形式—方法的顺序来进行。

（1）任务。教师在确定任务时，必须遵循个性全面、和谐发展的根本原则，综合地规划学生的教养、教育和发展任务，保证教学的教养、教育和发展职能的统一。教养任务包括传授基本概念、规律、理论和科学事实，培养各科的专业技能和一般的学习技能、技巧；教育任务包括世界观培养、思想政治教育以及道德教育、美育、体育、劳动教育和职业指导等；发展任务包括发展智力、培养意志、激发认识兴趣以及影响学生的情感等。巴班斯基要求，在以综合性观点解决每一阶段的教学和教育任务时，必须注意区分出对当前所教的课题具有特别迫切意义的主要任务的范围，并在分析学生的现实学习潜力基础上，提出具体的教学任务，依靠学生的积极性，把学生在教养、教育和发展方面的水平提到一个新的高度。

(2) 内容。任务具体化之后，教师就必须以严谨的科学态度挑选最优的教学内容。教学内容问题，主要是教学大纲和教科书的问题。巴班斯基提出，教学大纲和教科书必须完整地反映社会对人的全面和谐发展的需要和现代科学、生产、社会生活、文化的各个基本方面；必须具有科学价值和实践价值；必须符合各年级学生的实际可能性；必须符合规定的课时；必须考虑国际水平；必须符合教师的可能性。依据这样的大纲和教材，教师就可以将其中基本的和主要的成分划分出来并使教学内容具体化，把学生的注意力集中在主要内容上，克服教学中的分散性。

(3) 形式。教师同时应该采取合理的教学形式，实行区别教学。巴班斯基指出，这是因为人们在素质、记忆类型、感知世界的方式、思维的主要特征等方面各不相同；在生活经验、外部条件、教学条件以及前段学习成绩的影响下，学生的知识水平和学习能力也有差别。所以，教师必须把全班的、小组的和个别的教学形式结合起来，分别对差生和优生进行帮助，使全体禀赋健全的儿童都能根据统一的大纲接受中等教育，今后还能根据自己的愿望继续学习。但是，区别教学必须避免学生形成依赖心理，以免导致他们学习毅力的降低。

(4) 方法。更为重要的步骤是，教师应当根据具体学习情境的需要，选择最合理的教学方法。巴班斯基将多种多样的教学方法分为三大类：关于教学认识活动的组织和进行的方法（口述法、直观法、实践法或归纳法、演绎法或探索法、复现法等）；关于激发学习兴趣和学习义务感、引起学习动机的方法（认识性游戏、讨论、有趣的习题、创造情绪情境；提出要求、鼓励责备、说服、创造意志紧张情境等）；关于检查和自我检查的方法（口述、直观、实践检查法）。巴班斯基认为，对待教学方法要坚持辩证的系统观点，不仅要对它们加以概括、进行统一的分类，还要深入、细致地分析各种方法内在的辩证矛盾性，找出一定条件下最优的教学方法来，并注意多种方法的合理结合。因为在教学中师生从各个方面相互作用，所以各种方法应当是相互联系、相互渗透的。

实现教学过程最优化还要采取专门措施，保证在尽可能少的时间内达到教学的最大可能效果。至于教师在选择最优方案时花费了一定的时间和精力，巴班斯基认为那是值得的，因为今后有效的工作将给予补偿。

最后，教师必须分析教学效果，查明教学效果同学生的实际可能性和师生的时间消费标准是否相适应，努力提高最优化水平。

上述最优化的一般程序并不是一种凝固的、僵化的模式，也不是向教师提供了一种万能的“特效处方”。巴班斯基认为，它只是为教师选择最优的教学方案、有效组织教学过程指出了应予以遵循的科学程序。

（二）巴班斯基的十个教学原则

巴班斯基提出的十个教学原则：

（1）教学旨在综合解决教养、社会教育和发展任务的方向性原则。

（2）教学的科学性，教学与生活、社会建设实践联系的原则。

（3）教学的系统性和连贯性原则。

（4）可接受性原则。

（5）激发学生积极的学习态度，形成他们的认识兴趣和渴求知识的原则。

（6）在教师领导作用下，学生在教学中的自觉性、积极性和独立性原则。

（7）口述法、直观法、实践法、复现法和探究法，以及其他教学方式最优结合的原则。

（8）课堂教学和课外活动，以及全班教学、小组教学和个别教学等各种教学形式最优结合的原则。

（9）为教学创造最优条件的原则。

（10）教学成果、教育成果以及其他教学成果的巩固性和效用性原则。

第三节　传播理论

传播理论是20世纪40年代发展起来的。传播理论包括传播的信息、符号理论、传播媒体理论、传播过程理论、传播效果理论等。教育也是一种传播活动，是教师按教学目标，选定教学内容，通过各种媒体向学生传播知识、技能与思想意识的活动。因而，传播理论也是教育技术的理论基础。

一、传播的概念

传播（communication）原指“通信、传达、联系”之意，后专指信息的交换与交流。传播是自然界和人类社会的普遍现象，从远古的生物进化，到当代形形色色的社会活动，无不涉及信息的传播和利用。广义的传播可理解为“大自然中一切信息的传送或交换”，包括植物、动物、机器、人所进行的信息传播。此处只讨论狭义的传播，主要是指人进行的信息传播，而且又分为人的内在传播（或称自我传播）和人与人的传播。

二、传播的类型

每个人都可一分为二，成为一个“主我”与另一个“宾我”的对立统一体。平常一个人的自言自语、自我思考、自我安慰、自我剖析等，都属于人的内在传播的范畴；而人与人的传播是指人们通过符号、信号传递、接收与反馈信息的活动，是人们彼此交换意见、思想、感情以达到相互了解和影响的过程。传播通常包括人际传播、组织传播、大众传播、教育传播和网络传播等类型。

（一）人际传播

人际传播是个人与个人之间的信息交流活动，包括面对面的直接传播和以媒体为中介的间接传播。直接传播主要是以语言表达信息，或用表情、姿势来强化、补充、修正语言的不足；间接传播是以媒体为中介，如通过电话、电报、电视、书信等进行信息交流。

（二）组织传播

组织传播是组织与组织之间、组织内部成员之间的信息交流活动。组织由一群相互关联的个体组成，每一个人都属于一定的组织，可以说，没有人能够离开组织而独立生活。传播是组织生存与发展的必不可少的条件，没有传播就没有组织。组织传播的目的是与其他组织达成有效的沟通、增进了解、建立良好的关系；使组织内部成员贡献出自己的心力，并和睦相处，以共同的行动促进共同的利益。

（三）大众传播

大众传播是传播者用专门编制的内容，通过媒体对广大受众进行信息交流的活动。在大众传播中，传播者不是某个人，而是有组织的传播机构，如报社、广播电台、电视台等。传播的内容是经专门人员，根据预订的计划编写、设计、制作的，内容涉及的范围很广泛，运用的媒体有报纸、书刊、广播、电视等，受众是广大而不确定的人群，包括各种职业、各个阶层、不同文化程度的个体。大众传播的目的是从多方面影响受众，使他们接受或认同传播者的意向。

（四）教育传播

教育传播是由教育者按照一定的要求，选定合适的信息内容，通过有效的媒体通道，把知识、技能、思想、观念等传递给特定的教育对象的一种活动，是教育者和受教育者之间的信息交流活动。它的目的是促进学习者的全面发展，培养社会所需的各种人才。

与其他传播活动相比，教育传播具有以下特点：

(1) 明确的目的性。教育传播是以培养人才为目的的活动。

(2) 内容的严格规定性。教育传播的内容是按照教学计划和教学大纲的要求严格规定的。

(3) 受者的特定性。

(4) 媒体和传播通道的多样性。在教育传播中，教育者既可以充分发挥口语和形体语言的作用，又可以利用板书、模型、幻灯片、电视等媒体；既可以是面对面的交流，又可以是远距离的传播。

(五) 网络传播

若按媒体分类，现代传播又可分为书刊传播、电话传播、电报传播、广播传播、电视传播和网络传播等。网络传播是以计算机网络为物质载体进行传递或交流信息的行为和过程，是一种新的传播方式。

网络传播既是对传统传播的一种继承，又具有以下自身的特征：

(1) 传播的数字化。网络是以信息技术为基础的高速数据传递系统，只传递 0 和 1 的数字。

(2) 传播的互动性。网络公众通过 BBS 论坛、QQ 聊天室和网络调查等方式实现即时的信息交流、情感沟通。

(3) 传播的快捷性。网络传播省略了传统媒体的印刷、制作、运输、发行等中间环节，发布的信息能在瞬间传递给受众，而且网络传播的内容可以方便地实现刷新，在内容上具有极强的时效性。

(4) 信息的大容量。互联网实现了在线资源的共享，任何资料库内的信息资源只要联网，都能成为公众的共享资源。

(5) 检索的便利性。利用搜索引擎或新闻站点等多种检索方式，可以快速获得自己所需的信息。

(6) 媒体的综合性。网络综合了报纸、广播、电视等传统传播方式，将文字、图片、声音、图像综合为一体，为公众提供全方位的信息。

(7) 信息的再生性。网络中传播的信息可以复制或打印，成为个人信息。

(8) 传播的开放性。网络的开放性体现在传播对象的平等性和传播范围的广阔性。

(9) 传播的选择性。网络传播的网站众多，内容丰富且分工精细，网民选择范围极为宽广，每位网民都可自由选择适合的个性化网站。

三、传播的模式

(一) 拉斯威尔的传播理论

美国政治家拉斯威尔（H. D. Lasswell）的传播理论是描述传播行为的一个线性模式。1948 年，他在《传播在社会中的结构与功能》中提出了人类社会的传播模式，界定了传播学的研究范围和基本内容。该理论研究在传播过程中的

“5W”问题如图 3-3 所示。

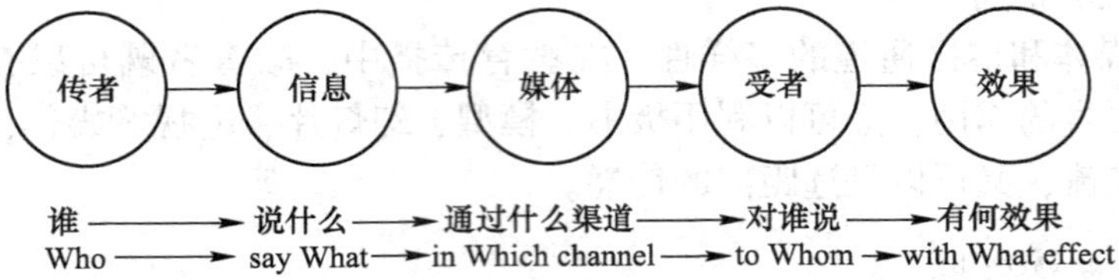

图 3-3 拉斯威尔的传播理论

拉斯威尔认为，一切传播行为必须包含传者、信息、媒体、受者、效果五个要素。现代教育技术应用拉斯威尔“5W”模式，主要是发挥传者和受者的主动性与积极性，选择和组合适合教育内容的现代教育媒体，通过这些媒体将教育信息直接或间接传递给受者，并经过实践检验或证明其产生的效果。

（二）香农的传播理论

香农（C. E. Shannon）的传播理论是由他研究的信息论引申出来的。香农模式的特点是“反馈”和“重叠”，可用它解释教育传播过程，其模式如图 3-4 所示。

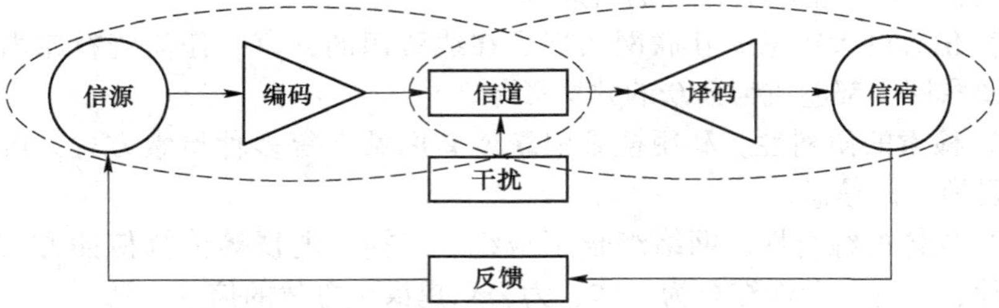

图 3-4 香农的传播理论

香农认为，传播的过程是信源（传者）将传播的信息经过“编码”（编成某种符号），通过一种或多种信道（媒体）传出，信宿（受者）经过“译码”（翻译符号意义），解释并接收这些符号。有目的的信息传播，需要传者与受者的“经验范围”有一部分重叠，否则受者会难以理解他所收到的信息。另外，在信息传播过程中有环境的干扰，受者在处理信息时会有反应，运用各种渠道“反馈”给传者，传者可调整设计或修改传播内容，使之更适合受者的需要，提高传播的效果。

现代教育技术应用香农传播理论，主要在于选择、制作适合表达和传播相应教育信息的现代教育媒体，掌握师生经验的重叠范围，及时分析来自各种渠道的反馈信息，以取得教育过程的最优化。

（三）韦斯特莱的传播理论

韦斯特莱（Westlay）的传播理论是一种控制论的模式，强调传播行为应有目的、有计划地进行。韦斯特莱传播理论的模式如图 3-5 所示。

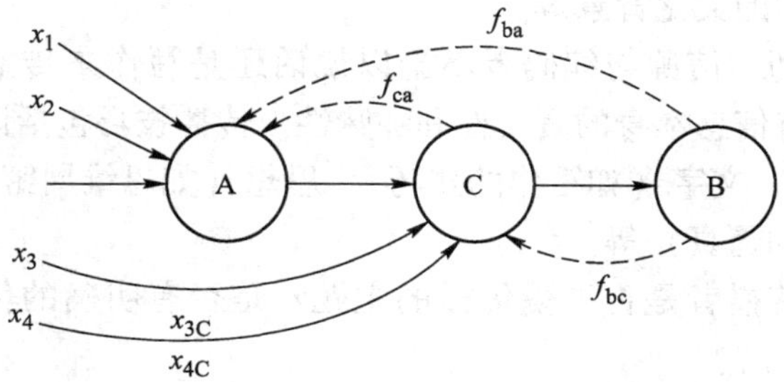

图 3-5 韦斯特莱的传播理论

韦斯特莱传播理论的特点是传播的信息必须经过“把关人”的过滤，而且注意反馈。现代教育技术是利用现代教育媒体传播教育信息的，这种教育信息也应由把关人选择、过滤。在教育信息的传播过程中，A 为软件的编制者（信源），C 为授课的教师（传者），B 为学习者（受者）。在这一过程中，教师起了把关人的作用。教师要获得最佳教育效果，必须听取来自各方面的意见，即必须及时分析各个渠道的反馈信息，软件的编制者也应获取教师和学习者的反馈信息，并做出相应改进。只有从教学的整体观点考虑，才能使教学过程最优化。

（四）贝罗的传播理论

贝罗（D. Berlo）传播理论的模式如图 3-6 所示。

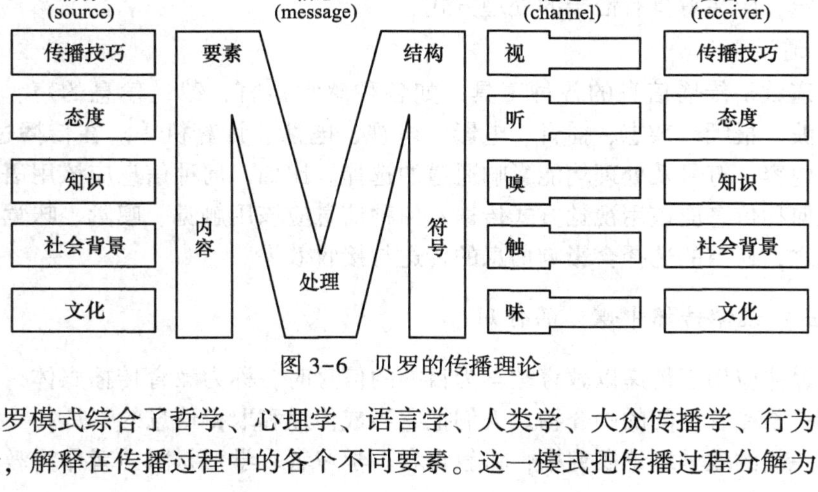

图 3-6 贝罗的传播理论

贝罗模式综合了哲学、心理学、语言学、人类学、大众传播学、行为科学等新理论，解释在传播过程中的各个不同要素。这一模式把传播过程分解为四个基本要素：信源、信息、通道和受播者。

1. 信源和编码者

研究信源和编码者，需要考虑他们的传播技术（对信源部分是指说话和写作，对受播者部分是指收听和阅读）、他们的态度、他们的知识水平、他们所处的社会系统及他们的文化背景等。

（1）传播技巧。信源与编码者不论以说话还是写作来传播，必须讲究传播的方式，才能保持信息本身的真实性和趣味性。传播技巧包括语言（如语言的清晰和说话的技巧）、文字（如写作的技巧）、思想（如思维周密）、手势（如动作自然）及表情（如逼真）等。

（2）态度。传播者是否喜爱传播的主题？是否有明确的传播目的？对受播者是否有足够的了解？

（3）知识。传播者对传播的内容是否彻底了解？是否有丰富的知识？

（4）社会背景。传播者在社会中的地位、影响与威信如何？

（5）文化。传播者的学历、经历和文化背景怎样？

2. 受播者与译码者

信源、编码者与译码者、受播者虽然在传播过程的两端，但是在传播过程中，信源——传播者可以变为受播者，受播者也可以变为传播者—信源。所以，影响受播者、译码者的因素与传播者、编码者相同，也应该是传播技术、态度、知识、社会背景与文化等。

3. 信息

影响信息的因素有以下几项：（1）符号，包括语言、文字、图像与音乐等；（2）内容，是"传播者"为达到其传播目的而选取的材料，除包括信息的成分外，还包括信息的结构；（3）处理，是"传播者"对选择及安排的符号所做的种种决定，应注意具有恰当的处理方式。

4. 通道

通道就是传播信息的各种工具，如各种感觉器官，载送信息的声、光、空气、电波、报纸、杂志、播音、电影、电视、电话、计算机等。在传播过程中，信息的内容、符号及处理均能影响通道的选择。比如，何种信息应该用语言方式传送？何种信息应该用视觉方式传送？何种信息应该用触觉、嗅觉、味觉方式传送？总之，通道的选择会影响信息的传送与接收效果。

（五）教学传播中媒体的作用

当媒体应用于传递以教育教学为目的的信息时，称为教育传播媒体，它成为连接传者与受者之间的中介物。人们把它当成传递和取得信息的工具。

在一般的教学理论研究中，将教育者、学习者、学习材料三者作为教学系统的构成要素，它们在教学环境中，带着一定的目标，经过适当的相互作用过程而产生一定的教学效果。为后面讨论方便起见，我们称之为教学系统的三元模型。在现代教育传播活动中，媒体起着相当大的作用，因此必须将媒体作为教学传播系统的要素之一，于是得到如图 3-7 所示的教育传播系统四元模型。四元模型实际上是由三元模型细化而来的，因为我们把学习材料看做媒体化的教学信息，把学习材料这一要素分成了“教学信息”（即内容）与作为内容载体的“媒体”两部分。这四个组元可在适当的教学环境中相互作用而产生一定的教学效果。

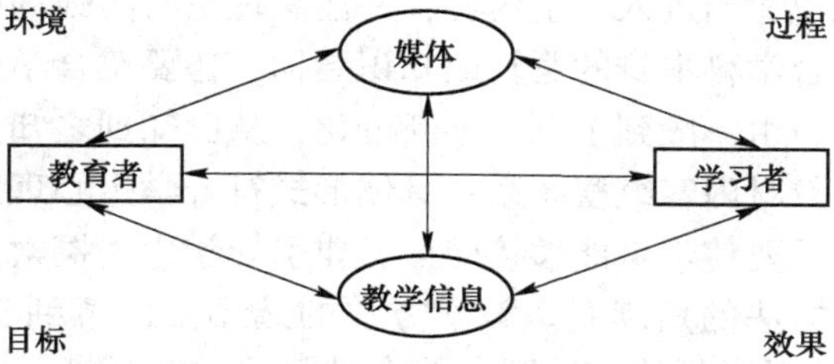

图 3-7　教育传播系统四元模型

（六）传播过程的功能条件

教学系统各要素的组合和联系构成了系统的结构。这种结构可能是静态的，而静态的结构是无多少功能可言的。只有当系统内各要素在信息传播和控制下发生相互作用，并产生动态过程时，才能形成系统的特有功能。在教学系统中产生的动态过程就是教学传播过程，它表现为一定的阶段性，须有一定的功能条件，受制于一定的基本规律。

教学系统的功能主要是通过系统内部的信息传递实现的，而欲使上述教学传播过程有效进行，教学系统本身必须具备下述几个条件。

其一，从教师的角度看。教师作为教学系统中的一个子系统，它的要求是高标准的，性能应该是优良的。在教学系统中教师起主导作用，因而必须深刻地了解学生要素、内容要素、方法要素和媒体要素，及其相互作用关系。教师实现其功能的条件主要有三个方面：一是教师在所传授的学科领域与学生要有一定的知识水平的差距，因此要求教师不断学习和提高，掌握科学领域的前沿知识；二是要有一定的传授知识的手段和能力，如具有较好的语言表达能力和教学方法，能运用各种教学媒体和教学设施；三是要有一定的调节和控制教学活动的能力，包括对自身、对学生和师生关系的调节和控制。总之，教学系统中的教师应该精通专业、熟悉教材、了解学生、具有端正的教学态度和良好的传播技能。

其二，从学生的角度看。学生的任务是完成教学系统所规定的学习任务，使德、智、体诸方面都得到相应的发展，这也是整个教学系统功能实现的首要标志。学生实现其功能的条件主要也有三个方面：一是学生要有明确的学习目的，能形成积极的学习态度和学习行动，使个人的学习需要与社会的需求相统一；二是学生要有一定的学习能力，掌握一定的学习方法。作为学习的主体，他们的各种接收信息的通道必须畅通无阻，并有良好的心理准备状态；三是学生要有自控能力，能够调节自己的学习目的和学习行动，并与教师密切配合，充分利用来自各方面的反馈信息，修正学习措施，完成学习任务。

其三，从教学内容的角度看。教学内容应为在科学上已经经过检验，证明为正确的东西，并根据社会的发展和时代的要求不断加以更新。对具有潜在发展意义的前沿知识，也应适当进入教学内容，并注意理论与实践的联系。教学内容的组织编排除了要符合学科本身的逻辑或知识结构，还要符合学生的认知特点，如注意由整体到部分、由一般到个别，不断分化；从已知到之知，使内容结构序列化；融会贯通，使教材内容纵横联系；具体形式符合学生心理成熟水平，体现对学习方法的指导，既要使学生能够接受，又要引导学生去探索。

其四，从教学方法的角度看。教学方法的选用要注意到三个“符合”和三个“考虑”，即符合教学规律和原则、符合教学目的和任务、符合教学内容的特点，考虑学生的适应性、考虑教师的可行性、考虑环境的可能性。教学系统中可用的方法非常多，每一种方法都有其优点和不足之处，因此，必须根据具体情况合理选用教学方法。另外，各种教学方法总是相互渗透的，因此，必须把这些方法合理地结合起来，使它们起到相得益彰的作用。

其五，从教学媒体的角度看。教学媒体的选用要考虑到学习任务的因素、学生特点的因素、教学管理的因素和经济成本的因素。与教学方法一样，教学系统中可用的媒体也非常多，每一种媒体也都有各自的优点和不足之处，因此，同样必须根据情况合理选择和综合使用。所不同的是，教学媒体能否在教学系统中发挥功能，还将受到媒体自身特点及其使用等一些实践性因素的制约，如媒体资源的硬件、软件的现有储备或添置的可能性；媒体操作的复杂程序和学会操作的培训时间；媒体使用时功能的稳定性；多种媒体配合使用时的灵活性和增效性；媒体使用时对时间、空间等环境条件的特殊要求。

教学系统五个构成要素的上述功能条件保证了作为系统运行基本特征的教学信息的正常传播。但是，其传播效果的好坏除了取决于系统中每一要素之间的功能强弱，还取决于各个要素之间的联系状况。也就是说，为了取得良好的传播效果，还需要使教学系统符合信息传播过程的规律或法则。

第四节　系统科学理论

一、了解系统与系统方法的内涵

系统科学是研究一切系统的模式、原理及规律的科学，是在系统论、信息论和控制论的基础上形成的。它是新兴的科学方法论，也是信息时代下的认识世界和改造世界的方法论，广泛应用于各领域和学科。系统科学的思想观点和方法对教育技术学科的形成和发展有着广泛和深远的影响，成为现代教育技术重要的理论基础之一。系统是由相互作用和相互依赖的若干组成部分结合成具有特定功能的有机整体。世界上一切事物、现象和过程都是有机整体，它们自成系统，又互为系统，一个系统可以包括若干子系统，但它本身又是另一个更高层次系统的子系统。任何系统都是在和环境发生物质、能量与信息的交换中变化、发展，所以保持动态稳定性和开放性是系统的本质特征。

系统方法是在运用系统科学的观点和方法研究和处理各种复杂的系统问题时形成的。系统方法是按照事物本身的系统性把对象放在系统的形式中加以考察的方法，它侧重于系统的整体性分析，从组成系统的各要素之间的关系和相互作用中去发现系统的规律性，从而指明解决复杂系统问题的一般步骤、程序和方法。

二、掌握系统科学方法核心要旨

系统科学理论是信息论、控制论、系统论的统称，又称“三论”。

（一）系统科学方法的信息论

信息论是由美国数学家香农创立的，他于 1948 年发表的《通信的数学理论》一书为信息论奠定了基础。信息论是用概率论和数理统计方法，从量的方面来研究如何获取、加工、处理、传输和控制系统信息的一门科学。其普遍存在于自然、社会和人类思维之中，是一切系统保持一定的结构、实现其功能的基础。信息就是指消息中所包含的新内容与新知识，其作用是减少和消除人们对于事物认识的不确定性。狭义信息论是研究在通信系统中普遍存在的信息传递的共同规律，以及如何提高各信息传输系统的有效性和可靠性的一门通信理论；广义信息论被理解为运用狭义信息论的观点来研究一切问题的理论。信息论认为，系统正是通过获取、传递、加工与处理信息而实现其有目的的运动的。

信息论在教育领域中应用所形成的理论称为教育信息论，教育信息论是研究教学过程中教学信息如何传递、变换和反馈的理论。现代教育技术采用信息论的基本观点和方法，结合各种工具对教学信息进行分析与处理，对教学系统中信息传播的特点与规律进行分析。

（二）系统科学方法的控制论

控制论是著名美国数学家维纳创立的，他在 1948 年发表的《控制论》一书中首次使用了“控制论”一词，他将控制论定义为在机构、有机体和社会中的控制和通信的科学。控制论的研究对象是控制系统，这类系统的特点是其要根据周围环境的某些变化来决定和调整自己的运动，而系统与环境之间及系统内部的通信信息的传递，是实现系统目的的基础。控制论是一门以揭示不同系统的共同的控制规律为理论目的的具有更普遍意义的理论，它不仅从事物的质的方面而且着重从量的方面去发现各种控制系统的共同规律，并把反馈方法作为提高系统的稳定性，达到优化控制目的的有效方法。控制论观点对于实现教学过程的最优化及构建优化的教育教学系统有着重要的理论价值。

控制论在教育领域中应用所形成的理论称为教育控制论。教育控制论是以提高教学效率和教学质量为控制目标，以信息流为主要传输形式的系统。它是研究教育系统中运用信息反馈来控制和调节系统的行为，从而达到既定教学目标的理论。

(三) 系统科学方法的系统论

系统论的创始人是美籍奥地利生物学家贝塔朗菲，系统论是从系统的角度去研究事物的发展、运动规律的一门科学。他于 1947 年发表的《一般系统论》为系统论奠定了基础。系统论要求把事物当作一个整体或系统来研究，并用数学模型去描述和确定系统的结构和行为。贝塔朗菲指出复杂事物功能远大于组成因果链中各环节的简单总和，认为一切生命都处于积极运动状态，有机体作为一个系统能够保持动态稳定是系统向环境充分开放，获得物质、信息、能量交换的结果。系统论强调整体与局部、局部与局部、系统本身与外部环境之间互为依存、相互影响和制约的关系，具有目的性、动态性、有序性三大基本特征。

教育系统论把教育视为一个系统，教育系统的主要组成要素是教师、学生、教学内容和教学媒体等。系统论促使我们以整体的观点、综合的观点考察教育教学过程与现象，运用系统的方法来解决教育教学问题。20 世纪 60 年代后，系统科学的思想已渗透到了教育技术中的各个领域，并促进教育技术中的各个分支融会在一起，从而诞生了教育技术学。

三、教育技术的理论研究前沿

(一) 认识长链学习理论

长链学习理论在教育中的应用越来越广泛，越来越多的人认识到长链学习的重要性，尤其是利用长链学习有效地培养具有高级思维能力和创新能力的人才。长链学习是教育组织者将知识有序组织安排，让学习过程环环紧扣，使学习者对知识进行更高效的识别、获取、保存、共享、应用、创造的过程。其目的是有效地帮助学习者对知识进行整理，并实现显隐性知识的转化。人们在学习过程中，只有通过环环相扣的学习、实践、协同、研究活动，才能有效地培养高级思维能力和创新能力，否则易使培养停留在一知半解、浅尝辄止的浅层次水平上，难以培养信息时代所需要的拔尖创新型人才。这是根据信息时代学习资源全球化、网络学习社会化和呼唤创新型人才培养的时代特征而提出的新的认知理论。

（二）掌握分布式认知学习理论

分布式认知是由加利福尼亚大学的赫钦斯于 20 世纪 80 年代中后期提出的。在对当时传统的认知观点（认为认知是个体级别上的信息加工过程）的批判基础上，赫钦斯认为认知的本性是分布式的。认知现象不仅包括个人头脑中所发生的认知活动，还涉及人与人之间以及人与技术工具之间通过交互实现某一活动的过程。传统认知观把认知看成局部性现象，总是在个体层次上，从大脑内部信息处理的角度对其进行解释，这样就限制了对在个体层面上不可见的一些有意义因素的关注。赫钦斯力图打破这种局限，认为认知具有分布性，分布式认知跳出了传统认知强调个体认知的局限，以功能系统为新的分析单元，认为智能存在于学习环境、学习者使用的工具、学习者之间的交互以及所有学习者之中，这对课程学习共同体的设计具有重要的启发意义。其要求课程设计者不仅要关注学习资源、媒介工具的设计，更要关注活动以及交互的设计。与分布式认知密切相关的概念有活动理论、分布式知识、组织学习、情景认知和外部表征。分布式认知的方法研究借鉴了认知科学、人类学、社会学等的方法，具体包括详细分析真实生活中的视频和音频记录、神经网络模仿和实验室实验等。

（三）掌握活动学习理论

活动理论起源于康德与黑格尔的古典哲学，形成于马克思辩证唯物主义，被维果茨基提出，成熟于苏联心理学家列昂捷夫与鲁利亚，是社会文化活动与社会历史的研究成果。活动理论强调了活动在知识技能内化过程中的桥梁性作用。活动构成了人的意识发生、发展的基础，而人的活动又具有对象性和社会性。活动理论中分析的基本单位是活动。活动系统包含 3 个核心成分（主体、客体和共同体）和 3 个次要成分（工具、规则和劳动分工）。次要成分又构成了核心成分之间的联系。活动是人类生存与发展的基本形式，是人类与周围客观事物交流与改造的过程，是人类完成对客观环境认识和需要的目的的过程。劳动是人类生存的基本行为，是人类创造物质财富与精神财富的过程。在教与学的过程中，学习就是学习者的劳动，在学习过程中，学习者完成学习活动即是对认识需要的获得与对外界环境的改变。所以活动理论对于教学范畴而言，活动即教与学过程中行为总和，是学生对知识认知与技能发展的总和。我国活动理论的研究，可追溯至20世纪二三十年代陶行知先生的“生活教育”实验和陈鹤琴先生的“活教育”实验。经过几十年的探索，我国不少中小学在活动育人方面积累了不少的经验。20世纪90年代初，国家教委正式将活动课程纳入九年义务教育课程计划，活动及其认识发展得到了应有的重视，活动理论的研究逐渐形成高潮。

第四章　现代教学环境探析

第一节　数字校园网

一、数字校园网的应用

（一）数字校园网的认识

21世纪是一个信息化和网络化的时代，教育现代化的腾飞是伴随着信息时代的来临而快速发展的。《中共中央、国务院关于深化教育改革全面推进素质教育的决定》《教育部关于进一步加强中小学教育技术装备工作的意见》和《面向21世纪教育振兴行动计划》等文件的颁布，以及《教育现代化首先要实现教育信息化》的基本贯彻落实，凸显了教育现代化的重要性。2000年教育部提出了《面向21世纪教育振兴行动计划》，其中的“跨世纪园丁工程”“跨世纪素质教育工程”“现代远程教育工程”多处涉及电脑的普及、校园网的构建与应用、教育软件的研制开发。2007年2月17日，《教育部关于进一步深化本科教学改革全面提高教学质量的若干意见》提出把信息技术作为提高教学质量的重要手段。信息技术正在改变高等教育的人才培养模式。高等学校要在教学活动中广泛采用信息技术，不断推进教学资源的共建共享，逐步实现教学及管理的网络化和数字化。要进一步培养和提高教师制作和使用多媒体课件、运用信息技术开展教学活动的能力，培养和提高学生通过计算机和多媒体课件学习的能力，以及利用网络资源进行学习的能力。这一切都表明一场以校园数字化为目标的大变革正在逐步实施中。

那么，什么是数字校园网，具备哪些功能？

“数字化校园”指学校依托计算机、多媒体、网络等组成的信息平台实现学校办学环境、教学资源以及教学管理、科研、服务等各方面的数字化、信息化和智能化，从而达到提高教学质量、科研和管理水平与效率的目的，最终实现教育过程的全面信息化。简单地说，数字化校园建设是建设以校园网为依托的集教、学、管理、娱乐为一体的一种新型数字化的工作、学习、生活的环境。

数字化校园将渗透到学校的教学、科研、管理、公共服务以及校园社区服务等各个领域中，整个建设工作将围绕着新型人才的培养模式和培养环境的改革和创新而展开。

所以，数字化校园网是学校信息化环境中一项重要的基础设施，是教育信息化建设的重要组成部分，是广大师生顺利接收现代远程教育的依托网络，是全面实现素质教育的重要手段，是教育技术装备现代化的主要体现，也是教育现代化的重要标志之一。

（二）数字校园网的功能

对于数字校园网络建设来说，应用是目的，网络环境是基础，网络教学资源是核心，而人员培训与网络维护是保障。作为学校的龙头、核心设备，校园网的开发和利用对提高学校的教学质量、实施创新教育、培养学生的实践能力、全面推进素质教育有着极其深远的实际意义。因此建设数字校园网的真正目的在于为学校师生提供教学、科研和综合信息服务的高速多媒体网络，其具体功能如下。

1. 校园网应提供先进的信息化教学环境，具备教学服务和学生学习功能

首先，校园网的建设必须考虑到为学校教学、教育科研提供优质的网络化教学环境。因此，校园网应当是宽带、具有交互功能和专业性较强的计算机局域网络。校园网除了需要有必备的硬件设备和操作系统平台外，还应当具备教学服务和学生学习功能。

（1）教学服务功能。构建校园网的主要目的就是提高教学质量，为学校的教育教学服务。校园网将主要从以下几个方面为教学服务：

1）建立课件（基件）、教学信息资源库，实现课件点播和辅助教学。将教学资源库建设成为包括各科的教材、教案、试题、录像、图片等对教师备课有参考价值的多媒体素材库。

2）利用网络技术，实现多媒体信息交换、视频点播、远程教育等功能。

3）建立电子备课室、光盘阅览室。电子备课室为教师提供优越的电脑制作条件，配备各种先进的备课设备，方便教师备课使用；光盘阅览室提供大量的电子读物，发挥电子媒体容量大、体积小、成本低、检索快、易于保存和复制、图文并茂等优点，使教师能够用最短的时间获取最多的信息。

（2）学生学习功能。利用网络自主学习，可以提高学生的学习能力。学生也可以利用校园网查阅资料，进行网上课程学习、网上练习、在线考试、虚拟实验室、网络教学评价、作业递交等；也可以利用网络相互交流、相互学习，与教师交流等。

2. 校园网应具有教务、行政、总务管理功能

校园网通过建立、完善及时的信息发布体系，可以实现学校管理的透明化、

公平公正化。学校管理功能主要有以下几个方面：进行课程管理、学生成绩与学籍管理、图书资料管理等教学教务管理，也可以进行档案管理（含人事、教师档案等）、处室管理等行政事务管理、总务后勤管理（包括财务管理、设备、房产等）。

3. 校园网应满足对内对外的通信功能

校园网的通信功能包括提供互联网服务、远程教育服务、电子论坛、视频会议等。在校内，校园网除了为师生提供教育资源服务外，也应为师生校园生活、学习交流等方面创造必要的技术环境，营造具有学校特色的、健康的、安全的校园网络文化环境，以此来展示学校的办学能力与办学水平，展示教师的教学能力，提升学校的办学形象。

总之，简单地讲，数字校园网应具有教学、管理、通信等三大功能。

二、数字校园网基本组成

数字校园网的一般模式如图 4-1 所示。

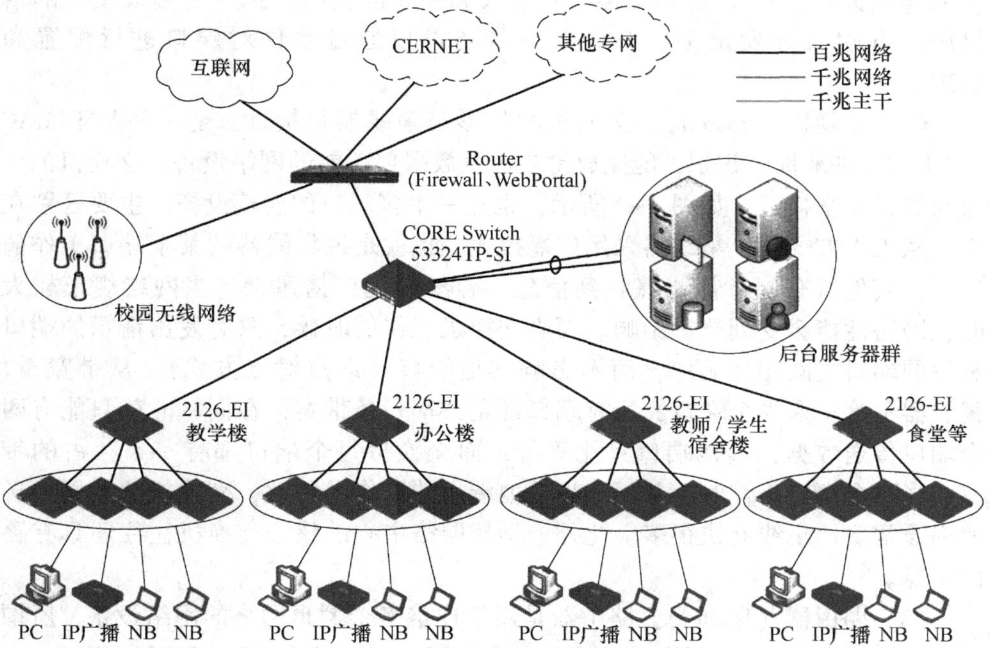

图 4-1 数字校园网结构图

（一）数字校园网硬件环境

校园网的硬件通常由服务器、工作站、网络互联设备、传输介质等部分组成。

1. 服务器

服务器（Server）是网络环境下能为网络用户提供集中计算、信息发表及数据管理等服务的专用计算机。服务器根据其在网络中所执行的任务不同可分为 Web 服务器、数据库服务器、视频服务器、FTP 服务器、Mail 服务器、打印服务器、网关服务器、域名服务器等。对于小型的校园网络，往往把 Web 服务、FTP 服务、数据库服务等集于一台服务器上。

2. 工作站

在校园网中，工作站（Workstation）是一台客户机，即网络服务的一个用户。但有时也将工作站当作一台特殊应用的服务器使用，如打印机或备份磁带机的专用工作站。工作站一般通过网卡连接网络，并需安装相关的程序与协议才可以访问网络资源。

3. 网络互联设备

（1）集线器（HUB）。集线器是计算机网络中连接多个计算机或其他设备的连接设备。HUB 主要提供信号放大和中转的功能，把一个端口接收的信号向所有端口分发出去，有些集线器还可以通过软件对端口进行配置和管理。

（2）交换机（Switch）。交换机的外形与集线器很接近，是一种基于 MAC（网卡的硬件地址）识别，能完成封装转发数据包功能的网络设备。交换机的外形与集线器很接近，如图 4-2 所示，也是一个多端口的连接设备，主要区别在于：从工作方式看，集线器采用广播模式，也就是说集线器的某个端口工作的时候，其他所有端口都能够收到信息，容易产生广播风暴。当网络规模较大时，网络性能会受到严重影响。而当交换机工作的时候，只有发出请示的端口和目的端口之间相互响应，而不影响其他端口（即点对点方式）。从带宽看，集线器不管有多少个端口，所有端口都是共享一条带宽，在同一时刻只能有两个端口传送数据，其他端口只能等待；而交换机每个端口都有一条独占的带宽，当两个端口工作时，并不影响其他端口的工作，因此，交换机的数据传送速率通常要比集线器快很多。此外，学校网络中心的核心交换机往往还具有路由功能。

（3）路由器（Router）。路由器是用于连接多个逻辑网络的网络设备，所谓逻辑网络是代表一个单独的网络或者一个子网。当数据从一个子网传输到另一个子网时，可通过路由器的路由功能来完成，因此，路由器具有判断网络地址和选择 IP 路径的功能，它能在多网络互联环境中，建立灵活的连接，可用完全不同的数据分组和介质访问方法连接各种子网，属网络层的一种互联设备，如图 4-3 所示。

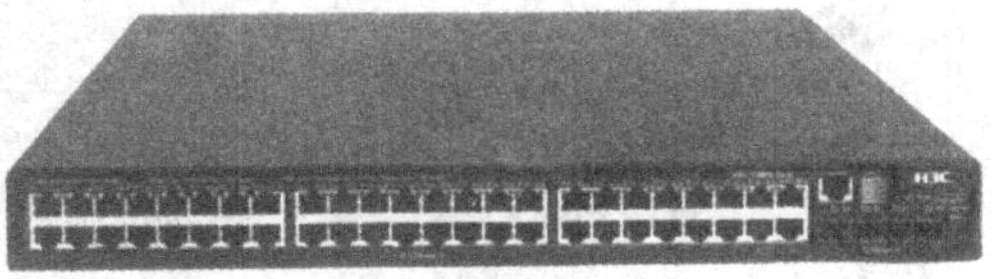

图 4-2　交换机

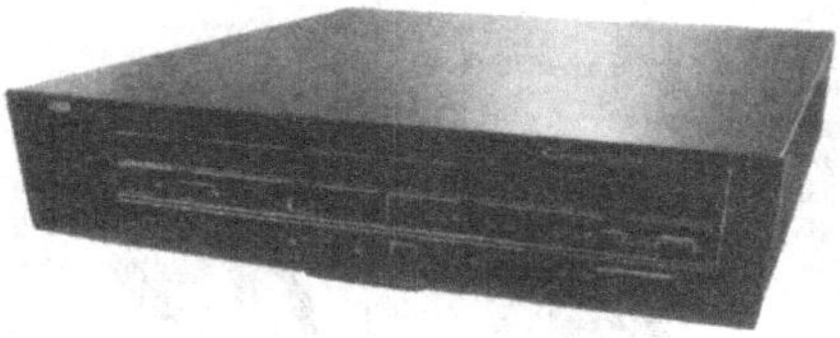

图 4-3　路由器

（4）网关（Gateway）。网关是网络连接设备的重要组成部分，它不仅具有路由的功能，而且能对两个网络段中使用不同传输协议的数据进行互相的翻译转换，从而使不同的网络之间能进行互联。网关一般是一台专用的计算机，该机器上配置有实现网关功能的软件，这些软件具有网络协议转换、数据格式转换等功能。

（5）防火墙（Firewall）。防火墙由 Check Point 创立者 Gil Shwed 于 1993 年发明并引入国际互联网。它是一项信息安全的防护系统，依照特定的规则，允许或是限制传输的数据通过，它实际上是一种隔离技术，能将内部网和公众访问网（如互联网）分开，在两个网络通信时执行一种访问控制尺度，它能允许你“同意”的人和数据进入你的网络，同时将你“不同意”的人和数据拒之门外，最大限度地阻止网络中的黑客访问你的网络，如图 4-4 所示。

图 4-4　防火墙

4. 常见的网络传输介质

（1）双绞线（TwistedPair）。双绞线是由两根相互绝缘的铜导线按照一定的规格互相缠绕在一起形成的网络传输介质。常用的无屏蔽层双绞线由 4 对双绞线和一个塑料护套构成。在当前的技术下，传输数据的距离一般限定在 100 米范围内，双绞线是目前局域网中使用最多的传输介质，如图 4-5 所示。

（2）光纤（Fiber）。光纤是以光脉冲的形式来传输信号，材质以玻璃或有机玻璃为主的网络传输介质。它由纤维芯、包层和保护套组成。光纤按其传输方式可分为单模光纤（直线传播）和多模光纤（折射传播）。光纤具有极高的传输带宽，目前技术可以 1000Mbps 以上的速率进行传输。光纤的衰减极低，抗电磁干扰能力很强，传输距离可达 20 公里以上。但价格高，安装复杂和精细，如图 4-6 所示。

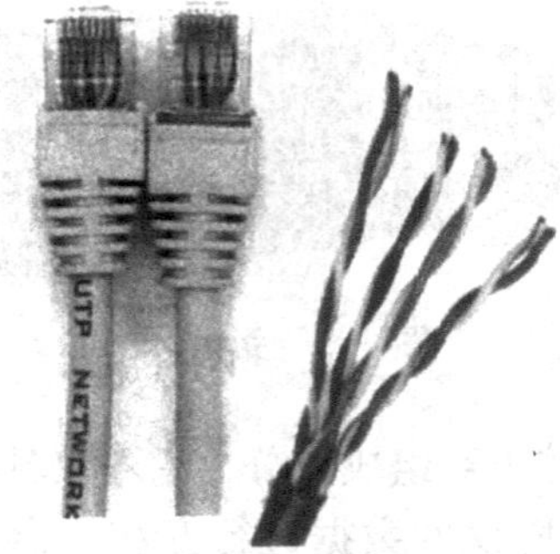

图 4-5 双绞线

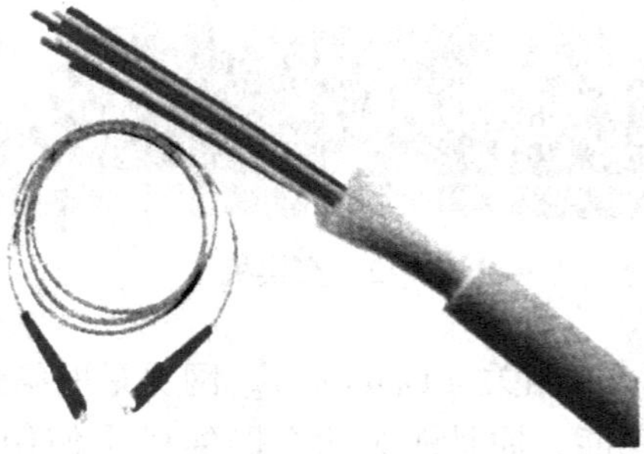

图 4-6 光纤

（二）数字校园网软件环境

1. 网络操作系统

网络操作系统是在网络环境下实现对网络资源的管理和控制的操作系统，是用户与网络资源之间的接口。常用的有 Windows 的 Windows2003Server、Novell 的 Netware、UNIX 系统和 Linux 等。

2. 网络管理系统

网络管理系统是一个软硬件结合以软件为主的分布式网络应用系统，其目的是网络管理员通过该系统对网络进行全面监控、管理网络，提高网络的可用性和可靠性，从而在整体上提高网络运行的效率，降低管理成本。常用的有 CiscoWorks 网管软件、H3C-iMC 网管软件等。

3. 网络虚拟机软件

目前流行的虚拟机软件有 VMware（VMwareACE）和 Virtual PC，它们都能在 Windows 系统上虚拟出多个计算机，用于安装 Linux、OS/2、FreeBSD 等其他操作系统。

4. 其他

www 服务器软件、数据库服务器软件等。

三、数字校园网建设的误区

近几年来，随着教学管理理念的转变及经济的发展，各学校都陆续重新建设或改造了原有的数字化环境，经过建设、改造及推广……取得了较大的效益，但也存在着一些问题，主要表现如下：

（一）对数字化校园建设的认识存在偏差

目前在学校数字化校园建设中存在以下认识误区：第一，数字化校园就是一些硬件加校园网的组合；第二，数字化校园就是教务处或现代教育技术中心、网络中心（信息中心）等部门的事。实际上，数字化校园建设中的硬件环境建设是基础，软环境建设是灵魂，二者缺一不可。因此数字化校园建设不仅仅是硬件的堆积，也不仅仅是一个部门的事，它需要全员参与。

（二）数字化校园建设缺乏长期统一的规划

由于缺乏数字校园整体规划，不同时期由不同的供应商完成的子系统以及不同部门人员陆续引用开发的信息系统，没有遵循统一的数据标准技术，结果导致系统之间的通信和数据共享困难，数据冗余度大，形成了数据及部门之间相互独立的“信息孤岛”，最终导致资源浪费，对数字化校园的信息通、教学通、资源通和管理通等应用需求造成严重的障碍。比如同样的学生信息会在教务处、学生处、后勤管理处等机构各自的系统中重复输入，并且这些信息不能实行联动。

（三）对软件建设的开发和投入严重不足

部分院校在数字化校园建设中过分侧重校园网、多媒体设备、安防等硬件的投入而忽视软件平台及资源建设，造成的结果是建成的数字化校园不能完全满足信息化教育的要求，花费巨额投资，但教师学生使用积极性不高，使用率低下。

（四）服务主体的错位、利用率不足

部分院校建设数字校园过程中存在着强调管理信息化，而对核心业务教学信息化重视不足、关注不够，导致服务主体的错位的问题。同时，很多学校在数字校园过程中虽然建好了基础设施，但整体系统利用率不高，造成这一状况原因在于：第一，教师对于数字化校园理解偏差；第二，教师信息技术能力较差；第三，数字化校园可提供的资源有限；第四，数字化校园推广部门的理念没从以“建”为核心的指导思想转到以“用”为本的原则，相关制度的制定和实行滞后；第五，增值服务有限。

（五）信息安全意识缺乏

在数字化校园使用过程中存在着有害信息泛滥（暴力、色情、封建迷信、反动思想言论等），计算机信息的窃取、改造、伪造，黑客对网络的攻击，利用网络犯罪，计算机病毒感染等问题。造成以上现象的原因是师生对于信息安全不够重视，对师生的信息道德教育没及时跟进。

第二节 传统多媒体教学环境

多媒体网络教学系统是将多媒体技术、计算机技术与网络通信技术等多种技术相结合，通过网络实现多媒体教学的系统。它的出现为建立新型的教育方式提供了契机，为教育功能的全方位扩展创造了技术条件。

目前，多媒体网络教学系统在建设规模上区别还是比较大的：规模小的可以仅是一个教室中的局域网络，规模大的可以建成开放的校园网络。它集普通的计算机机房、语音室、视听室、多媒体演示室等功能于一体，利用网络技术和多媒体技术将若干台多媒体计算机及相关的网络设备互联组成小型教学网络。它为提高教学质量、建构协作化学习环境创造了良好的技术基础。

一、多媒体网络教室

（一）网络教室的基本构成与布局

网络教室通常由计算机网络和网络教学系统两部分构成。网络教室是一个小型局域网络，该网络可以通过代理服务器与校园网或互联网连接。网络教室系统硬件的基本配置包括学生机、教师机、集线器或交换机、服务器等设备，并通过双绞线连接。机房中的服务器既可用高性能的 PC 机承担，也可用普通的 PC 服务器承担。学生用计算机除常规 PC 的配置外还需各配网卡、耳机和话筒。由于教师机经常处于多任务工作状态，所以教师机在 CPU、内存等方面的配置应高些。有条件的机房还可以配置功放、投影仪等多媒体演示设备。

网络教室系统中学生机和教师机的操作系统一般选用 Windows，服务器的操作系统可选择 Windows 2000Server，它除存放本地的一些教学资源外，还应提供简单的 WWW、FTP、E-Mail 等常见的互联网应用服务。此外，服务器还应安装代理软件，使学生机用户可以通过服务器访问校园网或互联网，这样既可增强网络的安全性能，同时还可以进行数据流监控、过滤、记录和报告等网络管理职能。

网络机房中学生机及教师机等网络设备的布局，通常有普通教室型、U 字型、小组协作型、综合型等，如图 4-7 所示。具体实施时可依据教室空间结构、学生群体的特征以及教学活动的内容及模式等因素设计摆放格局，以满足实际教学需求。

（二）网络教学系统

网络教学系统是指在计算机网络系统的基础上为开展网络多媒体教学而提供的控制系统。这类教学系统在中小学的网络机房中使用较广泛，它包括多媒体控制与教学管理两部分。

1. 多媒体控制部分

该部分是以计算机网络系统为基础，在教师机和学生机上增加了相应的硬件控制和软件控制，它的核心技术是音频、视频信号和控制信号的传输。按照

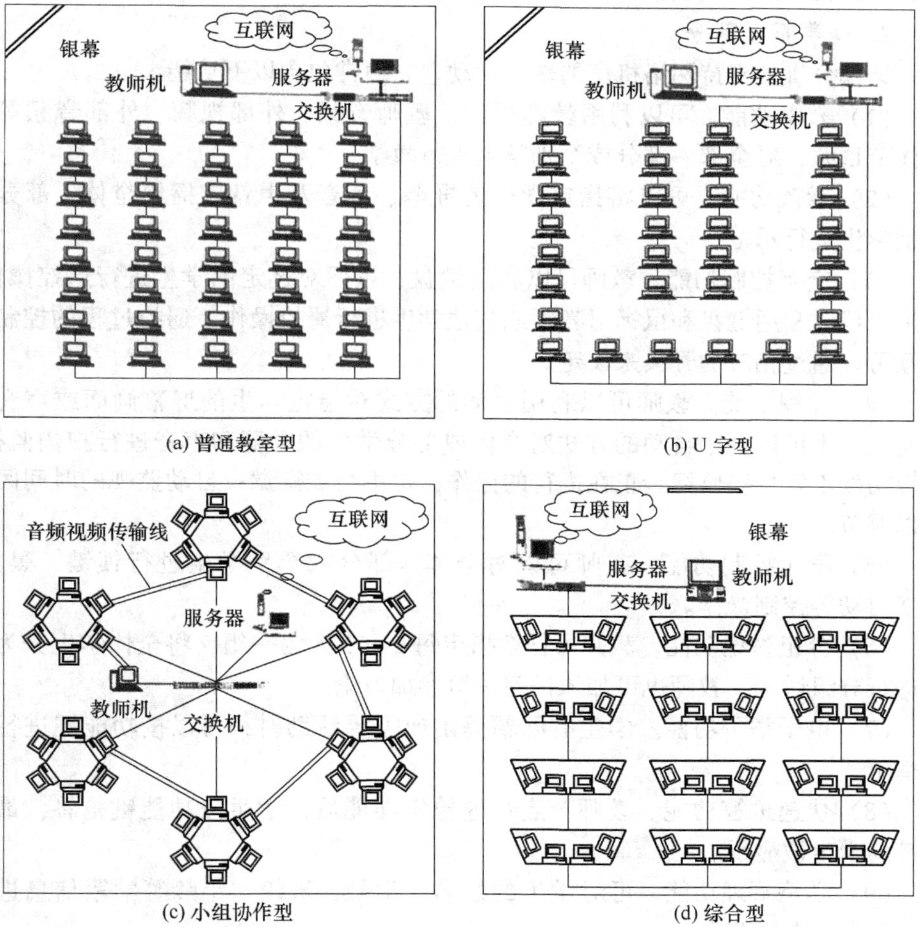

图 4-7 网络机房中学生机及教师机等网络设备的布局

控制信号传输方式的不同，可以将多媒体网络教学系统划分为以下几种基本类型：

（1）基于硬件方式的多媒体控制。该方式需要给每台计算机安装多媒体传输卡，且教师机与学生机的多媒体传输卡是不同的。在各计算机之间直接铺设多媒体线路（非计算机网络）传输音视频信息，另外还需配置专用的控制面板，用于教学控制。基于硬件方式的多媒体控制成本较高，存在安装繁杂、不可升级等缺点。

（2）基于软件方式的多媒体控制。它是在计算机局域网的基础上，利用专用软件进行教学控制和数据传输，是目前网络教学系统的发展方向。该方式无需额外的硬件设备，成本低、容易升级。但由于系统太依赖于操作系统及网络性能，因此在稳定性及系统维护上比较麻烦。

2. 教学管理部分

该部分直接支持网络机房的教学活动。它通常包含以下功能：

（1）教学功能。可以利用教师视频、教师音频、外部视频、外部音频等多媒体节目源，对全部、部分或个别学生进行教学。

（2）示范功能。可以将指定学生的屏幕、话音及声音广播给全体、部分或个别学生进行示范。

（3）交互控制功能。教师可以利用键盘、鼠标对选定的学生进行遥控操作；学生也可以利用键盘和鼠标对教师或其他学生进行遥控操作。遥控过程的控制与交互可以通过相应的开关来设定。

（4）监视功能。教师可以利用手动的方式对指定学生的屏幕画面或声音进行监视，也可以利用自动的方式对全体或部分学生的屏幕和声音进行扫描监视。监视功能不影响被监视者正在进行的操作，也不会被察觉；自动监视的时间间隔可以调节。

（5）学生控制功能。教师可以对全体、部分或个别学生进行锁键、黑屏、重新启动等控制操作。

（6）分组讨论功能。教师可任意指定每 2~16 人为一组，将全体学生分为多组进行分组讨论，教师也可加入任何一组参加讨论。

（7）电子举手功能。学生有问题提出或需要帮助时，可以按功能键进行电子举手。

（8）快速抢答功能。教师开启快速抢答功能后，学生按功能键抢答，最先按键的学生被显示。

（9）学籍管理功能。可对学生的姓名、学号、班级、年龄等学籍信息进行管理并显示在屏幕上。

（10）联机考试功能。这是一个很重要的教学反馈功能，教师选择此功能后，可以先指定一个正确答案，再通过屏幕或声音将试题发送给学生，学生按 A、B、C、D 回答，收卷后电脑立即自动批卷，教师可以马上了解学生对所学知识的掌握情况，从而对教学效果做出正确的评估。

（三）多媒体网络教室

多媒体网络教室也称网络化多媒体教室，通常指的是在普通单机机房或普通教学网络（一般为 20~50 台计算机）的基础上，通过音/视频传输卡、信号传输线、控制部件、耳机、麦克风等设备实现教师机与学生机的连接，以及各计算机之间屏幕、声音的实时交互切换，并且具有多种辅助教学管理功能的教学系统，如图 4-8 所示。

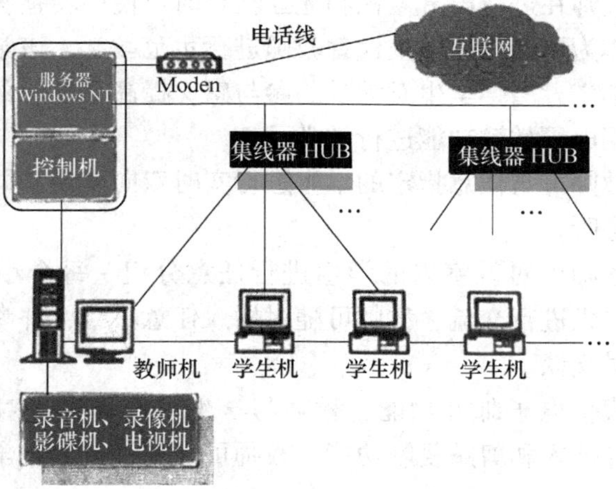

图 4-8　多媒体网络教室

1. 系统功能

广播教学：可将教师机的电脑屏幕画面和语音等多媒体信息（如教学课件等）实时广播给全体、群组或单个学生。可对单一、部分、全部学生广播。

使用电子教鞭功能：教师可对任何应用软件进行注释和讲解，达到辅助教学及加强学生学习的目的。电子教鞭同时提供存储功能，教师可以存储所有讲解的画面，通过课件制作工具输出独立的多媒体产品，并随时调用该产品独立运行或分发给学生。

提供电子黑板和电子白板功能：教师可实现在普通黑板上的全部功能：(1) 提供文本输入、编辑；(2) 提供大量图形工具；(3) 可改变调整笔型、笔宽及笔色；(4) 供多种注释方法（箭头、注释模板、区域闪烁等）辅助教学讲解。

语音教学：(1) 可将教师机的语音实时广播给全体、群组或单个学生；(2) 可对单一、部分、全体学生广播；(3) 当教师在口述讲解，无须学生看屏幕时，为了不让学生因看屏幕而影响听讲，在必要时，可强制学生机黑屏，使学生能够集中精力听讲。

屏幕监视：教师可实时监控每个学生的电脑屏幕，观察学生的学习情况，这样教师不用离开座位便可在机上观看学生对计算机的操作情况。可对单一、群组或全体学生进行多画面和单一循环监视。

遥控辅导：教师可远程接管选定的学生机，控制学生机的键盘和鼠标，对学生远程遥控，辅导学生完成学习操作，进行“手把手”交互式辅导教学，在此过程中，教师可随时锁定或允许学生操作计算机的键盘和鼠标。教师在遥控辅导教学中可实时监视被遥控的学生的电脑屏幕，教师在遥控辅导教学中可与被遥控学生进行双向交谈，遥控辅导的同时可用电子教鞭功能。

教学示范：教师在进行屏幕监视和遥控辅导时可使用转播教学功能。教师可选定一个学生机作为示范，由学生代替教师进行示范教学，该学生机的屏幕及声音可转播给其他学生，增强学生对教学的参与感，提高其学习的积极性。在此过程中，可随时使用电子教鞭功能进行教学示范。

师生对讲：教师可与任意指定的学生进行实时双向交谈，同时还可以选择是否允许其他学生旁听。

分组讨论：教师可对教室内的学生进行任意分组，每个小组的学生通过文字、语音、电子白板进行交流，教师可随时插入任意小组，并参与讨论，小组内允许多个学生同时交谈。

消息发送：模仿电子邮件功能，教师与学生可选择发送对象，相互发送信息，同时提供附件插入和剪贴复制功能。教师可以允许或禁止学生使用消息发送功能。

电子抢答：教师在电子抢答组中使用电子论坛、电子白板提出抢答题目，组织学生进行抢答，抢答过程受教师控制、组织。

电子举手：学生使用电子举手功能可随时呼叫教师。教师对举手的学生通过语音和文字随时应答和查看。

远程命令：远程命令功能允许教师远程运行、关闭学生计算机的应用软件。

本地命令：本地命令功能允许教师远程运行、关闭教师计算机的应用软件。

文件传送：教师可以将本机应用软件、文本文件、图片等数据传送给指定的一个、一组、全体学生。

网络影院：教师可以通过网络向选定的学生播放 VCD、SVCD 等文件和碟片。

远程复位、远程关机、系统锁定：教师可以对选定的学生计算机进行远程复位、远程关机，可以对学生机的鼠标键盘锁定和解锁，停止或恢复学生操作电脑。

电子黑屏：教师可以对单个、部分或全部学生进行黑屏肃静，锁定屏幕和键盘，达到让学生专心听课的目的。

远程管理：教师在本机可以统一设定学生机桌面布置、屏幕尺寸、声卡音量、配音方案等各项设置。

课件点播：允许学生点播诸如应用程序、文本、图片、动画文件之类的多媒体课件；采用多级索引结构，学生能迅速查找所需课件；网络目录自动映射，保证课件的正确运行。

网络考场：网络考场是传统考场的延伸，它可以利用网络的无限广阔空间，随时随地地对学生进行考试，加上数据库技术的利用，可大大简化传统考试的过程。服务器端对数据库进行管理，客户端通过浏览器登录网络考场。它基于题库操作，能够实现智能自动组卷、自动阅卷和自动分析，可大大缩短考试周期。

视频点播：自动搜索视频服务器和视频节目表单，因采用多级索引结构，用户能够迅速查找喜爱的节目；多人同时点播同一或不同节目，也能流畅观看；提供进度条、总时间和播放时间显示；提供播放、暂停、停止、窗口/全屏切换等功能。

为了使多媒体网络教室实现以上的系统功能，除了对教室硬件环境有所要求外，纯软件系统控制平台是个关键因素。当然，随着计算机技术的不断发展，新的多媒体网络教室控制软件将层出不穷，多媒体网络教室的功能也将不断扩大和延伸。

2. 多媒体网络教室的使用

根据网络教学系统的功能，在实际使用过程中可以开展以下几种模式的教学：广播教学模式、个别化教学模式、分组讨论模式等。

（1）广播教学模式。广播教学模式主要使用的是网络教学系统的广播教学功能，也可称为“授课模式”。在这种模式下，教师将自己的屏幕信号广播给全体学生，并利用耳麦进行讲解。这样，教师可以轻松地边讲边演示，学生只需要观看自己的屏幕，收听教师的声音即可。当教师把一个问题讲完后，就可以将学生机的控制权交给每个学生，由学生自由练习。

（2）个别化学习模式。在这种模式下，学生可以使用教师提供的各种学习资源，例如多媒体课件、网络课程等，自己边看边学边练。同时，教师可以利用网络教学系统的监视监听功能，加强对学生的监督，随时了解学生的学习情况，对有学习困难的学生，可以随时进行指导。

（3）分组讨论模式。根据教学需要，可以对全班学生进行分组，组内同学可以通过对讲功能、监视监听功能和遥控功能进行协作、讨论，共同完成教师分配的任务。通过这种教学模式，可以培养学生的合作精神与协作能力。

二、微格教学系统

（一）微格教学的产生与发展

微格教学是一个翻译名词，英文为 microteaching，也可以译成微型教学，是 1963 年由美国斯坦福大学的阿伦（Dwght W. Allen）教授在对师范生进行教学技能训练时在“角色扮演”（相当于我国师范生的实习前试讲）的基础上提出的。因此微格教学是用于对师范学生或在职教师进行教学技能训练的一种培训方法。它是以现代教育理论为基础，利用先进的媒体信息技术，依据反馈原理和教学评价理论，分阶段系统培训教师教学技能的一种教学活动。

微格教学在美国斯坦福大学诞生后，很快传播到世界各地，成为教师培训的基本课程。至20世纪70年代末，微格教学已被大多数国家采用。在英国已有90%以上的教师培训院校开设了微格教学课程，这门课一般安排在大学四年级，经过微格教学训练后再到中学进行教学实习。在澳大利亚，悉尼大学教育系注意到微格教学对师范教育和在职教师培训的促进作用，结合国内部分院校的有关经验，从1972年开始由国家投资进行了长达五年的微格教学开发项目的研究，在广泛进行理论研究和实践的基础上，编写出了《悉尼基本教学技能》教材。这套教材主要是为了提高师范生和在职教师对可观察的教学技能的实践能力和识别能力。教材出版后受到国内外的好评。澳大利亚80%的师资培训机构以及美国、北爱尔兰、南非、巴布亚新几内亚、泰国、印度尼西亚的一些师范院校采用了这套教材。后来，在欧洲和亚洲许多国家和地区也开始了微格教学的研究与应用。

20世纪80年代初微格教学进入我国，北京教育学院是我国最早开展微格教学的单位。从1983年起，北京教育学院受国家教委师范司的委托，举办了两期外国专家微格教学讲习班、五期国内微格教学讲习班。20世纪80年代后期，微格教学在我国开始受到重视。1988年10月，中国第一次派代表参加联合国教科文组织在我国香港举行的“亚太地区微格教学国际交流会”，正式把微格教学列入国内研究项目，随之各地逐步开展微格教学实验。如北京丰台区教科所从1989年秋季开始进行“利用微格教学培训教师掌握教学技能、提高教学水平实验”，取得了较好的效果。又如海南琼山市教育局教研室从1992年秋季开始举办六期微格教学骨干培训班，并选定教师进修学校、琼山中学及四所小学作为微格教学的实验点，通过试点总结经验，1993年秋季开始在全市逐步推广微格教学。

微格教学具有如下特征：

（1）由少数学习者（5~10人）组成“微型课堂”，以真实的学生或受训者的同学充当“模拟教师”和“模拟学生”，使课堂微型化；

（2）把教师教学技能分解为若干个环节，学习者根据训练目标，选择一小段“微型内容”进行教学设计并编写教案；

（3）被训练者利用5~10min的时间进行一段“微型课程”的教学实践，从中训练某一两项教学技能；

（4）在进行“微型课程”的教学实践过程中，利用视听设备系统将实践过程记录下来；

（5）通过视频系统重播已记录的内容，进行反馈评价和分析，可以是自我评价也可以是他人评价。

微格教学技术自诞生后，得到了迅速推广和大量研究，尤其受到各国师范教育界的重视。在欧美，微格教学已成为教师培训的基本课程。

（二）微格教学系统的组成

微格教学是在有控制的条件下培训师范生和在职教师教学技能的一种方法。微格教学系统是一个可控制的实践系统，它一般由微格教室、控制室、示范室、观摩室组成。

1. 微格教室

一般的微格教室装有话筒、摄像头、电视机。话筒用来拾取训练者的声音；摄像头用来录取训练者的活动过程，一般每个微格教室装有 3 个摄像头，摄像头的活动由控制室控制；电视用来播放训练者的教学过程，以便进行教学评价。一般在微格教室配有多媒体教学系统，用来播放课件、电教教材。微格教室的所有设备都和控制室相连，可以在控制室控制。

2. 控制室

控制室装有视频切换台、调音台、录像机、监视器。为了操作方便，录像机一般是硬盘录像机，输入输出有模拟和数字两种接口，录像机既可以录制每一台摄像头的画面，也可以录制经视频切换台的信号；调音台用来控制训练者和学生的声音大小；监视器用来监视每个摄像头的工作位置和情况，以便控制摄像头。从微格教室来的信号（视音频）分两路，一路送往录像机；另一路送往观摩室，供同步评价、分析。

3. 观摩室

观摩室是装有电视机的普通教室，将来自某一微格教室的视音频信号通过控制室选择传输到观摩室的电视机，既可以实时地播放，也可以非实时地播放。观摩室既可以让更多学生观看，也可以供教师评价。

4. 示范室

采用双向闭路电视系统，在示范室内可以选择性地收看任一微格教室的教学训练情况，同时可以将示范室的信号传输到每个微格教室。示范室一般是一个多用场所，如可以作为演播室。

（三）微格教学系统的应用

1. 微格教学的基本程序

微格教学系统的应用需要按一定的程序对学生进行特定教学技能的训练。微格教学的基本步骤如图 4-9 所示。

（1）理论学习。微格教学是在现代教育理论指导下对教师教学技能进行模拟训练的实践活动，在进行微格教学训练前，学习有关微格教学、教学目标、教学技能、教学设计、教学评价等理论知识是非常必要的。通过理论学习形成一定的认知结构，以便于以后观察学习内容的同化与顺应，提高学习信息的可感受性及传输效率，以促进学习的迁移。

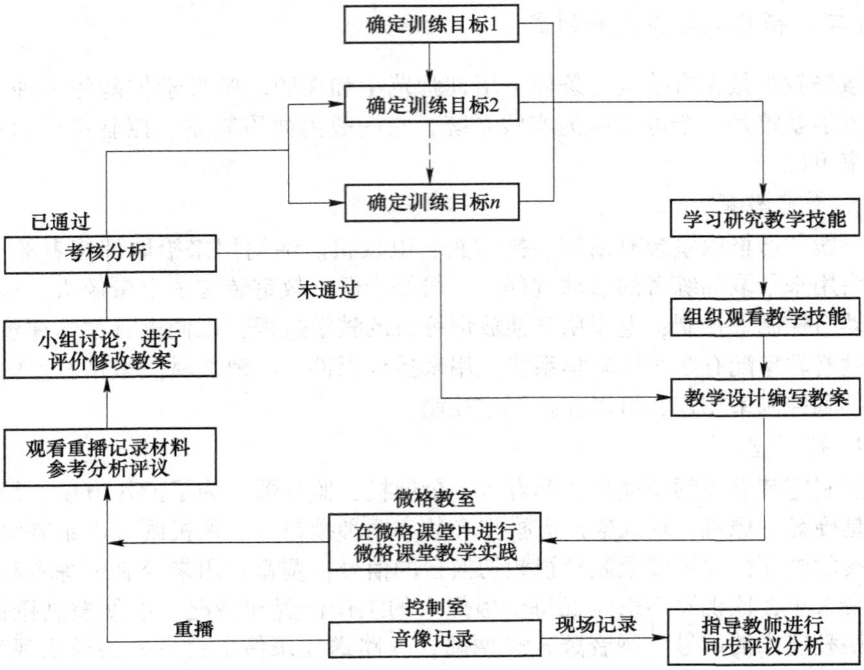

图 4-9　微格教学的基本步骤

（2）确定训练目标。在进行微格教学训练之前，教师首先要向被训练者讲解教学技能的分类、本次教学技能训练的具体目标和要求，以及该教学技能（如导入技能、强化技能、提问技能、演示技能等）的类型、作用、功能，及典型事例运用的一般原则、使用方法及注意事项，使学生对进行训练的技能要达到什么样的目标要求心中有数。

（3）观摩示范材料。为增强受训者对所培训技能的感性认识，需要提供生动、形象和规范的微格教学示范片或教师现场示范。在选择示范片时要遵循两条原则：一是水平要高；二是针对性要强。示范的水平越高，学生的起点就越高；针对性越强，该技能的展现越具体、越典型。在观摩过程中，教师要根据实际情况给予必要的提示和指导。提示时要画龙点睛，以免影响学生观看和思考。要注意培养学生勤于观察、善于观察，以及吸收、消化他人教学经验的能力。

观摩后要组织讨论，分析示范教学的成功之处及存在的问题。通过大家相互交流、沟通，集思广益，酝酿在这一课题教学中应用教学技能的最佳方案，为下一步编写教案做准备。

（4）编写微型教学教案。当被训练的教学技能和教学目标确定之后，受训者就要根据教学目标、教学内容、教学对象、教学条件进行教学设计，选择合适的教学媒体，编写详细的教案。教案中要说明该教学技能应用的构想，还要注明教师的教学行为、时间分配和学生的学习行为（包括预想的反应）及对策。

（5）角色扮演——微型课堂教学实践。角色扮演是微格教学中的中心环节，是训练教学技能的具体教学实践过程，即受训者自己走上讲台，扮演教师，小组的其他同学扮演学生（故称角色扮演），进行模拟教学活动。角色扮演给每个同学提供了上讲台的机会，使他们能把备课时的设想和对单项教学技能的理解通过自己的实践表现出来。这样，受训者由原来的被动听课者变为教学活动的参与者，可充分发挥学生的主体作用，体现微格教学的优越性。

受训者在执教之前，要对本堂课做一简短说明，以明确教学技能目标，阐明自己的教学内容和教学设计的思想。讲课时间根据教学技能的要求不同，一般为5~10min。

（6）声像记录。实践过程中，利用视听设备对被训练者的教学行为和学习者的学习行为进行记录，以便能及时准确地反馈。在没有上述条件时，也可用录音、照相、字记录等方法，但不如录像反馈真实、准确、生动。对于有条件的学校，通过视听设备可将微型教学实践的实况同时传送到另一教室，以便供其他同学观看，并由指导老师作实时同步的评述分析，以提高学习者对教学技能的认识。

（7）反馈评价。反馈评价是微格教学中最重要的一步。为了使学生及时获得反馈信息，在教学结束后，要及时重放录像，指导教师和小组的同学共同观看。看过录像后首先执教者要进行自我分析，检查教学过程是否达到了自己设定的目标、所训练的教学技能是否掌握，并找出自己教学过程中的不足之处，做到“自我反馈”；然后由指导教师和小组成员对教学过程进行集体评议，讨论存在的问题，指出努力方向。教师还可以对其需要改进的问题进行示范，或再次观摩录像，反复分析讨论，以利于受训者进一步改进、提高。

（8）讨论评价，修改教案。指导老师、评价人员、学生角色都要从各自的立场来评价实践过程，有不同看法时可重放录像，帮助形成较为统一的意见。微型教学的评价应以总结优点为主，使被训练者建立自信心，也要提出不足和努力方向，以便改进；最后，评价人员要根据自己的判断填写评价单，给出具体结果。

在单项教学技能的训练进行一个段落之后，要有计划地开展综合教学技能训练，以实现各种教学技能的融会贯通。

2. 微格教学训练的基本内容

微格教学中要把课堂教学技能分解成各种具体、单一的技能，对每一项技能进行训练。教学技能训练一般包括以下内容：

（1）导入技能的训练。导入是教师在一个新的教学内容或活动开始时，引导学生进入学习的行为方式。在教学中采用正确而巧妙的方法进行导入，可以引起学生浓厚的学习兴趣，激发起求知的欲望，从而把他们的注意力引导到学习的课题上来。利用微格教学可将导入技能分解为开门见山直接导入、利用旧知识导入、利用直观演示导入、巧设实例导入、利用生动故事导入等多项不同技巧进行训练。

（2）变化技能的训练。变化技能是教师利用对学生不同刺激的变化来吸引学生的注意力，生动地传递知识和交流感情，促进学生学习的行为方式。变化技能有三种类型，即教态的变化、教学媒体的变化和师生相互作用方式的变化。对于师范生来说，开始主要是掌握教态的变化。利用微格教学可以把教态变化技能分解为面部表情变化、身体动作变化和声音变化等技巧来进行训练。

（3）讲解技能的训练。讲解是一种常用的教学方法，通过语言对知识的分析，揭示事物及其构成要素、发展过程，使学生把握事物的内在联系和规律。讲解技能是教师利用语言及各种教学媒体引导学生理解重要事实，形成概念、原理、规律、法则等的行为方式。利用微格教学，可将讲解技能根据教学内容（事实、概念、原理、规律、规则等）的不同，分解为描述性讲解、描绘性讲解、论证性讲解、启发性讲解、归纳性讲解、演绎性讲解等多种技巧进行训练。

（4）板书板画技能的训练。板书是课堂教学的重要组成部分，是传递教学信息的有效手段，是教师口头语言的书面表达形式。板书板画技能是教师利用黑板以凝练的文字语言和图表等形式，传递教学信息的行为方式。利用微格教学可将板书板画技能分解为提纲式板书、语词式板书、表格式板书、线形式板书、图示式板书、简笔画、示意图的绘画等技巧进行训练。

（5）演示技能的训练。演示一般指教师为了说明某个事实、过程等运用各种教学媒体提供感性材料的表演和示范操作，以及利用这些媒体指导学生进行观察、分析。因此，演示技能是教师根据教学内容特点和学生的需要，运用各种教学媒体把事物的形态、结构或变化过程等展示出来，指导学生理解和掌握知识、传递教学信息的行为方式。利用微格教学可将在课堂教学中的演示技能分解为事物、标本、模型的演示，挂图的演示，幻灯、投影的演示，电视教材的演示，课堂实验演示等进行训练。

（6）提问技能的训练。提问是教学过程中师生之间进行相互交流的方式，提问技能是教师以提出问题的形式，通过师生的相互作用，检查学习、促进思维、巩固知识、运用知识、促进学生学习的行为方式。利用微格教学，可将课堂教学中的提问技能分解为回忆性提问、理解性提问、知识运用性提问、分析性提问、综合性提问和评价性提问等进行训练。

（7）反馈强化技能的训练。反馈是教师传出教学信息后，从学生那里取得对有关信息反应的行为方式；强化是教师给学生的反馈信息，是促进和增强学生的某一行为变化朝更好方向发展的行为方式。利用微格教学，可将课堂教学中教师获得反馈信息的技能分解为课堂观察法、课堂提问法、课堂考查法、操作实践法等技巧，而进行强化的技能可分解为语言强化、符号（标志）强化、动作强化、活动强化等进行训练。

(8) 结束技能的训练

结束是将学生的注意力引导到一个特定的学习任务，即完成学习的步骤。结束技能是在完成一个教学内容或活动时，教师对知识进行归纳总结，使学生所学知识形成系统、转化升华的行为方式。利用微格教学，可将结束教学技能分解为归纳式、活动式、比较式、练习式、拓展延伸式等进行训练。

(9) 组织教学技能的训练

组织是课堂教学的“支点”，是使教学得以顺利进行的保证。组织教学技能是教师在课堂教学中吸引学生的注意力、管理纪律、引导学习、建立和谐的教学环境、促进学生进行学习的行为方式。利用微格教学可将组织教学技能分解为管理性组织、指导性组织、诱导性组织等进行训练。

（四）微格教学中要注意的几个问题

1. 主导作用与主体的关系

微格教学活动中，一方面，学生是微格教学的主体，有着希望通过微格教学的实验取得走上讲台当教师的真实感受；同时也检验教师准备的教案是否合适或存在的优缺点，也检验试教者的语言表达能力、实验技能、多媒体选用技能……这些训练都说明了实习学生是微格教学活动的主体。另一方面，由于学生未上过讲台，缺少教学经验，不懂教学技巧的运用，所以学生必须要在教师的指导下完成微格教学的各个环节，才能较全面地了解教学过程，这就强调了在微格教学活动中指导教师的主导作用。这两者是主体与主导的关系。对教师来说，教师必须从学情出发，遵循学生的学习规律，指导学生进行教学设计和解决课堂教学中出现的各种问题。但教师又不能代替学生，相反，要尊重学生、相信学生，让学生自己去准备和完成自己的实践活动。特别是教案的编写，学生只能在教师的启发指导下独立完成，才能有比较深刻的感受和体会。教师的指导是为了学生将来离开教师后能更好地独立完成教学设计和更好地进行课堂教学。

2. 创造一个模拟中学课堂的教学环境

微格教学教室应模拟中学课堂教室。扮演学生的即为本组的同学，且“模拟学生”应尽可能是“模拟教师”的知己——这一点教师在指导对全班分组时即可照顾到。使初次走上讲台体验当教师滋味的受训学生尽量减少心理压力，增加自信心，达到受训学生能够在一种宽松气氛中进行训练。

正式的中学课堂是一个教与学的严肃场合，所以在微格教学教室上模拟课时，同样也要有严格的组织与管理，有合理的统筹安排与计划。

总之，为了使受训学生达到受训目的，应在努力减少受训学生心理压力的前提下，尽量模拟出一个与中学课堂相似的微格教学教室。

3. 选择未来实习中可能出现的重点难点进行微格教学实验

每个实习学生未来承担的实习任务各不相同，自身素质不一样，如语言表达、板书、演示、实验动手、临场应变诸项能力均不一样。因此，在进行微格教学实验前，应根据自己在今后可能遇到的重点难点或自觉对教学效果把握不大、可能出问题的地方，选择作为自己微格训练的内容。

4. 大面积训练与个别训练

由于个体差异客观存在，可能有个别学生通过一次训练后会暴露出较多的问题。这种情况的发生是正常的。怎样使全体受训学生均能通过微格教学训练后达到共同进步和基本满意呢？显然这时只有平均分布的大面积训练是不够的。对暴露问题较多的个别学生，要根据他们出现的问题，进行个别针对性的多次训练。只有为这些学生提供多次有针对性的训练机会，才可能达到使即将正式参加教育实习的学生整体上有把握、有信心，并较有希望圆满地去完成教育实习任务。

5. 教师点评与学生间自评的关系

教师的点评很重要，应突出重点，找准要害和问题点；肯定优点，指出缺点，提出改进方案措施，增强学生的信心，以达到进一步完善教案、教学设计及教学方法的目的。

但教师的点评决不能代替学生间的自评。学生间的自评是大学生亲身体验的基础上做出的。它可能是正确的，对正确的评价要肯定；它们也可能是幼稚的或片面的，对后一种评价要耐心说服，讲清道理，使学生口服心服，并由此提高学生的评价意识和对教学效果的观察鉴别能力，也使受训学生充分了解自己、认识自己，从而进一步提高自己的教学水平和能力。

6. 样板的作用与独自的特点

示范，可以是指导教师对全体学生的一堂示范课，也可以是上届学生微格教学训练之后选择保留的有代表性的微格教学实况录像带的播放观摩。

通过示范或观摩样板（有成功的样板，也有存在典型毛病的样板），可以使参加微格教学训练的学生得到极大的启发，知道一节什么样的课才算好课，哪些典型的毛病应避免。

但是不应忽视的是，每一个受训学生都有自身的特点，有自身的长处，在未来的教学活动中，每一个学生完全有理由发挥自己的特点和长处。

既要充分发挥样板的示范作用，又要避免各学生间不同授课内容、自身特长，追求一律、一个格式授课，也要避免一个模式或一个腔调评价教学效果和讨论成败得失。

微格教学系统近几年来已在各师范院校得到广泛应用。较之其他教育技术手段，微格教学系统对师范学生教育实习前进行师范技能综合训练有着独到的不可比拟的优点。在实习指导教师精心策划、周全组织安排下，在教育技术人员的协助下，即将投入教育实习的师范学生，通过微格教学系统的模拟训练，必将更胸有成竹地、更有信心地投入教育实习实践。

第三节　新兴多媒体教学环境

一、微课

（一）微课的基本概念

1. 微课的背景与定义

在国外，微课程（micro-lecture）的雏形最早见于美国北爱荷华大学 LeRoy A. McGrew 教授所提出的 60 秒课程（60-second course），以及英国纳皮尔大学 T. P. Kee 提出的 1 分钟演讲（The One Minute Lecture，OML）。现今热议的微课程概念是 2008 年由美国新墨西哥州圣胡安学院的高级教学设计师、学院在线服务经理 David Penrose 提出的，他提出建设微课程的五个步骤：罗列教学核心概念；写 15～30 秒的介绍和总结，为核心概念提供上下文背景；录制时长为 1～3 分钟的视频；设计引导学生阅读或探索课程知识的课后任务；将教学视频与课程任务上传到课程管理系统。

在国内，2010 年广东省佛山市教育局胡铁生基于现有教育信息资源利用率低的现状，率先提出：微课是根据新课程标准和课堂教学实际，以教学视频为主要载体，记录教师在课堂教学中针对某个知识点或教学环节，而开展的精彩教与学活动所需各种教学资源的有机结合。自从他提出微课概念以来，随着国内外微课实践的不断丰富和相关研究的逐步深化，人们对微课的认识也越来越深刻、全面，其概念内涵也在不断发展、丰富。特别是 2013 年以来，微课概念和实践迅速升温，众多教育技术学界的专家学者、教育企业及教育行政部门的微课活动官方文件对微课逐渐给出了各方定义，在此不再赘述。

2. 微课发展的三个阶段

从微课概念的百家争鸣和发展衍化可以发现，人们对微课概念的认识经历了“微资源构成”—“微教学过程”—“微网络课程”三个从低级到高级、不断完善的发展阶段，每个阶段的微课概念内涵各有所侧重，微课表现形式也不尽相同，其功能特点和应用范围也不同。

第一阶段：教师自己录制课程与运用网络微课程资源相结合。教师需要不断尝试和试验的时间，学生从一开始不适应更多自己学习的时间，到慢慢地适应。

第二阶段：教师已经可以熟练掌握录制视频的过程，并逐步完善了微课程图谱；学生逐步懂得如何自主学习，并有对应的学习平台进行分享交流与学习分析、监控和反馈。

第三阶段：教育结构发生转变，开始向培养个性化人才进行转型，而不再是培养标准化、流水线上的工人。在横向上，学生需要更多的多样化体验；在纵向上，学生需要更多的颠覆体验。

（二）微课的基本组成

微课的核心组成内容是课堂教学视频（课例片段），同时还包含与该教学主题相关的教学设计、素材课件、教学反思、练习测试及学生反馈、教师点评等辅助性教学资源，它们以一定的组织关系和呈现方式共同“营造”了一个半结构化、主题式的资源单元应用“小环境”。因此，微课既有别于传统单一资源类型的教学课例、教学课件、教学设计、教学反思等教学资源，又是在其基础上继承和发展起来的一种新型教学资源。

（三）微课的特点

微课基本特点如下：

（1）教学时间较短。教学视频是微课的核心组成内容。微课的时长一般为5~8分钟左右，最长不宜超过10分钟。因此，相对于传统的40或45分钟一节课的教学课例来说，微课可以称为“课例片段”或“微课例”。

（2）教学内容较少。相对于较宽泛的传统课堂，“微课”的问题聚集，主题突出，更适合教师的需要。“微课”主要是为了突出课堂教学中某个学科知识点（如教学中的重点、难点、疑点内容）的教学，或是反映课堂中某个教学环节、教学主题的教与学活动，相对于传统一节课要完成的复杂众多的教学内容，微课的内容更加精简，因此又可以称为“微课堂”。

（3）资源容量较小。从大小上来说，微课视频及配套辅助资源的总容量一般在几十兆左右，视频格式须是支持网络在线播放的流媒体格式（如rill、wmv、fiv等），师生可流畅地在线观摩课例，查看教案、课件等辅助资源；也可灵活方便地将其下载保存到终端设备（如笔记本电脑、手机、MP4等）上实现移动学习、泛在学习，非常适合于教师的观摩、评课、反思和研究。

（4）资源组成、结构、构成“情景化”。微课选取的教学内容一般要求主题突出、指向明确、相对完整。它以教学视频片段为主线“统整”教学设计（包括教案或学案）、课堂教学时使用到的多媒体素材和课件、教师课后的教学反思、学生的反馈意见及学科专家的文字点评等相关教学资源，构成了一个主题鲜明、类型多样、结构紧凑的“主题单元资源包”，营造了一个真实的“微教学资源环境”。广大教师和学生在这种真实的、具体的、典型案例化的教与学情景中可易于实现“隐性知识”“默会知识”等高阶思维能力的学习并实现教学观念、技能、风格的模仿、迁移和提升，从而迅速提升教师的课堂教学水平、促进教师的专业成长，提高学生学业水平。

(5) 主题突出、内容具体。一个课程就一个主题，或者说一个课程一件事；研究的问题来源于教育教学具体实践中的具体问题，或是生活思考，或是教学反思，或是难点突破，或是重点强调，或是学习策略、教学方法、教育教学观点等具体的、真实的、自己或与同伴可以解决的问题。

(6) 草根研究、趣味创作。正因为课程内容的微小，所以人人都可以成为课程的研发者；正因为课程的使用对象是教师和学生，课程研发的目的是将教学内容、教学目标、教学手段紧密地联系起来，是“为了教学，在教中学，通过教学”，而不是去验证理论、推演理论。

(7) 成果简化、多样传播。因为内容具体、主题突出，所以，研究内容容易表达、研究成果容易转化：因为课程容量微小、用时简短，所以，传播形式多样（网上视频、手机传播、微博讨论）。

(8) 反馈及时、针对性强。由于在较短的时间内集中开展“无生上课”活动，参加者能及时听到他人对自己教学行为的评价，获得反馈信息。较之常态的听课、评课活动，“现炒现卖”具有即时性。由于是课前的组内“预演”，人人参与，互相学习，互相帮助，共同提高，在一定程度上减轻了教师的心理压力，不会担心教学的“失败”，不会顾虑评价的“得罪人”，较之常态的评课就会更加客观。

南京师范大学教授、博士生导师张一春教授总结了微课的四个特点：

(1) 微课“位微不卑”。微课虽然短小，比不上一般课程宏大丰富，但是它意义非凡，效果明显，是一个非常重要的教学资源。

(2) 微课“课微不小”。微课虽然短小，但它的知识内涵和教学意义非常巨大，有时一个短小微课比几十节课都有用。

(3) 微课“步微不慢”。微课都是小步子原则，一个微课讲解一两个知识点，看似很慢，但稳步推进，实际效果并不慢。

(4) 微课“效微不薄”。微课有积少成多、聚沙成塔的作用，通过不断的微知识、微学习，从而达到大道理、大智慧。

二、慕课

（一）慕课的认识

慕课是大规模开放在线课程 massive open online course（MOOC）。通俗地说，MOOC 是大规模的网络开放课程，是为增强知识传播而由具有分享和协作精神的个人或组织发布的、散布于互联网上的开放课程。

美国麻省理工学院在2001年把本校2000门课程在网上公开，发起“开放课程计划”（OCW），让全世界共享名校资源。之后为促进网上教育资源的开发和利用，联合国教科文组织首次发布了“开放教育资源”（OER）这个理念。而慕课正是在这个理念的基础上逐步发展起来的，是传统课堂走向在线课堂的开始。2011年，美国哈佛大学等著名高校掀起了慕课热潮，纷纷创设各自学校的精品课程，并上传到网络平台上，吸引了世界各地上百万的学生注册学习。2012年，Coursera、edX和Udacity三大慕课平台相继开课运营，在线教学飞速发展，有杂志更是将2012年称作“慕课之年”，可见其影响巨大。2013年，我国出现了慕课平台。三大平台中Coursera慕课平台与中国网易合作，率先开设中文专区。随后，国内高校陆续加盟edX慕课平台，清华大学、北京大学、香港大学等高校成为edX慕课平台的首批亚洲成员。之后，清华大学研发出中文慕课平台“学堂在线”，面向全球提供在线课程。

慕课无疑成为中国高等教育国际化的一股新的推动力。2014年5月，爱课程网和网易携手推出的拥有中国自主知识产权的慕课平台——中国大学MOOC平台上线，5月20日正式开课，首批加入的高校有北京大学、复旦大学、浙江大学、哈尔滨工业大学、中国科学技术大学等20多所高校，短短两年时间就有70多所高校、600多门精品课程在线。2015年，《教育部关于加强高等学校在线开放课程建设与应用管理的意见》出台，明确指出“要综合考察课程教学内容与资源教学方法、教学活动、教学设计、评价等要求，在2017年前认定1000门国家精品在线开放课程”。实际上2013~2017年，从建设国家精品课程到现在的课程建设，它的内涵已经发生了变化。

（二）慕课的本质内涵

（1）基本内涵。MOOC是面向社会公众的免费开放课程。顾名思义，“M”代表massive（大规模），与传统的只有几十个或几百个学生不同，一门慕课可能会有成百上千人乃至上万人参与；“O”代表open（开放性），以兴趣为导向，凡是想学习的都可以进来学，没有任何条件；“O”代表online（在线），学习在网上完成，不受时空限制；“C”代表course（课程）。通俗地说，慕课是为增强知识传播而具有分享和协作精神的个人或组织发布于互联网上的开放课程。对学习主体没有任何要求，只要有网络，学习者便可以根据自己的需求在任何时间、任何地点进行学习。而且这是一种开放课程，是针对大众的免费公开课，只要有兴趣的人都可以免费注册。

（2）实际上，慕课并非一种全新事物，它是长期以来“技术变革教育”理念与实践的时代产物。正如百度百科所强调的：“慕课，是新近涌现出来的一种在线课程开发模式，它发端于过去的那种发布资源、学习管理系统及将学习管理系统与更多的开放网络资源综合起来的旧的课程开发模式。”慕课是近年来开放教育理念及实践这个“旧基础”上的“新发展”，尚处于发展过程中，还没有形成一种成熟的、公认的、定型的模式。我们对慕课本质的挖掘不能仅停留在慕课的“现实状况”上，要从历史的、纵深的角度认识慕课的教育本质。

从更深远的角度看，慕课是现代网络信息技术与学习者中心的教育教学模式的有机融合，是“技术变革教育”在网络信息时代的新尝试。长期以来，一直有很多人认为技术创新可以真正实现教育革命。19 世纪 40 年代，黑板的发明对教育改革产生重要影响，使得人们更加重视通过技术带来的变革教育。此后，印刷技术、电视电影、程序教学、计算机等都曾被人们称为最具教育变革意义的技术或工具。在这个过程中，还催生出教育技术学等相关学科的发展，使得技术革新与教育改革更紧密地联系在一起。2000 年以来，越来越多的人认为网络信息技术将彻底改变教育模式。美国 MIT 开放课程项目、我国网络精品课程等远程教育、在线教育盛极一时。慕课只是这一趋势的新发展。也许，有一天慕课将不再是目前的样态甚至彻底不复存在，但慕课所代表的这种网络信息技术与教育教学改革高度融合的尝试，还将长期存在。这种尝试将不断冲击传统教育教学，最终形成符合时代要求的教育模式，这才是慕课的教育本质。同时，我们又不能仅把慕课作为教育现象看待。慕课在一定程度上与以往的开放式网络课程没有太大的本质差异，但慕课为什么能比以往任何形式的网络课程都备受关注和看好呢？这就涉及慕课的文化本质。慕课是课程、教育改革、互联网、经济发展等交织在一起形成和发展起来的。

（三）慕课的特点

慕课的形成、发展时间还不长，但是发展至今对教育的影响却很大。慕课不同于微课及网络视频公开课，它是由远程教育模式发展而来的，是一种全新的在线教学模式。它改变了教师为主导、学生被动接受的空间制约的传统课堂教学，利用网络的特性实现教学，完全解放了教师、学生这种单一的教学模式，能够更好地实现终身教育理念。从慕课的教学模式的特点看，可以总结为以下几点。

1. 大规模

慕课的大规模主要体现在学习者规模、课程资源规模、参与教师团队规模、参与高校规模、需要大投入等几个方面。

（1）慕课的学习者规模很大，它向所有希望学习到该课程的人员开放，有可能世界各地数千万人在同一时间一同学习同一内容。我们的传统课堂教学或视频公开课都是几十人的小班或者 100 多人的大班上课模式，就有空间制约了。据统计，2016 年上半年爱课程网就有 30 多万人共同学习。

（2）大规模交互是指课程研讨同时有数千人、数万人参与，当学习者提出问题，数百人从问题的不同角度与其交流讨论；学习者大规模的参与和交互使得课程产生海量的学习数据，MOOC 平台利用数据挖掘、人工智能和自然语言处理等技术，多维度和深层次地分析海量学习行为数据，发现课程学习的特征和规律，动态调整学习引导策略和学习支持服务。

（3）大规模还体现在参与高校众多，有知名高校，如哈佛大学、耶鲁大学、加州理工大学等国外知名大学做后盾，国内多所高校都在参与，可见教师团队的强大和课程资源的丰富程度。

（4）大规模意味着大量可供选择的网络课程。截至 2013 年 7 月，全球最大的网络课程联盟 Coursera 共享了 408 门课程，分别为人文、教育、健康与社会、生命科学、商业及管理、信息技术、经济与金融、自然科学等各类在线课程。edX 作为世界顶尖高校联合的共享教育平台，目前也提供了 60 门在线课程，覆盖法律、历史、科学、工程、商业、社会科学、计算机科学、公共卫生和人工智能等领域。可汗学院则在 YouTube 上载有超过 3600 段教学影片，内容包括数学、物理、化学、天文、生物、历史、医学、金融与经济、公民教育、计算机科学等诸多方面。不仅课程种类繁多、覆盖的知识领域广泛，而且随着 MOOC 的不断国际化，授课语言也趋于多元化。目前，Coursera 慕课平台所提供的除英语课程外，还有西班牙语、法语、中文、阿拉伯语、德语和意大利语课程。

（5）大规模更意味着需要大投入。MOOC 三大巨头在 2012 年和 2013 年先后投入 1 亿多美元的资金。除资金的大量投入外，还需要教师时间、精力的大投入。有调查显示，教授们通常需要花费上百小时准备课程，包括拍摄讲座视频、精心准备教学素材、设计教学环节与活动等，正式开始上课后，每周还需要花 8~10 小时参与在线学习社区的讨论与答疑等活动。

2. 在线

（1）慕课是依托互联网技术的，所以需要一台计算机或手机在平台上学习。在慕课的学习中，只要具备在线条件，学习者可以在任何时间、任何地点，任何人都能随心所欲地进行课程的学习。当然，慕课学习非常具有灵活性，虽然慕课视频学习、讨论、作业、考试及评价流程都是通过网络在线实时完成的，视频课程可以在线下载、线下播放重复学习。特别是，现在网络技术发达，城市任何地方，甚至高校宿舍楼都有 Wifi，短短十几分钟就可以学完一个模块，大大提高了学习的时效性，同时经济上也非常实惠。

（2）教育机构或者教育者可以随时随地将课程、教学内容与资源上传到网络平台。随着网络技术、信息技术的不断成熟与更新，上传到网络平台的课程内容、呈现形式更趋于迅捷、多样。这种快速架设在线课程的方式，甚至可以运用到救灾援助等紧迫式学习环境中，便于随时随地地组织学员展开学习。

（3）在线意味着经济实惠，得益于廉价、高速的互联网连接在全球范围的蓬勃发展，这些在线课程只需很少的成本就可在全球播放。而且，由于在线课程可以支持大规模学习者进行线上学习，因此，具有较好的规模效应，这使得集体教学与几年前相比更能为大众所承担。

（4）在线还意味着可以适时记录学习者的学习行为和过程，便于在大数据分析的基础上，掌握学习情况，跟踪学生的学习生涯，探讨学习与认知规律。随着 MOOC 平台中记录、存储和汇聚的数据不断增加，可以发现学习者对不同知识点的反应，过去困扰心理学、认知科学与行为科学的教与学的规律问题将不断被深入地分析与探讨，学生的学习质量与学习效率将会随着教育规律认知的深化而不断提升。

3. 开放性

慕课的开放性体现在学习对象、教学与学习形式、教学内容与课程资源、教育理念等几个方面。

（1）开放性体现在对学习对象的全面开放上，体现为真正意义上的“有教无类”。慕课真正实现了全民学习的目的，对学习对象的身份完全没有限制，不分种族、不论性别、不分年龄，只要你想学习都可以在慕课平台上注册并免费选择课程。只要具备基本的上线条件，鼠标轻点，不管身在何处都能轻易地学习一流大学和大师的课程；网络连通，不论阶层、肤色、各个人种都可以和世界各地的同行交流。人们多年来梦想的教育形态——任何人、任何时间、任何地点，按自己的节奏学习，并即时得到学习反馈，在 MOOC 教育的平台上似乎有可能成为现实。

慕课的这种特点吸引了一大批学习者，是对教学本身的促进。当然，慕课向所有学习者免费提供优秀教学团队制作的优质的教学内容与课程资源，为家庭经济条件差的爱学习者打开一扇通往知识殿堂的大门。慕课的这种先进教育理念，使得教学团队更具有凝聚力，激励众多的学习者，促进现代教育的改革。

（2）教学与学习形式的开放性。Coursera 的联合创始人科勒指出，他们的平台所提供的课程是在主动学习（active learning）、深度学习（deep learning）等理念基础上，通过 10 分钟左右的短视频课程、高频率回顾性（巩固性）测试、与学习材料的深入互动、家庭作业（含截止日期）、作业批改、问答平台、线上互动等整体建构而成的。吴恩达在接受《文汇报》记者采访时说，他在斯坦福大学的一名前同事在 Coursera 上开设了一门课，在线上答疑时同学提问，他起身去倒了一杯咖啡，打算回来就回答这个学生的问题。就这么短短的 1 分钟时间，他回来时发现，已经有来自世界各地的学生为这名提问者回答了问题，而且讨论得热火朝天。事实上，正是由于 MOOC 平台的开放性，几乎每门在线开放课程中师生互动、生生互动都非常充分、热烈。

（3）教学内容与课程资源的开放性。根据经济合作与发展组织（OECD）研究报告的定义，开放不仅包括教育教学内容性的资源，同时还包含技术性的资源，如用于开发、传播和使用开放式内容的软件工具。基于此，有的学者将开放教育资源（OER）划分为三个类型：1）“开放的内容与资源”，即向学习者提供可用于学习和参考的免费数字化内容，类型包括直接与教学相关的课程、课件、内容模块、学习对象，参考资料、电子期刊等；2）“开源的软件与工具”，即提供各种功能的开放源代码软件来促进开放式教育资源的开发、传播、交流与共享，它所提供的开源软件功能众多，从资源的开发、发布、管理和存储，到资源的搜索、交流和传播等；3）“开放的协议与策略”，主要是指学习内容和工具软件的版权使用协议、资源应用的策略、内容的本地化和网络学习的技术与资源存储标准等，是在 OER 运动中实现内容性资源、技术性工具之间的交流与互用，以及解决各种版权法律问题的基础。

（4）开放还意味着阳光下的高质量。教授们一旦将课程上传到网络平台，就要面对来自同行、专家和批判者的“检阅”，因此，上传在线课程是件关乎个人声誉、学校声誉的事，不容小觑。杜克大学的罗恩·布莱瑟（C. Ronen Plesser）坦言，为应对大量水平不一的学生，他在拍摄讲课视频时不得不仔细地推敲教学讲稿，这让他的教学达到了 10 年来的最高水平。他认为，最后的网上课程要比他在校内面授的版本更为严谨，要求更高。而且，在线课程中的学生是自愿的学习者，有更大的自由可以随时选择退出，因此，学生用脚投票来评估教学质量的方式变得畅通无阻。可以说，能见度、曝光率和注册数是课程质量的试金石，借此敦促教师不断改进课程质量，是学生求知途中的福音。

（5）最为根本的是教育理念的开放。100 年前杜威指出，教育中一切的浪费都是由于彼此的隔离。时至今日，国家与国家之间、大学与大学之间、组织与组织之间、学科与学科之间、课程与课程之间的隔离俯拾皆是、司空见惯。但是 MOOC 及与此相关的开放教育运动所传递出来的知识公益、利他主义和开放自由的精神，足以跨越时空、跨越组织机构、跨越国界、跨越学科，从而实现知识的有效传递和充分运用。

4. 课程的个性化

（1）在课程的组织方式上强调“翻转课堂”，也就是将课堂内与课堂外师生的、教与学的时间重新进行安排。在这种学习模式中，课外的时间从过去让学生做作业“翻转”为现在让学生在线或线下自学或者协作学习教师预录（或预留）的教学内容，并针对学习疑虑提问；课堂内的时间从过去由教师讲授知识“翻转”为现在由教师引导学生互动讨论或进行问题答疑，从而将课堂的主导权从教师转移到学生，在真正意义上实施以学生为中心的教学设计，实现以问题或项目任务为导向的学习。这种课程也就真正做到了深度学习、主动学习和探究学习。

（2）在课程的内容上强调重组。各学科、专业领域的专家、教师可以将先行编制的多样化的网络课程和教学资料上传到 MOOC 平台。这些设计之初未必相互关联的学习资料可以单独作为学习单元，也可以按照一定的逻辑、意义、目的进行重新整合，聚集成为具有不同学习目标的学习单元集，实现课程资源的再利用。

（3）在课程的学习方式上强调众包交互（crowd-sourced interaction）。远程教育历经异时异步的函授教学（远程教育 1.0 版）到定时定点的无线电、电视教学（远程教育 2.0 版），再到随时随地但无交互的网络教学（远程教育 3.0 版），再到如今众包交互、数字化学习的 MOOC 教学（远程教育 4.0 版）。在 MOOC 平台上，大量的学习者构成了共同解决在线课程中未知问题的群“众”。众多学习者在虚拟或者现实的学习社区中，利用群体的智慧和有机的互动，共同探讨、实施并评估问题的解决方案。科勒在 TED 演讲中专门介绍道，在 MOOC 衍生的巨大线上社区中，学生们以多种方式进行互动，甚至比在教室里的收获还多。而且，来自世界各地的学生们还会自发组织线下的学习小组，定期定点见面共同研讨一系列问题。通过这种众包交互，学习成为一个高度个性化的主动建构过程，终身学习也将成为普遍的现实。

（4）在课程评价方式上的创新。有研究表明，同学之间相互批改作业与教师批改作业的分数在统计意义上几近吻合，因此学生互评是一个大规模开放在线课程中面对巨量学生作业需要评阅时一种十分有效的课程评价策略。由于网络技术的不断完善，MOOC 平台可以编制一定的程序批改包括选择题、简答题、数学计算题、数量模型、经济金融模型等各种复杂程度不一的作业。Coursera 的实践表明，在适当的激励机制下，让学生自己给自己批改作业也是一种行之有效的方式。

（四）慕课的分类

1. 基于内容的 MOOC

基于内容的 MOOC（以下简称 xMOOC）以行为主义学习理论和认知主义学习理论为基础，以教学视频、作业和测试等为学习方式，强调学习者获取和掌握课程内容，侧重于知识传播和复制。该模式产生于 2011 年，以美国名校的 Coursera、Udacity 和 edX 三大 MOOC 平台为代表，在 2012 年和 2013 年获得飞速发展。

xMOOC 结构化程度高，每门课程都有明确的开始时间和结束时间。课程内容以视频讲授为主，视频长度为 5~15 分钟，教学者通常通过案例激发学习者的兴趣，组合多种媒体呈现、讲解课程内容。课程互动以线上交流为主要形式，学习者与教学者利用课程讨论区互动交流和答疑解惑；以城市为单位的线下见面会为辅，通过线下见面会扩展学习者的线上交流，实现线上与线下的混合学习。课程评价以软件测试评分为主，通过视频中内嵌的自动化测试，使学习者反复提取已经学习的内容，强化知识要点，同时将课程作业的学伴互评成绩作为参照性评价标准。该模式的缺点是忽略了人类学习的复杂性和丰富内涵，单一使用“刺激—强化”模式加速学习者的学习。

2. 基于网络的 MOOC

基于网络的 MOOC（以下简称 cMOOC）以关联主义学习理论为基础，围绕某一特定课程主题，以周为单位，每 1~2 周探究一个专题，强调学习者自治和社会网络学习，侧重于知识的创造与生成。乔治·西蒙斯等认为，学习是一个连续的、知识网络形成的过程，知识不只是驻留在人类的大脑中，还驻留于人类的人际交互网络中。cMOOC 的代表课程是由乔治·西蒙斯等人开设的 Connectivism and Connective Knowledge 课程。

cMOOC 是一种结构松散的分布式课程，主题前沿，学生自主选择内容，自定学习步调，不注重课程评价。cMOOC 平台以 gRRShopper 为核心，整合多种技术构建课程的在线学习环境。该环境支持学习者从其他课程网站导入课程资源，以任何想要的方式重新组织课程内容，并以 RSS 订阅、网络站点和 JSON 数据格式等方式传播课程内容。在 cMOOC 平台中，学习者自主地开展多种学习活动，包括搜索信息资源并选择过滤出自己感兴趣的内容；在论坛中开展协商讨论和合作探究，进行问题解决与自主建构；通过社交网络媒体共享学习成果，如博客、微博、Facebook 和 Twitter 等。

3. 基于任务的 MOOC

基于任务的 MOOC（以下简称 tMOOC）以建构主义学习理论为基础，课程结构松散，内容设计灵活，以任务为驱动，注重学习者对知识的深度加工。在 tMOOC 中，学习者在特定的任务情境中自定学习步调，利用丰富的学习支持服务，与同伴开展协作学习，完成预设的学习任务，获得相应的专业技能。tMOOC 的典型代表是 Oxford Brookes 大学开设的 First Steps in Learning and Teaching in Higher Education（FSLTl2）课程。该课程的目标是培养学习者的高等教育教学技能，训练和提升高校教师职业发展中的学术技能。一些学者的研究发现，该课程能有效提升学习者的高等教育教学技能和学术素养。

综上所述，三种模式的 MOOC 在学习理论基础和实践运行形式方面存在明显差异：xMOOC 以行为主义学习理论和认知主义学习理论为基础，属于知识复制型，学习者通过观看教学视频学习课程内容，辅以在线测评和同伴互助，强调知识的独立自主学习；cMOOC 以关联主义学习理论为基础，强调学习者应用社交媒体围绕专题开展协商讨论，师生共同贡献思想，目的在于通过社会性网络学习和创新课程知识；tMOOC 以建构主义学习理论为基础，采取基于任务驱动的学习方式，认为知识与技能是学习者通过个体建构与社会建构而形成的，强调学习者对知识的能动加工。

（五）慕课与传统教学的区别

1. 开放性与封闭性

传统教育是在固定的校园中进行的，每年的入学人数都有限制，学校的课程也是根据在校时间和学期安排的。上课方式基本上都是师生面对面，教师讲授，学生负责听和记，一根粉笔、一块黑板、一张 PPT 就可以搞定一堂课。外校学生没有资格获取学校资源和教育服务，具有很强的封闭性。相比而言，慕课的一大特点就是开放性，学习注册没有任何条件，平台上的课程也不是为某一所学校设计，而是面向全球的，只要进行注册，所有的课程都可以看到。平常进不了一流大学的学生在这里也可以享受一流的教育。但也因为慕课是面向所有大众的，所以涉及内容比较宽泛、浅显易懂，对基础薄弱的学生作用不强，针对性较差，难以做到因材施教。

2. 灵活性与固定性

传统教育是在固定的校园、固定的教室内进行的，每一堂课都是在固定的时间内由固定的教师向固定的学生进行一对多的知识传授，课与课之间环环相扣。而慕课是在网络上呈现的，人们在学习时能够不受时空限制，可以根据自己的安排灵活地选择时间和场所，只要有网络，无论计算机或者手机都可在线学习，这改变了传统教育的死板模式，让学习成为一种随时随地都可以享受的活动，并且以一对多或多对多的形式进行。慕课虽然比较灵活，但也正是这样，课程设计系统性不是很强。如李青在第四次中国远程教育青年学习者论坛上谈到的："MOOC 缺乏专业体系，课程多而新但很零散，没有构成完备的专业体系。"

3. 经济性与昂贵性

传统教育的高等教育不是免费的。根据美国《高等教育纪事报》，美国知名大学的高等教育学费年均在 4000~5000 美元。在中国高等教育的学费也在每年 5000 元人民币左右，一些特殊专业的学费更在上万元。而慕课平台上的课程大多数都是免费的（除非想要获取证书，要花费几十美元），只要注册了都可以免费观看学习，而且慕课上的课程还可以重复观看，成本低、利用率较高。另外，慕课要花费很多的精力来设计课程内容，这对一般的教师来说是一项不小的工程。教师制作课程时要预想可能会出现的问题，不断修改自己的课件，直至自己满意。而且慕课上面有互动答疑和资料上传，这将花费大量的时间和精力，所以慕课的背后也必须有一支强大的团队。

4. 知识培养与素质教育

慕课是在网络上进行的，学习者的学习都是自己一人对着计算机或者手机，彼此之间的互动都是在网上，几乎没有面对面交流的机会。而传统教育中，高等教育学生都是在学校接受知识，无论在宿舍还是教室，都有同学在一起，与教师接触也比较方便，能够在学习之余培养学生处理人际关系的能力。此外，学校里会有很多社团或者学生组织，类似于小型的社会工作单位，学生参加这些组织也能较早学习领导、组织策划等工作中需要的能力。整体来说，传统的学校教育实践性较强，能给学生创造更多的环境，锻炼其动手能力。

（六）慕课在我国当下教学中的应用

慕课发展势头迅猛，但目前在中国的应用还处于学习和准备阶段。我国的慕课发展与国外有很大差距，而且在任何西方的事物进入中国时，我们都要考虑其是否符合中国人的需求和习惯。慕课的实行需要学习者有很强的学习动机和兴趣，否则正如当下的现状，慕课注册率很高，但学习完成率却非常低。

目前，我国对慕课的使用主要是翻转课堂。翻转课堂又称反转课堂，是指学生在课外完成知识的学习，课堂变成了师生、生生之间的互动、答疑的场所，颠覆了传统的教育模式，从而达到更好的教育效果。慕课下的反转课堂改变了以往“齐步走”的老路子，学生可以根据自己的知识背景通过互联网选择优质的资源，教师的职责变成了解答学生问题，引导学生进行逻辑性学习和知识运用。教师安排课下学生在慕课上学习的内容，基础薄弱的学生可以多看几遍，不懂的在课堂上进行咨询；基础较好的学生可以按照教师的引导运用知识并学习下一节的新知识。这样不仅能节省教育成本，而且可以更好地因材施教。

传统教育延续了几千年，虽然存在一些弊端，但是其教育效果也是非常显著的。在中国，教育改革不能“一刀切”，应该将传统教育与慕课下的翻转课堂相结合，对于理科或逻辑性较强的课程可以用创新的方式进行，而对于文科类课程，尤其是语文，需要有细腻的情感表达，这些课程在必要时也要用传统教育方式对学生进行引导。所以，在高校中应该实行传统教育与网络资源共享相结合的混合式教学。只有将两者有机地结合起来，才能有效地实施高校教育。

慕课的研究与实践展望可扫描二维码学习。

（七）慕课的发展喜忧参半

回顾慕课的发展，从 2008 年的最初诞生，到 2011 年的闪亮登场，到 2012 年的“慕课之年”，再到 2013 年的“中国慕课元年”，从最初的“颠覆大学教育”“高等教育海啸”等狂热宣传到“在线教育的新模式”“教育技术的新发展”等日趋理性的认识，慕课已成为数字化时代技术赋能的教学环境下个体学习、发展、获得竞争优势的有效途径，也为教师职业发展提供了新的机会和渠道。慕课以一个舶来词汇席卷中国，翻阅近几年的报刊，“慕课”热到让人无法想象的程度，人们畅谈“慕课”的前世今生及其对中国高等教育可能产生的冲击与影响、“慕课”的发展前景等。京沪等地多所知名高校高调宣布加快推进“慕课”建设，成立“慕课”开发部门，推出自己学校的品牌“慕课”，生怕自己落在后面。

“慕课”最大的时代意义就是打破了优质教育资源的垄断性，使得人人都具有了接受优质教育资源的可能性和条件，这是一个优质教育资源普及化、民主化、平民化的过程，是时代发展进步的表现。在技术无孔不入的今天，人们要警惕对网络技术的依赖与崇拜，不能天真地认为网络技术总是好的，能够解决我们的所有问题。就教育而言，技术依赖与崇拜的最大影响就在于存在这种思想的人们过分迷信、迷恋技术对提高教育质量的作用，这种技术至上论的结果就是让教育内容变得肤浅，让教育本身快餐化、程序化。因此，恰当的技术运用，可以让教育插上思想飞翔的翅膀；而过度的技术介入，则是教育的灾难。

在摒弃技术依赖与技术崇拜的思路下，我们可以对“慕课”有一个基本的判断：基于网络技术的“慕课”是一种教育模式的创新，适度发展精品“慕课”，有利于优质教育资源的普及，对现实教育教学既是有益的补充，也是一种促进；但如果把“慕课”的意义无限拔高，把“慕课”描绘成未来教育发展的方向，甚至幻想用“慕课”取代现实教育教学，进而用这些美好的幻想影响教育决策，在“慕课”建设上开展“烧钱运动”，恐怕就是相当危险的事了。“慕课”从热到冷的案例再次说明，在对待新生科技事物或模式时，理性与热情同样重要，热情能让人不顾一切往前冲，而理性则会让人们往前冲的步伐更加稳健。

第四节　现代远程教育演变

一、现代远程教育概述

（一）远程教育的定义

远程教育，曾经在相当长一段时间里被称为远距离教育，其实这是同一个词汇（即 distance education）。关于远程教育的定义，有多种不同的说法。例如，有一种说法，远程教育是指将课程传送到校园外的一处或多处学生的教育。又如，远程教育是指学生和教师、学生与教育组织之间通过传播媒介进行通信联系和系统教学的一种形式，授课者和学生之间有一定的距离，这个距离既可以指空间位置，即不在同教室；也可以指时间上的差异，即老师在某一天授课，课程可以在此后的某一时间传输给学生。

教育部“中国现代远程教育发展战略研究”项目主持人、清华大学熊澄宇教授汇集了历史上早期联合国教科文组织、霍姆伯格和德斯蒙德·基更等组织和学者的三种不同的说法，下了一个定义：

远程教育，或称开放教育、远距离教育，泛指教育在地域间的开放。致力于通过教学手段解决分隔两地的教育沟通。或者说，学习者与教师处于准永久性分离状态的学习模式称为远程教育。

（二）远程教育的发展

远程教育经历了三个发展阶段：

（1）第一代的远程教育诞生于20世纪的早期，称为函授教育，几乎与铁路、邮政同期诞生。教师把教材寄给学生，学生自学后，把作业寄回给教师，教师再把批改、审阅的意见寄给学生。由于当时邮政的落后，师生之间的反馈延续时间较长。

（2）第二代的远程教育是广播电视教育，在我国起始于1960年，广播电视大学就是以这种第二代远程教育形式为主的教育。这种形式最大的缺陷是单向传播，不能适时双向沟通。

（3）第三代远程教育是以信息技术为标准的现代远程教育。现代远程教育是指不在同一教室的教师和学生通过音频、视频进行授课和交流的过程，它不受时间和空间的限制。

二、现代远程教育教学系统构成

现代远程教育教学系统从教学的角度看，主要以远程授课子系统、自主学习子系统、学习支助子系统、学习测评子系统为核心，通过远程教学管理系统对其进行管理。所有这些系统互相配合，构成一个完整的远程教育教学系统，如图4-10所示。

（一）远程授课子系统

远程授课子系统集合了多媒体视频和音频效果，提供了多种形式的多媒体素材，拥有强大的检索功能。教师可以根据需要制作教程和教案，也可以随时增删和修改教程内容。而学生可以通过互联网根据个人情况，以课程点播的方式进行学习。

（二）自主学习子系统

自主学习系统是学生利用远程教育系统的通信网络和终端设备对教学材料进行自主学习的系统。它不受时空限制，学习方式灵活。自主学习子系统的学习材料通常包括教学网页、课件和视频点播等。

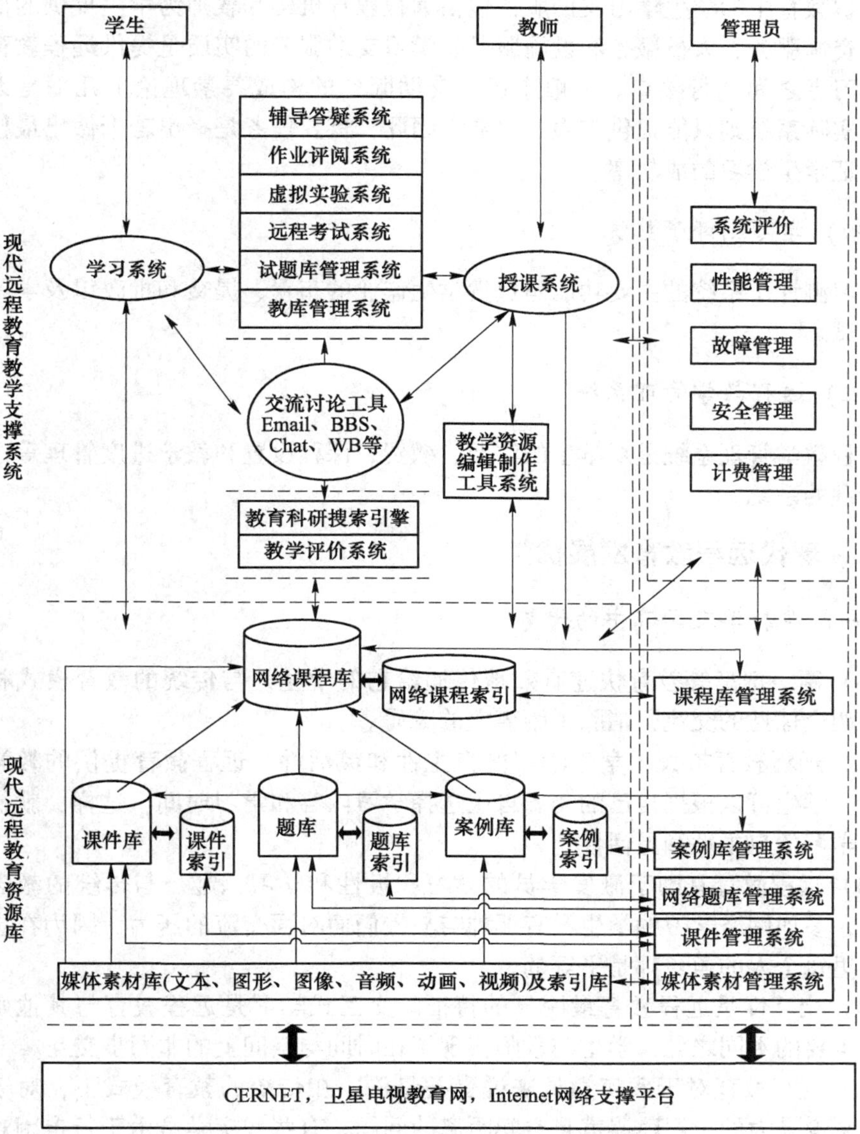

图 4-10　远程教育教学系统示意图

（三）学习支助子系统

学习支助服务系统是现代远程教育中一个重要的组成部分，它的主要功能是远程教学院校及其代表教师为远程学生提供的以师生之间或学生之间的人际面授和基于技术媒体的双向通信交流为主的各种信息的、资源的、人员的和设施的支助服务的综合。

远程教育中的学生学习支助服务包括远程教育机构和教师为学生提供的信息服务、资源服务、人员服务和设施服务。学习支助服务的实质是提供远程教育机构与学习者之间进行接口。一般来讲，支助服务的构成要素理论上几乎是无限的，而实际系统则只能提供有限的服务，因此，重要任务是择出若干做出最佳组合来保证学生学习的成功率。

（四）学习测评子系统

学习测评子系统的主要功能是负责学生作业的布置、提交和批改以及学习效果的测试。

（五）远程教学管理系统

远程教学管理系统是对学生的注册、缴费、课程设置和教学进度管理等进行综合管理的系统。

三、现代远程教育发展优势

（一）在教学及学习中的优势

（1）网络把高等教育快速有效地传递给它的学生，与传统的教育模式相比它更强调全球性的交流，消除了距离上的障碍。

（2）远程教育扩大了学生学习的自主性和灵活性。远程教育提供的教学内容丰富，学生可以根据自己的需要自主选择学习内容和学习时间，这样，就扩大了学生学习的自主性和灵活性。

（3）远程教育有助于激发学员的学习积极性和学习兴趣。与传统的教学模式相比，参加网络学习的学生没有那种与教授们面对面交流的压力，因为在虚拟的环境里每个人的角色都是平等的。

（4）交互性是远程教育最明显的特征。交互式学习是远程教育与其他媒体教育最重要的不同之处，学生与教师实现了在时间与空间上的非同步交互。

（5）远程教育对于残疾学员来说受益最深。在传统的教育模式下，对于残疾学员来说最大的学习障碍就是空间距离的问题。有些残疾学员由于行走困难等不便，不得不放弃自己渴望受教育的梦想。但是远程教育消除了这种障碍，使残疾学员们接受高等教育的梦想得以实现。

（6）远程教育有益于发展终身教育和继续教育。对于在职的成人来说，远程教育因为打破了时空界限因而具有极强的开放性，有助于扩大学员的年龄范围和地域界限。

（7）远程教育具有消费上的竞争优势和排他性，遵从“以人为本”的教育理念。

(8) 远程教育的重要意义在于教育的广泛性、平等性。监控力度公平化，“班级里”没有“前排”“后排”之分，教师对待每个同学都是平等的，视听效果也是平等的。

(9) 教师控制手段和方法更加科学化。教师起到对学习者的帮助和促进作用，控制手段减弱，旨在发挥学生的主体性。

(二) 在国家发展过程中的优势

(1) 使我国不脱离国际轨道。国际上一些教育家预言：“将来的教育是远程教育的世界。”远程教育的发展具有全球性的发展趋势，它解决了教育资源贫乏、实现资源共享的难题，许多国家已经把远程教育作为重要的战略决策。远程教育对于不发达国家和发展中国家更具有重要的现实意义。

(2) 提高综合国力。中国企业要走向世界，其经济行为就必须遵从世界市场经济行为规则，就必须要有一批国际化的人才推进企业与国际接轨的进程。面对全球化的竞争，必须拥有高素质的人才才能立于不败之地，这就需要现代化培训手段，而远程教育将为我们的培训方式注入新的活力。

(3) 达到科教兴国，实现共同富裕的目的。在西部发展远程教育、高等教育的网上教育与传统的大众传媒相结合，比较适合我国国土辽阔、各地信息条件不平衡的国情；高等院校与当地社会、政府和企事业单位合作开展远程教育，可以密切与社区的联系，为当地社会发展服务，为科教兴国服务。

四、掌握教育大数据与个性化学习

(一) 认识大数据和教育大数据

大数据是目前科技领域、教育领域备受关注的研究热点。联合国于2012年发布了名为《大数据促发展：挑战与机遇》白皮书，书中指出：“大数据时代已经到来，大数据的出现将会对社会各个领域产生深刻影响。”确实大数据在人类的生产、生活、教育、科技等各个领域逐渐显示出其巨大潜力。目前大数据尚属新生事物，处在一个初始发展阶段，没有形成统一的认识。有人认为，大数据所涉及的数据量规模巨大到无法通过人工在合理时间内截取、管理、处理并整理成为人类所能解读的信息（Wikipedia，2014）。大数据的核心特征常被概括为“4V”，即数据量大（volume）、输入和处理速度快（velocity）、数据多样（variety）和精确性（veracity）(刘雍潜等，2014)。

(二) 基于大数据的个性化学习

大数据在教育领域有其潜在的巨大发展空间，有待人们不断探索与实践。有学者曾提出“教育大数据”的概念及大数据的教育应用领域，如利用大数据分析技术支持个性化学习。大数据分析技术一般按照“数据采集—数据分析与统计—数据可视化描述”流程进行。目前，国内外已经有一些项目利用大数据进行学习分析并实践个性化学习，如“Dream BoxLearning”“Civitas Learning”“My Lab/Mastering”等。大数据使教师和机器能够了解每个学生的真实情况，从而为其提供个性化的学习资源、学习活动、学习路径、学习工具与服务等（杨现民等，2016）。有学者认为，大数据对实现个性化学习的价值体现在五个方面：完善个性化的学习者档案、分析预测个性化的学习行为、优化个性化的教育决策、改善个性化的学习评估、提供个性化的学习反馈及建议，并构建了基于大数据的个性化学习体系框架（杨雪等，2016）。此个性化学习体系框架从下到上共分为基础数据层、统计描述层、教育测评层与应用服务层四个层次。

（1）基础数据层是整个框架体系结构的最底层，数据是大数据分析技术的前提和基础要素，其功能是从各种基础数据库，如学习平台数据库、人口基本信息资料库、行为数据库等采集、提取相关数据并为上一层提供基础数据的支撑作用。

（2）统计描述层将从基础数据库中提取的精准数据进行大数据挖掘和分析，形成各类信息（如行为模式、教育内容、学习成果等）的统计描述，为上层测评提供数据统计源。

（3）教育测评层基于统计描述层的统计结果利用大数据分析技术对学习者的能力、态度、学习风格、社交等方面进行多元评价，为上层的个性化服务提供评价结果数据源。

（4）应用服务层是本体系框架的最高层，是面向终端的一个层次，为学习者实施个性化学习服务，包括优化个性化学习策略、提供个性化学习反馈与建议、预测个性化学习行为及完善个性化学习者档案等。

纵观基于大数据的个性化学习体系框架，每个层次都是以数据为基础，每层使用下层的数据并为上层提供数据服务，这就是大数据分析技术的核心所在。同时，该框架也充分体现了上述提到的大数据分析技术流程。

（三）了解虚拟现实技术与情境学习

近年来，情境学习成为学习科学领域研究的重要内容之一。情境学习理论认为知识是学习者在一定的情境中通过活动获得的，知识具有情境性，学习是一种情境化的活动。情境学习理论强调知识与情境之间动态相互作用的过程。Brown等人认为，知识与活动是不可分离的，活动不是学习与认知的辅助手段，它是学习整体中的一个有机组成部分，可以理解为学习者在情境中通过活动获得了知识，学习与认知本质上是情境性的（张振新等，2005）。情境学习具有以下特点：（1）提供能反映知识在真实运用中的真实情境；（2）提供真实的活动；（3）提供专家作业和过程模式化的通路；（4）提供多样化的角色和问题情境；（5）支持知识的合作建构；（6）在临界时刻提供指导和支撑，即搭建支架；（7）促进反思，以便有可能形成抽象；（8）促进清晰表达，以便使缄默知识成为清晰的知识；（9）在完成任务时，提供对学习的整体评价（蒋家傅，2005）。

近年来，我国开始重视虚拟现实技术在教学中的应用，截至 2016 年教育部已批准了 300 个国家级虚拟仿真实验教学中心，2016 年因此也被称为“虚拟现实元年”，即“VR 元年”。虚拟现实技术也被称为“沉浸式多媒体”或“计算机模拟现实”，被认为是 21 世纪重要的发展学科以及影响人们生活的重要技术之一，是一种综合计算机图形学、人机接口技术、传感器技术以及人工智能技术等多领域成果的新技术，目标是提高人机交互的功能，达到真实的视觉、触觉、听觉和嗅觉体验效果（刘德建等，2016）。虚拟现实技术具有沉浸性、交互性和想象性三大特点。

随着信息技术的发展，研究者越来越关注如何利用虚拟现实技术开展情境学习。利用虚拟现实技术可以为学习者创设虚拟学习情境，模拟、再现真实情境，为学习者扮演各种角色、参与社会化活动提供技术支撑。在“创设学习环境”的教学隐喻下，真实的任务情境、丰富的资源工具成为教育和教育技术界研究的热点问题。其中，情境可以是真实的工作场景，或者高度真实，或真实工作环境的“虚拟”的替代品，如影像或多媒体程序。目前，互联网、超文本、虚拟现实等技术给情境认知与学习提供了更为丰富的支持，可以以现实和虚拟的方式与他人进行交流；可以更好地表达和展示学习收获（贾义敏，2011）。虚拟现实技术为情境学习的发生提供技术支持，利用仿真技术创设高度逼真的场景，学习者在场景中，在与师生、资源、媒体的交互作用过程中习得知识，获得技能，增强学习者的学习积极性和学习沉浸感。虚拟现实技术能够提供丰富的感知线索以及多通道（如听觉、视觉、触觉等）反馈，帮助学习者将虚拟情境的所学迁移到真实生活中，满足情境学习的需要（Huang，et al.，2011）。

（四）掌握人工智能与适应性学习

人工智能已成为计算机领域研究的热点问题。目前，人工智能时代已经来临，人工智能就在我们身边且无处不在。例如，利用人工智能技术实现美颜艺术处理的手机拍照 APP；在线购物时，淘宝、当当、亚马逊等电子商务网站使用人工智能技术为网民推荐最适合的商品；今日头条等新闻类 App 依据人工智能技术向用户推送最适合的新闻资讯；谷歌、百度的搜索引擎利用人工智能技术已升级为智能搜索的新高度；人们常用的谷歌、百度在线翻译也是人工智能的应用实例。

人工智能是一门非常复杂、抽象的科学，其中机器学习、深度学习是人工智能的重要分支。人工智能（Artificial Intelligence）简称 AI，从科学的角度来说，人工智能是研究、开发用于模拟、延伸和扩展人的智能的理论、方法、技术应用系统的一门科学。这门科学的研究范围包括语言识别、图像识别、专家系统和我们最熟悉的机器人等（李连德，2016）。人工智能以大数据为基础，它不仅是一次技术层面的革命，未来它将与重大的社会经济变革、教育变革、思想变革、文化变革等同步（李开复等，2017）。

目前，世界各国政府提倡以实现个性化学习为教育最终目标，个性化学习被认为是人类面临的困难挑战，而自适应学习技术是实现个性化学习的有效途径（董晓辉等，2017）。自适应学习技术是利用自适应学习系统中的软件技术和平台支持学习者进行个性化、适应性学习。适应性学习指的是以学习者为中心，依据学习者个性化的学习特征、学习风格，满足学习者自身学习需求、促进自身发展的一种学习形式。它是学习者以主动自觉的学习态度，自我制定学习计划、自我选择学习策略、自我掌控学习进度并进行自我监督和自我评价的学习过程。适应性学习是以个性化学习为核心的基于资源的学习，教学资源（包括文本、图像、声音、视频、CAI 软件等）可以适应各种学习者的需要和背景而进行不同的组合；适应性学习还需要高级的数字化技术及智能技术的支持。适应性学习对学习环境的要求可归纳为丰富的媒体表现形式、良好的适应性、敏感的反馈系统、便捷快速的通信。这必然要求在学习环境中广泛应用多媒体、人工智能、网络通信等高新技术（葛彦强，2015）。由此可知，利用人工智能、大数据等先进技术可为自适应学习提供根据学习者不同需求能够进行资源智能组合、最优资源推送；依据学习者学习风格及学习困难能够进行学习策略、学习方法等智能推荐；针对学习结果能够进行智能评价及智能补救等一系列的智能学习支持服务。虽然，目前自适应学习技术处于初步研究阶段，但是随着人工智能、教育大数据等先进技术的推进与融合，必将为学习者提供更加精准、智能化的个性化学习服务。

五、在线开放课程

（一）“互联网+”时代：重构教育流程

1. “互联网+”催生教育变革

“互联网+”理念自 2012 提出一直广受各界关注，李克强总理在 2015 年年初的《政府工作报告》中首次提出“互联网+计划”，意味着“互联网+”开始被提高到了国家战略层面。“互联网+”中的互联网是指一种以大数据、云计算和人工智能为代表的新型信息技术，而“+”则代表互联网对各行各业的变革作用，通过互联网的渗透来催生传统行业的变革和发展。比如“互联网+通信”塑造了 QQ、微信这些广为人知的即时通信平台，“互联网+零售”成就了京东、阿里巴巴这样的电子商务巨头，“互联网十美食”催生了美团、饿了么等饮食供应商，“互联网+旅游”造就了去哪儿网、途牛网等在线旅游经营商。显而易见，这些传统的行业在互联网的催化作用下发展得非常迅猛。

相对而言，教育是最为保守的传统行业之一。纵观我们所经历的教育信息化：尽管教育部一直呼吁倡导“三通两平台”工程的建设、数字化校园、微课、慕课、网络备课、网络教研、一师一优课、一课一名师和仿真实验实训等，但学生自主学习能力还是没有加强，学生的课业并未减轻，优质的教育资源仍未均等化，教师的教学模式也未发生实质性的改变。我们不能单纯地认为教育是无法发生变革的，只能说以往的互联网发展对教育的冲击力度还不够强大，还不足以从本质上改变教育的整个生态环境，更新教师的教学观念。但是，当信息技术已经进入我们生活中的方方面面，“互联网+”思路的提出，促进了教育教学创新改革。利用互联网环境的新型学习方式，如移动学习、泛在学习、新媒体学习，已在不知不觉渗入人们的生活和学习中。

2. “互联网+教育”本质特点

把“互联网+教育”定义为一种新型教育形态，反映了“互联网+教育”的本质。“互联网+教育”并非仅仅是互联网、移动互联网技术在教育上的应用，也不仅仅是教育用互联网技术建立各种教育学习平台，而是互联网、移动互联网与教育深度融合，是推动教育进步、效率提升和组织变革、增强教育创新力和生产力的具有战略性和全局性的教育变革。但是，“互联网+教育”绝不会取代现行的全部教育。现行教育中人与人的思维、情感和个体的生活性相互影响和促进，是先进的视频教育和人工智能所不能代替的。

“互联网+教育”作为一种新型教育形态，具有五个典型特征：

（1）形成跨界连接。“互联网+”中的“+”表达的就是一种跨界，是由此及彼的连接，在跨界连接基础上产生一种新形态。

（2）促进创新驱动。“互联网+教育”体现的是用互联网思维对教育整体及部分创新，使教育发生质的变革，达到质变的飞跃。

（3）重组优化关系。“互联网+教育”打破原有的各种关系结构，对其优化重组，使师生关系、教育机构与学习者的关系发生根本变化，升级到更高水平。

（4）整合扩大开放。“互联网+教育”使教育走出学校，跨越地区、国家，全球连成一片，实现了真正的开放。

（5）重构生态平衡。教育的生态性表现为多元、多样、自然、进化、渐进、质变等。“互联网+教育”使教育上述特性更突出、更具操作性（秦虹等，2016）。

（二）“互联网+”视域下新技术对远程教育的影响

“互联网+”时代，互联网是一种社会“操作系统”，并且与具有创新性、颠覆性特征的新技术对远程教育产生了深远的影响。虽然“互联网+”的提出是面向经济、工业、农业等社会领域，没有专门提及教育领域，但是，互联网与远程教育的融合一直在路上。远程教育与互联网的关系是远程教育+互联网，即互联网只是远程教育的一个载体、平台（工具）或环境，这也符合远程教育发展的需要。但是，由于“互联网+”技术生态的形成和发展，促使当前远程教育与互联网之间的关系发生了转变，即“互联网+远程教育”，互联网是远程教育的基础，远程教育的发展应遵循互联网逻辑和规律，远程教育应鼓励创新的互联网思维，以符合互联网技术生态环境的特征和要求等。

新技术对远程教育的影响主要有：技术推动教育发展的历史进程，远程教育的发展积极融入“互联网+”的环境中。根据国家互联网发展战略和政策，按照互联网的创新思维、发展规律和内在运行机制，在各种互联网环境中的新技术的支持下，创新远程教育理论体系，开发远程教育技术、系统和平台，以实现远程教育的目标。“互联网+”时代新技术表现出来的特性包括连通性、开放性、泛在性、感知性和颠覆性。

第五章 现代教育媒体探析

第一节 媒体与教学媒体

一、媒体

媒体一词来源于拉丁语“medium”，音译为“媒介”，意为“两者之间”，它是指信息在传递过程中，从信息源到受信者之间承载并传递信息的载体和工具。

也可以把媒体看做实现信息从信息源传递到受信者的一切技术手段。媒体有两层含义：一是承载信息的物体；二是指储存和传递信息的实体。

媒体是指载有信息的物体。没有承载信息的物体，例如，一张白纸、一张空白的光盘等都不能说是媒体，而只能说它们是书写或记录的材料。载有信息的纸张、光盘、磁带才能称为媒体。习惯上把媒体分为硬件和软件两大类：硬件是指那些存储传递信息的机器和设备，如照相机、幻灯机、投影机、电视机和计算机等；软件是指那些能储存与传递信息的投影片、纸张、光盘、磁带、计算机软件等。硬件与软件是不可分开的统一体，必须配套使用，才能发挥储存与传递信息的功能。对媒体的本质理解如图 5-1 所示。

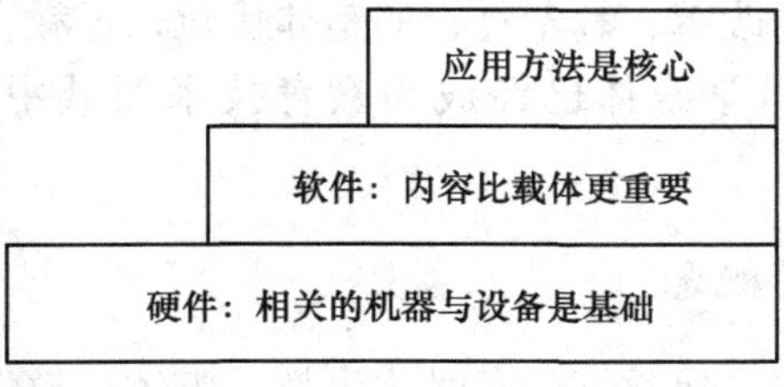

图 5-1 对媒体的本质理解

关于媒体更具体的理解，可以参考国际电信联盟对媒体的解释，它把媒体分为五种类型。

（一）感觉媒体

感觉媒体指的是能直接作用于人们的感觉器官，从而能使人产生直接感觉的媒体，如文字、数据、声音、图形、图像等。

在多媒体计算机技术中，所说的媒体一般指的是感觉媒体。在教育技术研究中，我们关注的重点也是感觉媒体，如研究其对学习内容加工的影响、对学习者的认识影响等。

（二）表示媒体

表示媒体指的是为了传输感觉媒体而人为地研究出来的媒体，借助于此种媒体，能有效地存储感觉媒体或将感觉媒体从一个地方传送到另一个地方，如语言编码、电报码、条形码等。

（三）表现媒体

表现媒体指的是用于通信中使电信号和感觉媒体之间产生转换用的媒体，如输入、输出设备，包括键盘、鼠标、显示器、打印机等。

（四）存储媒体

存储媒体指的是用于存放表示媒体的媒体，如纸张、磁带、磁盘、光盘等。

（五）传输媒体

传输媒体指的用于传输某种媒体的物理媒体，如双绞线、电缆、光纤等。

二、教学媒体

教学媒体是教学过程的重要元素，是教育技术形成和发展过程中逐渐形成的概念。在今天的信息化社会中，教学媒体的不断更新和丰富，对人们教育教学观念的变革、教学模式的改革、教学过程的整体优化以及教育教学效率的提高等方面的影响越来越大，教学媒体已经成为教育技术领域中一个十分重要的研究课题。

（一）教学媒体的概念

媒体被用来存储与传递教学信息时称为教学媒体。教学媒体是载有教学信息的媒体，是连接教育者和受教育者双方的中介物，是人们用来传递与取得教学信息的工具，具有明确的教学目的、教学内容、教学对象。例如，专门用于教学的电视机、计算机和网络就是教学媒体。教学媒体是学习资源的重要组成部分。

一般的媒体发展成为教学媒体要具备两个基本要素：

（1）媒体用于储存及传递以教学为目的的信息时，才可称为教学媒体，其既服务于特定教学目标，又服务于教师或学生这些特定的对象。

（2）当媒体能用于教与学活动的过程时，才能发展成为教学媒体。

（二）教学媒体的分类

对教学媒体进行分类，是为了更好地在教学中选择和使用这些媒体。因此，对媒体的分类应该以教学过程中的要素为依据，常见的分类方法有如下几种。

1. 根据使用媒体的感知器官分类

这种分类方法从教学内容出发，清楚地表明了教学媒体的信息表现能力与特点。根据这一分类的结果，教师可以有目的地选择教学媒体来展示教学内容。

（1）视觉媒体：指发出的信息主要作用于人的视觉器官的媒体，如印刷品、图片、黑板、教科书、挂图、标本、幻灯、投影等。

（2）听觉媒体：指发出的信息主要作用于人的听觉器官的媒体，如口头语言、录音机、广播等。

（3）视听觉媒体：指发出的信息主要作用于人的视觉器官和听觉器官的媒体，如电影、电视、计算机等。

（4）交互多媒体：指使用多种感官且具有人机交互作用的媒体，如多媒体计算机。

2. 根据教学组织形式的需要分类

这种分类方法为教师在不同的教学形式、规模下选择教学媒体提供了有效的指导，教师可以根据自己的教学活动、学生数量合理地选择媒体，争取最佳的教学效果与效率。

（1）课堂展示媒体：如投影、录像、黑板等。

（2）个别化学习媒体：如印刷品、录音带等。

（3）小组教学媒体：如图片、投影、白板等。

（4）远程教育媒体：如广播电视、计算机网络等。

3. 按媒体的物理性质分类

根据现代教学媒体的物理性质，教学媒体可以分为四大类。

（1）光学投影教学媒体：包括幻灯机和幻灯片、投影机和投影片、电影和电影片等。这类媒体主要通过光学投影，把小的透明或不透明的图片、标本、实物投射到银幕上，呈现所需的教学信息，包括静止图像和活动图像。

（2）电声教学媒体：包括电唱机、扩音机、收音机、语言实验室，以及唱片、磁带等。它将教学信息以声音的形式储存、播放和传送。

（3）电视教学媒体：主要包括电视机、录/放像机、影碟机、录像带、视盘、学校闭路电视系统和微格教学训练系统等。它的主要特点是储存与传送的是活动的图像和声音信息。

(4) 计算机多媒体：包括计算机课件和多媒体教学资源等。它能在各种教学活动中实现文字、图表、图像、活动图像等教学信息的传送、储存与加工处理，与学习者产生互动，开展有效的教学活动。

(5) 网络流媒体：它可以实现基于网络的远距离教学，并且可以开展基于网络的协作学习、研究性学习等教学模式。

(三) 教学媒体在教学中的作用

教学媒体在教学中的作用包括以下几方面。

1. 给教学活动提供具体的经验

通过教学媒体展示教学活动涉及的教学内容，揭示事物发展的内因，给教学活动提供具体的经验，使抽象的语言、文字、符号的意义更加明确，使抽象事物的概念更加清楚。

2. 优化教育教学过程

合理使用教学媒体可为学习者创设优化的学习环境，使教学更具趣味性，可使教学在希望或需要的时空进行，缩短时间，提高效率，使学生学习的知识可以长久保存。

3. 使教学传递更加标准化

教学媒体可改变过去因教师或地域文化发展水平的不同造成的信息传递质量上的差异，使学生能够通过媒体获得相同的教学信息，为其进一步学习和发展打下相同或相似的基础。

4. 使教学更加生动有趣

教学媒体，特别是现代教学媒体，主要是用声音、画面等直观地呈现教学信息；特技效果、艺术手法及交互活动的较好运用可为学生提供更加丰富的感知；新颖的学习形式不仅能够激发学生的好奇心和求知欲，而且能增加感知深度，提高学习效果。

5. 使各种教学理论和学习理论得到更有效的运用

教学媒体，特别是教学软件在内容的组织和呈现方式上都是经过精心设计的，这样，可以反复推敲，认真研究，使已有的教学原则认知规律、学与教的经验和理论最大限度地贯彻其中，讲究方式、方法、效率和效果，从而使获得最佳的教与学效果成为可能。

6. 方式灵活，广泛适用

教学媒体的特性就是灵活性和适用性。对学与教来说，无论是集体的、小组的，还是个人的，都可打破时间、空间的限制，随时随地为学与教提供便利。

第二节　常用的现代教育媒体

一、投影型视觉媒体

投影型视觉媒体是教学中应用较早、使用率较高的现代教学媒体，它不仅能将抽象的概念形象化，还能把需要展示的视觉材料加以放大，以满足更多的人更仔细地观察。

（一）幻灯机

1. 原理

幻灯机是最早应用于教学且使用最为普遍的投影型视觉媒体，是利用凸透镜成像的光学原理制成的一种媒体设备（图 5-2）。光源发出的光通过聚光镜组后均匀而集中地投射到幻灯片上，幻灯片又通过其前方的放映镜头成像，在银幕上就得到了放大的影像。常见的幻灯机如图 5-3 所示。

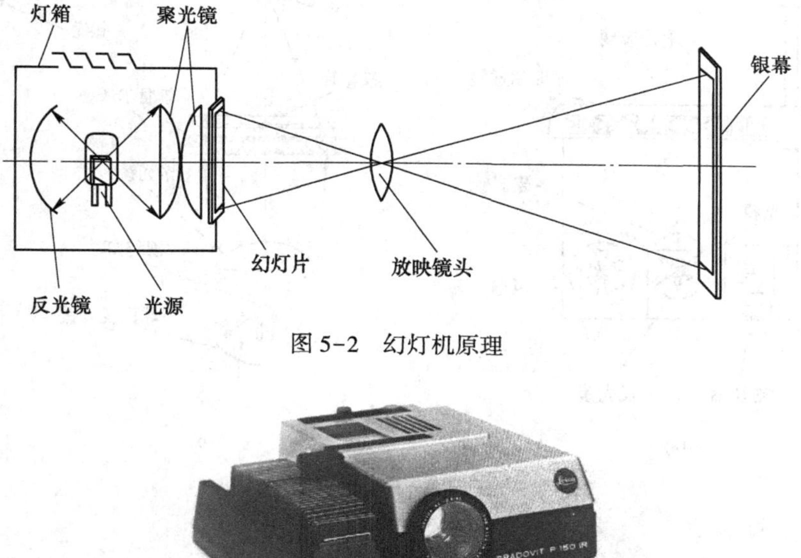

图 5-2　幻灯机原理

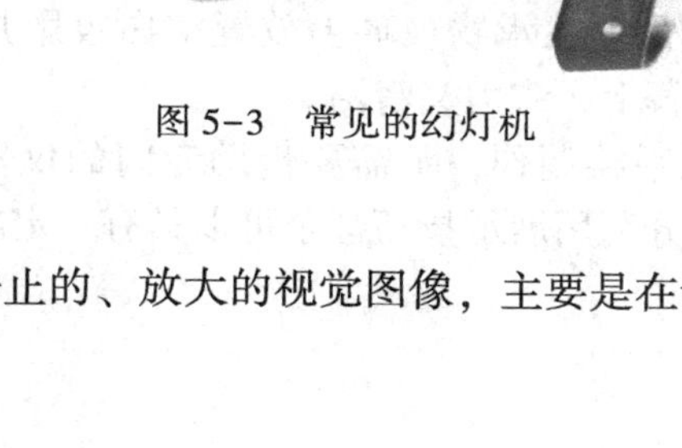

图 5-3　常见的幻灯机

2. 教学特点

幻灯机可以提供静止的、放大的视觉图像，主要是在认知目标的教学中提供对有关视觉刺激物的认识与鉴别，用于动作技能和情感领域的教学中，作用不如活动图像。学习节奏可以控制、使用顺序灵活，但对使用场地光线有一定要求，幻灯片的制作成本比较高。

（二）光学投影机

1. 原理结构

常见的光学投影机是在幻灯机基础上发展起来的一种媒体，也是利用凸透镜成像的光学原理制成的，如图 5-4 所示。由光源发出的光经过聚光镜和螺纹透镜组成的聚光镜组聚光，均匀照射投影片，投影片通过放映镜头成像，由平面反射镜反射到银幕上，获得放大的影像。常见的光学投影机如图 5-5 所示。

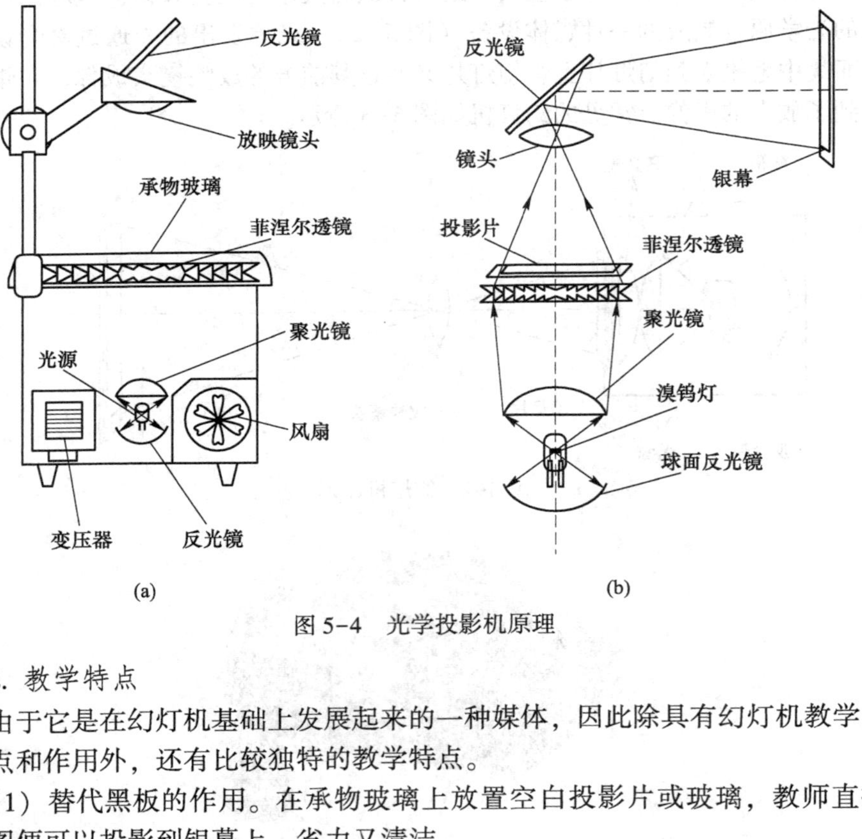

图 5-4 光学投影机原理

2. 教学特点

由于它是在幻灯机基础上发展起来的一种媒体，因此除具有幻灯机教学的一些特点和作用外，还有比较独特的教学特点。

（1）替代黑板的作用。在承物玻璃上放置空白投影片或玻璃，教师直接书写画图便可以投影到银幕上，省力又清洁。

（2）投影胶片可以手绘制作，不需要借助专门的仪器工具，简单容易。精心制作的投影片可以充分利用展示技巧甚至可以具有一定的动画效果，有利于知识的形象化表达。

图 5-5 常见的光学投影机

（3）可以进行教学演示。在承物玻璃上可以将一些较小的实物或实验直接放大演示，如化学反应生成有色沉淀物、电磁场分布演示实验等。

（三）数字投影仪器

数字投影仪用于放大投影数字图形图像信息，如 DVD、录像机的视频信息和计算机的数据信息，一般和其他设备一起构成一体化的多媒体教学环境。

1. 结构原理

投影仪可以分为三类：CRT、LCD 和 DLP 投影仪。我们以目前教学中应用最为普遍的 LCD 投影仪为例介绍其原理。

LCD 投影机即液晶投影机，其核心部件为 LCD 液晶板，是被动发光成像的。所谓液晶即介于液体和固体之间的物质，其本身不发光，工作物质受温度影响很大，其工作温度为-55~77℃。投影机利用液晶的光电效应，即液晶分子的排列在电场作用下发生变化，影响其液晶单元的透光率或反射率，从而影响它的光学物质，产生具有不同灰度层次及颜色的图像。

LCD 投影机分为单片液晶和三片液晶机。单片液晶投影机的结构原理如图 5-6 所示。光学系统把强光照射到液晶板上，信号源经过模数转换加到液晶板上，通过控制液晶单元的开启、闭合控制光路的通断，透过液晶板的光由投影镜头投射在屏幕上形成彩色图像。三片 LCD 板投影机原理是光学系统把强光通过分光镜形成 RGB 三色光，分别照射到 RGB 三色液晶板，最后三色 RGB 光通过棱镜汇聚到投影镜头投射在屏幕上形成彩色图像。

2. 教学特点

可以和各种视频以及数字设备组合，提供高亮度、高色彩、高清晰度的投影效果，使用灵活。

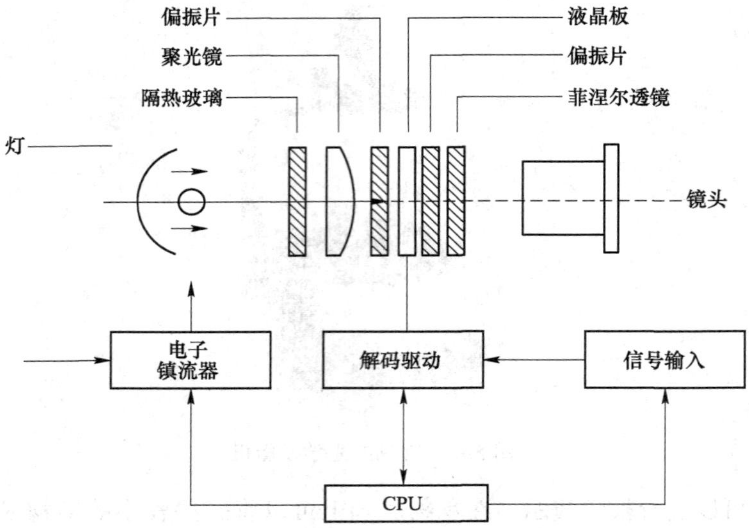

图 5-6 单片液晶投影机的结构原理

（四）视频展示台

视频展示台是对实物投影的重大改进，它为在课堂上投射各种媒体材料提供了便利的手段。使用者将实物（图示材料或投影幻灯片等）放在展示台面上，经展示台上面的微型摄像机拍摄，再经另外的投影机或大屏幕电视在荧幕上显示，就可以得到放大倍数大、清晰度高的图像。

一台普通的视频展示台包括三个部分：摄像头、光源和台面。在展示台背面还有一系列接口，而一些面向高端市场的展示台还包括红外线遥控器、计算机图像捕捉适配器、液晶监视器等附件。由摄像头将展示台上放置的物体转换为视频信号，输入到放映设备；光源则用来照亮物体，以保证图像清晰明亮；台板起放置物品的作用；接口用来输出各种视频信号和控制信号。高档的数字展示台通过计算机图像捕捉适配器与计算机连接，通过相关程序软件可将视频展示台输出的视频信号输入计算机进行各种外处理。视频展示台上的小液晶监视器便于用户直接观察被投物体的图像，在展示过程中不用另外准备监视器，也不用看着屏幕被投物体的影像。

视频展示仪可以应用在各学科教学中：文科类可以把繁多的教学资料、教学用各类图书版面直接置于展示台台面，通过灯光的应用、放大功能的调整，就可以清晰显示出来；化学、物理学科可以在展示台上直接进行一些实验，让每一个学生清楚观察；生物、医学科目可以通过展示台镜头的配用（显微镜头等）观察实物放大的图像。

二、听觉媒体

听觉媒体是采集、记录、播放声音的现代教学媒体，常用的听觉媒体有传声器、扬声器、功放、录音机、CD 激光唱机、MP3 播放器等。磁带录音机是前几年学校教学中使用最广泛的一种录音媒体，但现在教学中主要采用计算机进行录音。下面介绍在学校教学中最常用的听觉媒体及其使用方法。

（一）扩音设备

1. 传声器

传声器是一种把声音信号转换为电信号的电声器件，俗称话筒、麦克风。在扩音系统和录音系统中，用它拾取声源发出的信号。声音传输的质量与传声器有密切的关系，要求传声器的性能满足提出的要求（不同类型、不同用途的传声器要求不同）。

（1）几种传声器的结构和工作原理。1）动圈式传声器。动圈式传声器也称电动式传声器，频率范围一般在 50~10000Hz，优质的可达 40~16000Hz。动圈式传声器坚固耐用，噪声电平低，价格便宜，使用方便，因而在现代教育技术中得到了广泛的应用，结构如图 5-7 所示。2）电容式传声器。电容式传声器的频率范围很宽，一般在 20~18000Hz，接近人耳听觉的频率范围，并且频响平坦。它的灵敏度高、信噪比大、体积小而灵敏、结构复杂、成本高，多用于高质量广播、音乐节目的录音扩音中。3）无线话筒：无线话筒实际上由微型传声器（动圈式、电容式等传声器）和小型发射机组成。无线话筒的工作原理是传声器把声音转换成音频电信号，再通过小型发射机将其调制到高频载波上，通过话筒所带的软质天线发射。由于它的发射功率小，接收距离为 50~100m。

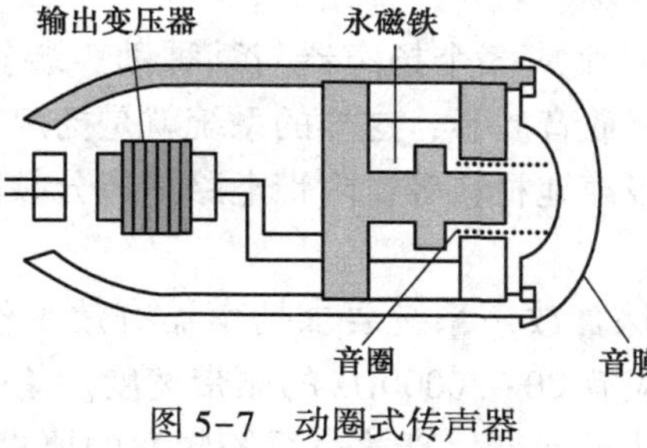

图 5-7　动圈式传声器

根据国家规定，无线话筒所使用的频率范围在 VHF 频段的 88~108MHz，以便与有调频广播的收录两用机配套使用。由于每一个无线话筒都有自己的频道，所以当相邻教室选用不同的无线话筒上课时，不会发生相互干扰。

使用无线话筒时，每个话筒都配备一台调频接收机接收调频信号，传输给扩音机或其他设备的音频输入使用，最后通过扬声器把声音播放出去。

无线话筒最大的优点是省掉传送电缆，它最适用于移动性声源的拾声。

（2）传声器的使用。1）注意阻抗匹配。传声器与放大器的阻抗最好相同，失配比在3：1以上，会明显影响传输效果。2）注意正确连接。传声器输出电压很低，为避免损失及干扰，应使用屏蔽线且连接要尽量短，一般高阻传声器的连线不长于10m，低阻传声器的连线不得超过50m。3）注意工作距离。传声器距声源20~30cm为宜，距离远些，音色柔和，混响感强；距离近些，语言清晰，听感亲切。另外，传声器还要远离扬声器，否则会由于声音的回授而出现尖厉的啸叫。

2. 扬声器

扬声器又称喇叭，是一种把电能转换成声能的器件。当把扩音机放大了的音频电信号加给扬声器时，扬声器的纸盆或振动膜就会产生相应的机械振动，从而在周围的空气中激发声波，产生声音。扬声器是扩音系统的最后一环，无论前面的传声器的扩音机性能如何好，如果扬声器性能不良，照样不能得到高质量的声音。所以，高质量的扬声器是高保真放音系统的一个重要条件。

目前，使用得最多的是电动式扬声器，电动式扬声器又分纸盆式和号筒式。

（1）扬声器的种类。1）纸盆式扬声器。纸盆式扬声器频率特性好、失真小、功率有大有小、价格适中，所以得到了广泛的应用。几乎所有的收音机、录音机、电视机中都使用这种扬声器。音乐厅、舞厅、室内广播等高质量的扩音系统，也都使用纸盆式扬声器。2）号筒式扬声器。号筒式扬声器俗称高音喇叭。它的工作原理与纸盆式扬声器相同，仍然是利用通电线圈在磁场中的受力运动而工作。号筒式扬声器的特点是效率高、输出音量大、辐射方向强、功率大；其缺点是频率特性差，一般为200~500Hz，所以它主要用于以语言广播为主的室外广播，如学校、广场、运动场、农村广播站等。

（2）扬声系统。将一个或多个扬声器与某种助声装置或某种附带电路组成一个整体的系统，以提高放音质量，这样的系统就是扬声器。其中，助声装置是指箱体、号筒、纸盆、吸声地材料等；附带电路是指分频网络、功率放大器、反馈电路等。

（3）分频网络。高保真放声系统要求扬声器有效工作频带能包括自然界中的各种频率的声音，即应有20~20000Hz的频带宽度。单个扬声器的有效工作频带是非常有限的，根本达不到高保真放声系统频宽的要求，只有将低音扬声器、中音扬声器和高音扬声器利用分频的方法组合，共同承担全频带的声音重放，以拓宽扬声器的有效工作频带。分频网络使每个扬声器工作在各自指定频段的任务，使各个扬声器共同完成全频带的声音重放。

（4）三维环绕立体声。所谓立体声，就是聆听到感受声源的三维（前后、左右、上下）定位的立体感。声音数越多，其环绕声效果越好，价格也越高。

3. 功放

功放俗称“扩音机”，其功能是对来自声源或前级放大器的弱信号进行放大，推动扬声器发声。功放是多媒体教室中必不可少的设备之一。

（1）功放的结构。功放内部由节目源选择键、频率均衡电路、前置放大器、音调控制器、立体声平衡调整、响度控制器、功能选择开关、低通滤波器、高通滤波器及保护电路等组成。

（2）功放与音箱的配接。功放与音箱的配接要素有功率匹配、功率储备量匹配、阻抗匹配、阻尼系数的匹配。如果在配接时做到上述四点，可使所用器材的性能得到充分的、最大的发挥。

（3）功率匹配。为达到高保真聆听的要求，额定功率应根据最佳聆听声压确定。我们都有这样的感觉：音量小时，声音无力、单薄、动态出不来，无光泽、低频显著缺少、丰满度差，声音好像缩在里面出不来；音量合适时，声音自然、清晰、圆润、柔和丰满、有力、动态出得来；音量过大时，声音生硬不柔和、毛糙、有扎耳的感觉。因此，重放声压级与声音质量有较大关系，规定听音区的声压级最好为 80~85dB，可以通过听音区到音箱的距离与音箱的特性灵敏度计算音箱的额定功率与功放的额定功率。

（4）功率储备量匹配。1）音箱。为使其能承受节目信号中的猝发强脉冲的冲击而不至于损坏或失真。这里有一个经验值可参考，所选取的音箱标称额定功率应是经理论计算所得功率的 3 倍。2）功放。电子管功放和晶体管功放相比，所需的功率储备是不同的。

（5）阻抗匹配。它是指功放的额定输出阻抗应与音箱的额定阻抗相一致。此时，功放处于最佳设计负载线状态，因此可以给出最大不失真功率；如果音箱的额定阻抗大于功放的额定输出阻抗，功放的实际输出功率将会小于额定输出功率。如果音箱的额定阻抗小于功放的额定输出阻抗，音响系统能工作，但功放有过载的危险，要求功放有完善的过流保护措施来解决，对电子管功放来讲，阻抗匹配要求更严格。

（6）阻尼系数的匹配。阻尼系数（KD）定义为：KD = 功放额定输出阻抗（音箱额定阻抗）/功放输出内阻。由于功放输出内阻实际上已成为音箱的电阻尼器件，KD 值便决定了音箱所受的电阻尼量。KD 值越大，电阻尼越重。当然功放的 KD 值并不是越大越好，KD 值过大会使音箱电阻尼过重，以致使脉冲前沿建立时间增长，降低瞬态响应指标。因此，在选取功放时不应片面追求大的 KD 值。作为家用高保真功放阻尼系数有一个经验值可供参考，最低要求：晶体管功放 KD 值大于或等于 40，电子管功放 KD 值大于或等于 6。

（7）使用功放的注意事项：

首先，正确选择输入信号。在多媒体教室中，一台功放要连接计算机、录像机、VCD/DCD 等多路输入信号，如要播放那路信号，则要在功放前面板上将输入信号置于相应的信号挡上。

其次，不可满负荷工作。使用功放时，不可将音量旋钮长时间置于最大，一般应控制在总负荷的 70%左右。刚开机时，不能将音量置于最大，否则容易损坏功放。在关机不用时，应将音量调至最小，这样下次开机时音量就不会过大，可起到保护功放和音箱的作用。

(二) 教学中的扩音系统

1. 有线扩音系统

有线扩音系统由话筒、扩音机和扬声器等组成，用于校园广播、学术报告和课堂教学的扩音，其构成如图 5-8 所示。

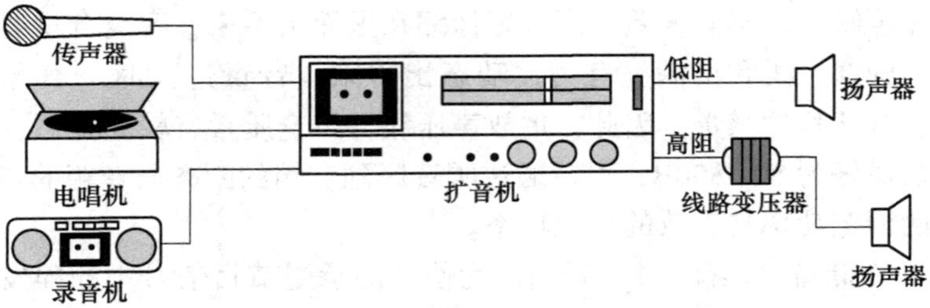

图 5-8　有线扩音系统

在课堂教学中，还可以将此系统简化为直接把有线话筒插入录音机的话筒插口，利用录音机所带的喇叭进行扩音。

2. 无线扩音系统

无线扩音系统由无线话筒、接收机和扬声器组成，如果接收机带有喇叭则无须再接扬声器。

在课堂教学中，可以用调频收音机作为接收机，只有无线话筒的发射频率落在收音机的接收范围内，则只需一个无线话筒和一个收音机就能组成一个简单的无线扩音系统，使用非常方便，但要注意以下问题：

(1) 由于无线话筒常为电容式话筒，要正确安装电池。

(2) 要调整好接收频率，以得到满意的效果。

(3) 相邻课室避免使用频率接近的话筒。

(4) 使用过程中，无线话筒的天线应避免与金属物体接触。

(三) 录放及调音设备

1. 录音机

20 世纪 80 年代后，盒式磁带录音机在语言教学、丰富学生的精神生活方面发挥了巨大作用，而且将继续发挥作用，并逐渐向数字化方面发展，部分地被其他数字媒体所替代。

（1）录音机的原理。磁带录音机是以磁的形式记录或重放音频信号，其主要过程是进行电/磁变换。录音就是把音频电信号转换为磁信号并记录在磁带上的过程，放音是把磁带上的磁信号还原成音频电信号的过程。

（2）录音方式。录音方式有机内话筒录音、外接话筒录音、收音录音、线路输入录音、双卡复录和复制机复录等。

1）机内话筒录音。盒式录音机几乎都内置有传声器——机内话筒。利用机内话筒进行录音，所录制的节目往往噪声较大、音质不好，这是因为录音机机械运动的噪声会被录下，同时也是因为录音机机内话筒的档次一般不高。

2）外接话筒录音。外接话筒录音是将话筒的连接插头插入录音机上的 MIC 插口，用远离录音机的话筒拾音后，通过录音机记录，外接话筒录音只是用外接话筒代替了机内话筒，因而录音操作与机内话筒录音相同。录音机 MIC 插口插入插头后，机内话筒即断开，因而外接话筒录音可以有效地避免录入录音机的机械噪声。

3）收音录音。收音录音是利用收录机收录电台节目。

4）线路输入录音。线路输入录音是指将其他设备输出的音频电信号，送入录音机的线路输入插口进行录音，录音机上线路输入插口可输入几十毫伏至几百毫伏的信号，可有效保证输入端的信噪比，获得高质量的录音效果，因而在具有线路输入和话筒输入两种方式可选择录音情况下，应优先选择线路输入录音。

5）双卡复录。双卡复录是用双卡收录机，一个带仓放音，同时用另一个带仓录音。

6）复制机复录。磁带复制机是快速复制录音节目的设备，由一个放音机芯和多个录音机芯组合而成，复制时不仅可以以正常走带速度的数倍速度快速复制，而且可以 A、B 面同时复制。复制机的录音仓有带抹音功能与不带抹音功能之分，使用不带抹音功能的复制机时，要先将已用过的录音带用专用消磁器消磁后再复制。

2. MP3 播放器

MP3 是“moving picture expert group，audio layer 3”的缩写，是一种采用高比率的数字压缩技术编码的数字音频格式。MP3 融合了传统音响技术和 IT 技术，它有着 CD 难以比拟的可重复复制的优势；与随身听相比，它的音质更好，外形更纤巧，存储的歌曲更多，尤其在网络时代能更方便地通过计算机下载或传输，因此 MP3 播放器具有许多模拟设备无法比拟的功能。

（1）MP3 播放器的种类。按存储介质分，MP3 播放器有 CD-ROM 和 Flash Memory 两类。

（2）MP3 播放器的使用。1）安装。安装指的是 MP3 播放器通过 USB 接口与计算机连接，安装管理程序（无驱型的则不需要安装管理程序）。2）传送音乐文件。安装后，通过管理程序将要传输的 MP3 文件复制或拖放到 MP3 播放器的位置上。虽然不同的 MP3 播放器的管理程序有差别，但大致原理都一样。当结束 MP3 文件的传输后，一般是先关管理程序，然后拔掉 USB 线，就可以开始操作 MP3 播放器进行放音了。3）播放。从显示屏上通过菜单键选择要播放的音乐文件。

有些 MP3 播放器具有 FM 收音功能，可以收听电台节目；有些增加了录音功能。

3. 调音台

调音台是录音、放音、扩音的重要音响设备，利用调音台对来自话筒或其他信号源设备的声音信号进行技术加工和艺术处理，然后馈送给录音机或其他扩音设备。它是多路前置放大器和信号处理设备的有机结合，是音响系统的核心。

三、视听媒体

常用的视听类教学媒体设备有电视机、录像机、摄像机、VCD、DVD 等。

（一）录像机

录像机（或简称 VCR）是一种装有活动录像带盒的录像机。它带有的磁带用来录制电视广播节目的声音及视频，留作以后播放。

1. 录像机的种类

录像机有多种分类方式：

（1）按磁带的宽度来划分，有 1 英寸带录像机、3/4 英寸带录像机、1/2 英寸带录像机、8 毫米带录像机。

（2）按走带方式划分，有开盘录像机、U 型录像机、VHS 型录像机，B 型录像机。

（3）按功用划分，有放像机、录像机、编辑机、便携式录像机、摄录一体化录像机。

（4）按性能档次划分，有广播级录像机、专业级录像机、家庭级录像机。

（5）按电路技术模式划分，有低带机、高带机、高低带兼容机。

（6）按制式划分，有 NTSC 制式（美国地区）、PAL 制式（中国、联邦德国等地区）、SECAM 制式（法国、苏联等地区）。

2. 录像机的使用

使用录像机时，应注意以下几方面：

（1）录像机一般放置于电视机附近，同样要注意干燥通风、避免阳光直射，还要注意不要放在扬声器、电动机等有强磁场的地方，以免磁头被磁化。

（2）录像机使用时间一般每次不要超过5小时，高温季节使用每次最好不要超过2小时。

（3）录像机应经常保持清洁。经常用软布擦拭外壳灰尘。在使用一段时间后应对录像机磁头进行清洗。清洗方法是：用棉棍蘸少许酒精或磁头清洁剂进行擦洗。注意切不可采用汽油擦洗，否则容易损伤磁头表面并导致带轮变质。

（4）录像机使用过程中，如需倒带、快进，必须先按“停止”键，否则传动机容易损坏。

（5）录像机停机后应拔掉电源插头，因为即使录像机不工作，其变压器也会消耗电能，长期如此，会影响变压器的寿命。

（二）摄像机

摄像机是进行光电转换的设备，它利用三基色原理，通过光学系统，把彩色景物的光像分解为红、绿、蓝三种基色光像，由摄像器件完成光信号到电信号的转换，然后进行信号处理，编码成彩色全电视信号，最后得到的标准信号可以送到录像机等记录媒介上记录下来，或通过传播系统传播，或送到显示器上显示出来。

1. 摄像机的种类

按使用特点分类：

（1）演播室/现场座机型摄像机。座机型摄像机体积较大，比较笨重，一般安装于底座或三脚架上才能操作。镜头的体积、焦距范围、相对孔径也大。常用于演播室，或其他位置相对固定的场所，这类摄像机一般为广播级。

（2）便携式摄像机。体积小、重量轻、携带方便，用三脚架或人体支撑拍摄均可。一般采用直流电池供电，也可通过交流结合器交流供电。可用于多种场合，如电子新闻采访（ENG）和电子现场制作（EEP）。这类摄像机有肩扛式（重量为3~10千克，一般为广播级或业务级）和手持式（重量为0.7~3千克，以家用为主）。

按质量档级分类：

（1）广播级摄像机。广播级摄像机一般用于电视台和节目制作中心，其质量要求较高，如清晰度700~800线，信噪比60dB以上，从镜头、摄像器件到电路等都是优等的，当然其价格相当高，一般在10万元人民币以上，如BVP-70P、DV-700P等。

（2）业务级摄像机。业务级摄像机一般常用于教育部门的电化教育及工业监视等系统中。其性能指标比较优良，原来采用单管（DXC-1640）和双管（DXC-1800），现在多为三管（DXC-M3A）或三片CCD（DXC-3000P、DXC-

6000P、DXC-M7、DXC-537），价格相对较低，一般在10万元人民币以下。

（3）家用级摄像机。这个档次的摄像机种类繁多，主要特点是体积小、重量轻、作用多、使用操作简便、价格低廉，一般在1万元人民币左右。其质量等级比不上广播级和业务级，多为单片CCD摄录一体机。在教学中也常使用此类型的摄像机制作节目或开展微格教学等。

按光电转换器件分类：

（1）光电导摄像管。主要器件为氧化铅管、硒砷碲管。

（2）固体光电传感器CCD。CCD取代摄像管是摄像机未来发展趋势。

按拍摄的用途分类：

（1）黑白摄像机。用于键控字幕或工业监视。

（2）彩色摄像机。用途最为广泛。

（3）红外线摄像机。用于夜间监控。

（4）X光摄像机。用于医疗、安检、无线影音传输系统。

按照摄像机的工作场合分类：

（1）社会治安监控摄像机。市场大、需求广。

（2）不适合暴露的场合。记者暗访摄像机、纽扣看字摄像机（也称无线影音传输系统）。

2. 摄像机的使用

使用摄像机时，应注意以下几方面：

（1）开机预热。启用机器时，应开机预热1分钟左右；然后打开镜头盖，这时寻像器上能看到镜头所对准的景物；通过调焦，使景物图像清晰。

（2）白平衡。设置白平衡是为了在摄像过程中使色彩得以正确还原而采取的步骤。数字摄像机一般设有自动白平衡和手动白平衡方式。自动白平衡调整是由摄像机根据照明光线的色温情况，通过内部处理器自动调整的；手动白平衡调整是选择一个不掺杂色，且不反光的白纸或纯白的物体，将其顺光置于光源下，将镜头对准白色物体，并使之充满画框然后根据菜单提示按下白平衡按钮，直至显示“OK”为止。

（3）光圈控制。光圈的控制有手动和自动两挡。处于自动光圈挡时，摄像机能根据被摄景物的平均亮度（如中央重点平均亮度）自动地调整光圈的大小，使摄像机始终获得正确的曝光量；但自动挡只适用于景物场面照度比较均匀的情况，在逆光摄影或景物与背景之间亮度差别很大的场合，还必须通过手动光圈控制，才能获得满意的曝光量，使图像清晰、层次丰富。

（4）聚焦。聚焦的目的是使被拍摄景物的图像最清晰。摄影镜头均具有一定的景深，即所拍摄到的图像总有一定的前后清晰范围，景深的大小与光圈大小、焦距长短、拍摄距离远近有关。光圈小、焦距短、拍摄距离远，则景深范围大，反之则小，其工作规律与照相机镜头的工作规律完全相同。聚焦也有手动聚焦和自动聚焦两种方式。自动聚焦方式最常见的是红外线式自动聚焦，它是以画面中央景物为对象进行调焦的，使用时要注意这点。如果主景物不在画面中心，最好用手动聚焦方式或者进行自动聚焦的锁定办法，使不在中央位置的主景物也获得清晰的图像。

(5) 变焦控制。变焦用于画面的推拉或景物的变换。变焦控制也有手动和自动两挡。手动挡适用于快速变焦或制作特殊效果时使用，自动挡适合于一般扒拉镜头的场合使用。

(6) 使用时既可以扛在肩上进行拍摄，也可以安装在三脚架上使用。若扛在肩上进行拍摄，必须注意摄像机的稳定性，以保证摄取的图像稳定；如拍摄近景或特写，最好是安装在三脚架上，才能确保拍摄画面的图像稳定，无晃动。

3. 摄像机拍摄要领

摄像机拍摄要领可概括为“平、稳、准、匀”。

(1) 平：画面要平。画面要平主要指所拍摄的画面要摆平，地平线要平，垂直物要直。

(2) 稳：画面要稳。画面要稳是指拍摄的画面要稳定，拍摄姿态大方，立好马步，拿稳摄像机，防止上下及左右抖动。广角镜拍摄较稳，容易掌握；长焦拍摄较容易抖动，较难掌握。

(3) 准：摄像要准。主要指拍摄的对象、范围、起幅落幅、焦点变化、镜头运动以及景深运用等都要准确。当使用者拿起摄像机时，就要考虑怎样拍，拍什么画面，所拍画面表达什么内容，即如何构图，如拍摄课例是拍全景、中景还是近景。

(4) 匀：匀是指运动拍摄时的速度和节奏要均匀合拍。用自动变焦时，镜头的推拉速度容易控制；用手动变焦时，则要反复练习，用力要匀。一般情况下，镜头在起幅和落幅时的速度应该慢些，中间的运动状态变速要均匀，用三脚架摇摄时，云台要有良好的阻尼特性，便于均匀操作摄像机。

另外，室内荧光灯下拍摄一般选用自动白平衡。新手拍摄时，最好采用自动对焦。

4. 摄像机的维护

摄像机的维护要做好以下几方面工作。

(1) 请勿遭雨淋。最好不要在下雨天到室外使用摄像机，如果由于拍摄的需要不得不在雨天室外使用时，一定要做好摄像机的防雨措施。

(2) 注意防潮、保持干爽。摄像机长时间在室外阴冷潮湿的地方拍摄、放置，若突然进入温暖干燥的室内，这时机器内部容易产生结露现象，应在摄像机进入室内前先放置在密封的塑料袋中，待机器与室内温度一致时再取出。

(3) 进行必要的防尘措施。为了防止灰尘侵入摄像机污染机芯、磁鼓、寻像器、液晶屏和镜头，必须作好有效的防尘措施。例如，在风沙环境中拍摄时，最好用透明塑料袋罩住摄像机，或自己制作简易的防尘袋包住机身等。携带摄像机时，应将摄像机放入专用包或箱内，停止拍摄时要盖好镜头盖，最好在镜头前面安装一个UV镜，它可以有效地防止灰尘和雨滴侵入镜头。

(4) 外出携带的注意事项。摄像机携带和使用中要注意防振、防摔。外出旅行途中应取出电池和磁带，要避免使摄像机受到剧烈振动。不要在不平稳的地面或人多的地方使用三脚架自拍，以防被人撞倒，尽量不要让小孩操作摄像机。避免将摄像机和矿泉水或其他包装的液体放入在一个包内，以防液体意外渗漏侵入摄像机。

(5) 远离磁场/电场。由于摄像机的摄像部分利用的是光电转换原理，录像部分利用的是电磁转换原理，因此，摄像机在工作和存放期间应远离强磁性物体或能产生强电磁感应的物体，如电视机、音箱、电磁灶、变压器等。

(6) 工作中不要任意切断电源。摄像机在运行工作过程中，特别是在装带、退带过程中不要突然切断电源。摄像时尽量避免长时间对着特别明亮的物体（如太阳等），因为那样会对CCD造成损伤，甚至会在图像上形成垂直拖影，摄像机的寻像器和打开的液晶屏幕也应当避免长时间强光照射。

(7) 摄像机使用后的注意事项。摄像机使用完毕，存放之前应将磁带和电池从摄像机内取出。收藏录像带时要远离加热器和其他热源，不要靠近强磁场，要竖着放在原包装盒内。电池若长期装在摄像机上，即使电源开关关掉，摄像机也会耗电，电池放电过度会影响其使用寿命。电池如长期不使用时，最好每半年对其进行一次充/放电。

四、掌握交互型信息化教学媒体

交互型教学媒体是信息化教学活动使用频率较高的媒体形式，也是推动教育信息化向前发展的得力助手。目前，信息化教学实践常用的交互型媒体有计算机、互联网以及智能手机等。

（一）多媒体计算机

典型的交互型教学媒体为多媒体计算机。多媒体计算机的精准快、交互性、控制性、多媒体集成等特性，使得多媒体计算机成为现代人生活中不可或缺的一部分，也成为教育教学领域改革创新的催化剂。多媒体计算机不仅是计算机文化课程或信息技术课程教授的内容，而且是辅助教师教学、科研的得力助手，也是支持学习者自主学习、个性化学习的伙伴。利用计算机开展的信息化教学有如下三种方式。

1. 多媒体教学

多媒体教学是传统教学的扩展与升级，是信息化教学中最常见的一种教学方式。它一般在多媒体教室进行，利用投影仪和大屏幕或电子白板将计算机中的课件展示给学习者，这种方式适合于大班集体授课、专题讲座等教学活动。教学形式灵活多样，受众范围广，成为中小学、高校教师普遍使用的教学方式。在开展多媒体教学时，辅助教学的多媒体课件界面应尽量简洁大方，切忌杂乱无章，引用的图片、图像清晰，音频素材悦耳。课堂教学时，教师切忌原地站在计算机控制台后面；切忌全盘照读多媒体课件中的一句一字；切忌口若悬河，滔滔不绝，不给与学生思考、回答问题的时间，因为学生才是学习活动的主体；切忌不断切换课件页面，不书写板书等纯粹“电灌式”教学。

2. 广播式教学

网络机房也被称为计算机教室或网络教室，学校组建机房的目的不仅是要求学习者习得计算机操作技能及其各种软件的使用方法，更重要的是培养学习者掌握。信息技术能力、信息素养以及用计算机解决问题的计算思维能力。在机房授课常用的教学方式便是广播式教学，教师先在教师机上向学生机广播式讲解、演示基本操作，然后再让学习者练习、完成各种教学任务。虽然机房的教学氛围较轻松，学生学起来较自由，但是也存在一些弊端，如教师很难掌控每个学生的学习状态，若极个别学生由于厌学根本不看、不听教师讲解，教师有可能全然不知；另外，如果全班人数较多，教师不可能对每个学生的实践练习完全做到“一对一”指导。所以在机房授课时，教师千万不要“满堂灌”，可通过布置小组合作或个人独立完成的难易不同的任务把时间还给学生。

3. 微格教学

微格教学是在一个集讲解、录制、重放于一体的小型、有控性的微格教室开展的以培养、训练师范生教学技能为主要目的的一种信息化教学实践。微格教学的开展离不开多媒体计算机的支持，计算机能够将与其连接的摄像机录制的学生模拟授课全过程保存并重放，支持学生反复观摩、自我评价或师生评价，提高学生教学技能。微格教学是在一个较为轻松的环境中进行，学生喜欢在这样的氛围中习得技能，但是教师需要注意以下两点：

（1）教师需提前布置教学技能训练项目，要求学生提前写好教案、做好课件，做好充分准备，模拟授课时最好不要看讲稿。

（2）教师最好对学生的模拟教学进行点评，如果全班分成多个小组，教师不能同时参与到多个微格教室进行观摩，此时小组成员之间可进行评价、讨论。

（二）互联网技术

计算机网络是以资源共享为目的的多台计算机组成并遵循相同网络协议（如

TCP/IP 协议）的通信系统。根据网络覆盖范围，计算机网络有个人无线区域网、局域网、城域网、广域网之分，其中大家熟悉的校园网属于局域网，而互联网是广域网的典型代表。互联网问世后，世界各国陆续进入信息化、网络化时代，信息的传输、共享，使得人与人之间的交流更加方便、快捷。互联网已成为覆盖全球范围的最大网络，它因具有海量信息、数字化、透明化、多媒体化、再生性、共享性、互动性等诸多特点，成为人们生活、工作、学习离不开的智能助手，同时也为信息化教育教学的开展与改革创新提供了新型的教学方式，如拾荒式搜索、基于网络的单元主题式探究、在线学习（E-learning）、混合学习（Blended learning）、大规模开放式在线课程等，另外，互联网为实现跨校合作学习、跨国合作学习提供了更加便利的条件。

（三）智能手机

智能手机是一种移动类交互型媒体，它除支持电信业务之外，具有的社交、搜索信息、笔记、计算、录音、录像、信息存储与共享、移动学习等功能，完全能够与计算机相媲美，且携带方便、简单易用，成为每一个现代人形影不离的重要媒介。智能手机在教育领域有它应用的一片天地，就看你如何合理、恰当地使用它了。教师利用智能手机开展翻转教学是一种不错的选择。学习者利用智能手机进行移动碎片化学习，有以下几种学习方式：

（1）将教师课上讲解的课件存储到手机卡中，想什么时候学打开手机就能学；

（2）利用微信扫描学习网站的二维码（如网易视频公开课、MOOC 等）下载手机客户端，实现手机与电脑同步学习、记笔记、收藏课程等操作；

（3）利用微信的订阅功能，非常方便地关注、查阅微信公众号推送的相关内容；

（4）利用 APP 学习软件系统学习相关内容，例如利用英语学习软件 APP（如百词斩、乐词新东方等）记忆英语单词，练习英语听力、听写等；

（5）创建或加入学术微信群（如学术拓荒者、中国学术圈）、QQ 群（如中国学术圈）进行在线学习、学术讨论、学习资料共享。

鉴于此，智能手机的使用为教学模式的创新、学习者学习环境的变化及学习方式的多样化提供了环境和平台，使随时随地学习成为现实。没有我们学不到的内容，只有我们想不想学的问题。

五、掌握信息化教学环境的构成

由于信息化教学环境的复杂性，许多学者对信息化教学环境的构成提出了自己的看法。北京邮电大学苏福根等人提出了信息化教学环境由信息化硬件环境、软件环境、教学资源环境、人文环境及队伍建设这五大环境要素构成，并认为只有这五个要素同步向前推进，才能真正实现教育信息化（苏福根等，2010）。这五个要素基本涵盖了信息化教学环境的全部。

（一）信息化教学硬件环境

信息化教学硬件环境是开展信息化教学最基础的条件，为教育信息化的实施提供基础性设施和保障。它主要涉及学校组建的校园网络环境和信息化教学活动开展的物理场所（如多媒体教室、网络机房、微格教室、数字图书馆等）以及虚拟场所（虚拟实验室、虚拟图书馆、虚拟演播室等）。

（二）信息化教学软件环境

信息化教学软件环境是以信息化教学硬件环境为基础，是实施教育信息化的中坚力量，主要包括各种教学系统平台、安全保障体系建设、管理环境建设、信息标准体系建设。

（1）教学系统平台为师生教学活动提供数字化、互动性的舞台，方便师生在此平台上开展诸如授课、答题、交流、讨论、考试乃至阅卷等多样化教学活动。一个功能完善的教学系统平台要具备教师备课功能、课件制作功能、教师授课功能、教师布置作业与批阅作业功能、教学管理功能和教学评价（包括自动生成试卷功能、自动阅卷功能等）以及系统管理与维护等功能。

（2）信息化教学环境的建设以及校园网的建设不是一朝一夕建成并投入使用的，建成后需要相关管理人员定期维护、检修、更新。另外，只有构建一个可靠、先进、高效的安全保障体系才能保障系统安全、稳定运行，所以安全保障体系建设对于信息化教学环境的稳定、安全、可靠是十分必要的。

俗话说得好，“三分技术，七分管理”，仅有安全保障体系是不够的，还需一套规范化的管理制度，即管理环境建设。从学校整体管理、信息安全及技术维护等多角度自上向下或不同经纬度制定相应的规则制度，规范师生的行为。

信息标准体系建设要求高校将信息资源形成一个统一、标准、开放的信息体系，便于信息存储与维护以及不同院校信息间的交换。

第六章　教学设计与评价

第一节　教学设计综述

一、教学设计基本概念

教学设计是运用系统方法分析教学问题和确定教学目标，建立解决教学问题的策略方案并试行解决方案，评价试行结果和对方案进行修改的过程。教学设计过程（图 6-1）一般包括学习需要分析、学习内容分析、学习者分析、学习目标的阐明、教学策略的制定、教学媒体的选择和运用及教学设计成果的评价 7 个部分，其中教学设计的学习需要分析、学习内容分析、学习者分析统称为教学设计的前期分析。

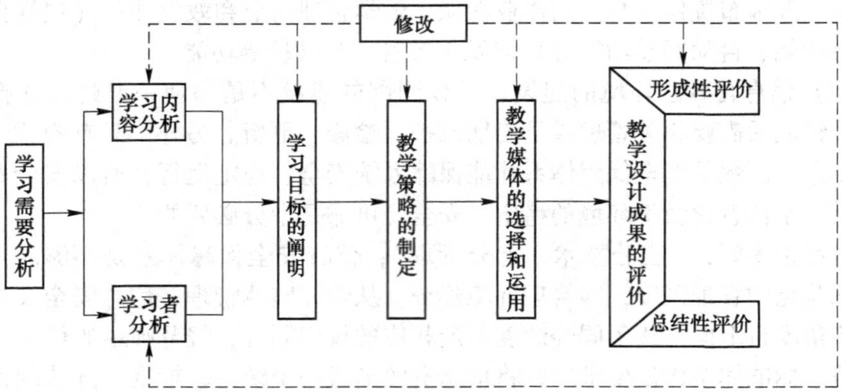

图 6-1　教学设计过程

二、教学设计的前期分析

教学设计的前期分析包括学习需要分析、学习内容分析、学习者分析。

（一）学习需要分析

1. 学习需要和学习需要分析的概念

学习需要是指学习者学习方面目前的状况与期望达到的状况之间的差距。期望达到状况是指学习者应具备什么样的能力素质；目前的状况是指学习者群体在能力素质方面已达到的水平；而差距指出了学习者在能力素质方面的不足，指出了教学中实际存在和要解决的问题。

学习需要分析是指通过系统的调查研究过程，发现教学中存在的问题，通过分析问题产生的原因，确定问题的性质，论证解决该问题的必要性和可行性。其核心是发现问题，而不是寻求解决问题的答案。最终阐明已定课题的总的教学目标（详见分析学习需要的基本步骤）。

分析结果可能有两种：一种是有差距，确实存在学习需要，教学设计工作还需要继续进行下去；另一种则是没有差距，说明根本不存在学习需要，教学设计工作便可以就此结束。

2. 分析学习需要的基本步骤和方法

（1）分析学习需要的基本步骤：1）归纳整理期望达到的学习状况，用学习者的行为术语表述出来，形成一个具体的指标体系。2）根据这个指标体系编制成调查表进行现状调查，再将调查的结果用学生的行为术语描述出来。3）把两种行为术语描述的结果加以分析比较，找出其中的差距。4）对得出的差距（即问题）产生的原因及性质进行分析，论证解决问题的必要性。5）分析资源和约束条件，作问题解决的可行性分析。确定优先要进行设计的课题。6）清晰地阐明已定课题的总的教学目标。

（2）学习需要分析的基本方法。分析学习需要的基本方法有内部参照需要分析法和外部参照需要分析法，两者的主要区别在于目标参照系不同：1）内部参照需要分析法。内部参照需要分析法是由学习者所在的组织机构内部，用已经确定的教学目标（期望状态）与学习者的学习现状作比较，找出两者之间存在的差距，从而鉴别出学习需要的一种分析方法。2）外部参照需要分析法。外部参照需要分析法是根据机构外社会的要求（或职业的要求）来确定对学习者的期望值，以此为标准衡量学习者的学习现状，找出差距，从而确定学习需要的一种分析方法。

以上两种方法的主要区别是期望值的参照系不同，相对来说，内部参照需要分析法容易操作，省时省力，但运用该方法分析学习需要往往局限于教育系统内部，即在某一特定教育或培训组织机构所规定的教学目标之内考虑教学设计问题，而对该目标的设定与社会实际要求是否相符却不够关心，因此，无法保证机构内部目标的合理性；而外部参照需要分析法操作上比较难，要耗费大量的精力和时间，但却能保证所定目标与社会需要直接发生联系，因而有其合理性。在实际运作时，可采取内外结合的方法，就是根据外部社会需要调整修改已有的教学目标，并以修改后的教学目标所提出的期望值与学习者的现状相比较找出差距。

(二) 学习内容分析

通过对学习需要的分析，揭示出教学（或培训）中存在的问题及其主要原因，据此确定教学设计的课题，并提出总的教学目标。为了保证教学目标的实现，要求教学必须有正确的、合乎目的的内容。

1. 学习内容和学习内容分析的概念

学习内容，就是指为实现教学目标，要求学习者系统学习的知识、技能和行为经验的总和。学习内容分析的工作以总的教学目标为基础，旨在选择教学内容，确定其广度、深度以及揭示教学内容各部分之间的联系，安排其呈现顺序。

选择教学内容，确定其广度和深度解决了“学什么”的问题；揭示教学内容各部分之间的联系，安排其呈现顺序，可以把已经确定的学习内容按照学生能够理解和接受的顺序排列起来，这样就解决了“怎样学”的问题。

2. 学习内容的选择

选择教学内容就是要根据学生所要掌握的知识、技能来确定教学内容的纲要。学校教师一般按单元组织教学。单元是一门课程内容的划分单位，随着学科的特点不同进行的划分也不同。例如，语文课程的单元通常指一组体裁相同的课文；数学课程的单元相当于教材的一章，大致是某类数学问题；而外语课程的单元则可指教材中的一课。一个单元的内容有相对的完整性。单元实质上反映了课程编制者或教师对一门学科结构的总体看法，以及在此基础上对这种结构按教学要求所做的分解和逻辑安排。

例如，为小学三、四年级学生编制的电视教材《语文读写训练》(综合复习用) 包括下列单元的学习内容：

课程目标

通过本课程的学习，小学三、四年级学生应系统掌握以句和段为重点的读写技能及有关的知识要点，提高学习语文的兴趣。

学习内容

第一单元　读句
第二单元　写句
第三单元　读段
第四单元　写段
第五单元　常见的分段方法
第六单元　分层的要求和方法
第七单元　常见的纳段意的要求和方法
第八单元　应用文

3. 学习内容的安排

学习内容的安排是对已选定的学习任务进行组织编排，使之具有一定的系统性和逻辑性。

在一门课程中，各单元教学内容之间的联系一般有三种类型：一是相对独立，各单元在顺序上可互换位置；二是一个单元的学习构成另一个单元的基础，结构在序列上极为严密；三是各单元学习内容呈综合型。如图 6-2 所示，在单元顺序安排上，第 1、2、4、5 单元可互换位置，但第 3、4 单元的次序不可随意更改。在组织学习内容时，首先要搞清楚各项学习任务之间的联系。

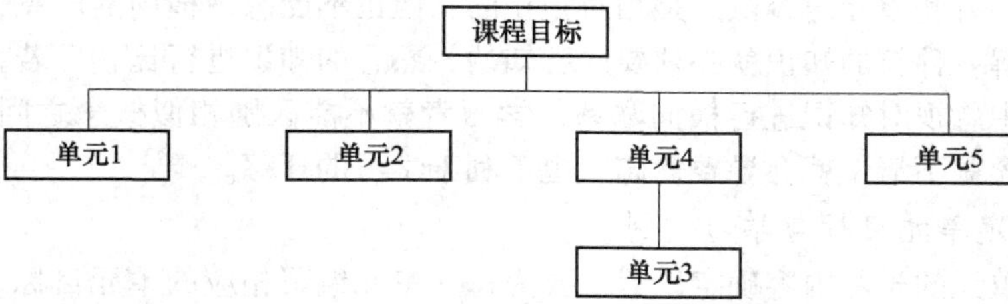

图 6-2 单元教学内容

我们在具体编排教学内容时，应遵循以下原则：

（1）由整体到部分，由一般到个别，不断分化。如果学习是以掌握科学概念为主，则基本的原则和概念应放在中心地位。根据这个特点，应先陈述学科中最一般、最概括的观点，然后就具体内容和特殊要点不断进行分化。这是因为当人们在接触一个完全不熟悉的知识领域时，只有阐明了理论思想，才能借助这种思想进行分类和系统化。一般来说，从已知的、较一般的整体中分化出细节要比从已知的细节中概括整体容易些。例如，掌握了植物的概念，有利于对树、果树、梨树等包括性较小和越来越分化的概念的掌握。学习内容的编排如果从那些最一般、最有包容性的命题或概念入手，它们往往能在极其多样的学习情境中为学习者的认知结构提供固定点。这种对学习内容的组织形式较适合从一般到个别进行类属学习的内容。所谓类属学习是把新知识归属于认知结构的某一适当部位，并使之相互联系的一种学习。

（2）确保从已知到未知。如果学习的内容在概括程度上高于学习者原有的概念（如在掌握了“广播”“电视”“报纸”等概念以后，再学习“大众媒体”这个总括性概念时），或要学习的新的命题与学习者认知结构中已有的概念不能产生从属关系时，就应采取由浅入深、由易到难、由具体到抽象，由较简单的先决技能到复杂技能的序列，排成一个有层次或有关系的系统，使前一部分的学习为后一部分的学习提供基础，成为后续学习的“认知固定点”。这特别表现在累积性学科的领域，因为这类学科的知识结构在序列上极为严密，如果不掌握前一个结构就不可能进入下一个结构，不懂得前一个概念就不可能懂得后一个概念。

（3）按事物发展的规律排列。如果学习内容是线性的，可以通过向前的、进化的、按年代发展或从起源出发的方法来编排。这样的组织方式与研究的社会现象、自然现象的顺序和客观事物本身发展的顺序相一致，符合事物前进发展的规律，能使学习者对自然和社会现象的发展有比较完全的认识。

(4) 注意学习内容的横向联系。安排学习内容时，不仅要注意概念纵向发展之间的联系，还要注意从横向方面加强概念原理、单元课题之间的联系以及知识、技能、情感各部分内容之间的协调衔接，以促进学习者融会贯通地去学习。如前所述，有些单元内容虽然是相对独立的，但也不能忽视横向的联系，因为学习者要理解一种新的知识就必须要同已知的、熟悉的知识进行比较。若在学习内容的安排中忽视对知识进行横向联系，学习者就不能区别相似概念之间的差异，新的内容含糊不清，就会导致遗忘，也不利于学习的迁移。

4. 确定单元目标与学习类别

在各单元的学习内容确定以后，要为每一单元编写相应的单元目标。单元目标是课程目标的子目标，它主要说明一个单元的教学过程结束时所要得到的结果，说明学习者学完本单元的内容以后应能做什么。一个单元的目标可以是一条，也可以包括两条或更多。确定了单元目标，课程目标就具体化了。

在教学过程中，只有达到各个单元目标，才能最后实现课程的总目标。由于不同类型的教学内容需要运用不同的内容分析方法，与此同时，在教学过程中需运用不同的教学策略，所以在编写单元目标时，需对教学内容的类别和性质作出基本判断。根据美国教育心理学家加涅对学习结果的分类，学习结果一般分为认知学习内容、动作技能学习内容和态度类学习内容三大类。认知学习内容又分为言语信息、智力技能、认知策略三个层次。智力技能还可以细分为辨别、概念、规则、高级规则。在对教学内容类别和性质进行分析时，加涅的学习结果分类层次体系是教学内容分析的主要依据。

5. 学习内容选择与组织的初步评价

在各单元目标确定以后和对各单元的学习任务进一步的内容分析之前，有必要论证所选出的学习内容的效度，看是否为实现课程目标所必需。

6. 分析学习内容的基本方法

为实现单元目标，要对列出的各单元的学习任务逐项进行更深入细致的分析：学习者必须学习哪些具体的知识与技能？这些知识与技能之间存在哪些联系？对不同类型的学习任务，需运用不同的任务分析方法。分析学习内容的基本方法有归类分析法、图解分析法、层级分析法、信息加工分析法、使用卡片的方法。

(1) 归类分析法。归类分析法主要是研究对有关信息进行分类的方法，旨在鉴别为实现教学目标而需要学习的知识点。

(2) 图解分析法。图解分析法是一种用直观形式揭示学习内容要素及其相互联系的内容分析法。

(3) 层级分析法。层级分析法是用来揭示教学目标所需掌握的从属技能的内容分析方法。

(4) 信息加工分析法。信息加工分析法是将教学目标要求的心理操作过程揭示出来的内容分析方法。

(5) 使用卡片的方法。学习内容分析的工作细致复杂，常有必要对分析结果进行修改，补充或删除一些内容。因此，需要掌握一种有效的计划技巧，即使用卡片。具体方法是，将教学目标和各项内容要点分别写在各张卡片上，对它们的关系进行安排，经过修改后，再转抄到纸上。使用卡片的主要特点是灵活，便于修改及调整各项内容之间的关系；形象直观，便于讨论时交流思想。

(三) 学习者分析

1. 学习者分析的概念

进行学习者分析的目的是了解学习者的学习准备情况及其学习风格，以便为后续的教学系统设计提供依据。学习准备是指在从事新的学习时，他原有的知识水平或原有的心理发展水平对新的学习的适应性。学习者分析包括学习者初始能力和教学起点的确定、学习者一般特征的分析和学习者学习风格的分析。

2. 学习者初始能力和教学起点的确定

任何一个学习者都是把他原来所学的知识、技能、态度带入新的学习过程中的，因此教学设计者必须了解学习者原来具有的知识、技能、态度，我们称之为起点水平或起点能力。

分析学习者初始能力包括对预备技能、目标技能、学习态度三个方面的分析。

(1) 预备能力的分析。在传统课堂教学中，对预备能力的预估通常需要编制一套预测题。教学系统设计者可以根据经验先在学习内容分析图上设定一个教学起点，将该起点以下知识技能作为预备能力，并以此为依据编写预测题。如果将进位加法和三个数的连加作为教学起点，那么教学起点线以下的内容就是编写预测试题的依据。通过测验可以发现，对特定课题内容，哪些方面学习者已经准备就绪，哪些方面学习者需要补习。

(2) 目标技能的分析。预测的另一个方面是了解学习者对目标技能的掌握情况。当然，假如教师知道学习内容对学习者是完全陌生的，这类预测就失去意义。教学设计强调教学效果的评价以预先确定的目标为依据。在学习结束时，以具体学习目标为基础编写考试题目，来检查学习者达到目标的程度，这样，学习目标与测试试题之间就存在一种直接的联系。根据这一原理，有的学者提出，直接使用期终考试题对学习者进行预测，了解学习者对目标技能的掌握情况。从理论上说，同样的考试题如分别用于预测和后测，前后两次成绩的差距即反映了教学效果。也有人建议，从期终考试题中选择一部分重要的、有代表性的试题，对学习者进行预测。

（3）学习态度分析。对教学设计者来说，学习者对待所学内容的态度对教学的效果也会产生重要影响。判断学习者态度最常见的方法是态度量表。此外，观察、会谈等评价技术也可以用于态度分析。

在实际的教学设计工作中，以上三个方面的分析往往是结合在一起的。

3. 学习者一般特征的分析

学习者一般特征指对学习者学习有关学科内容产生影响的心理的和社会的特点，它们与具体学科内容虽无直接联系，但影响教学设计者对学习内容的选择和组织，影响教学方法、教学媒体和教学组织形式的选择与运用。美国教育界著名学者海涅克（R. Heinich）等在1989年指出，对学习者的一般特征，即使作一些粗略的分析，对教学方法和媒体的选择也是有益的。然而，只有教师的教学设计与学生的一般特征相适应，这些特征才会促进学生对新知识的学习；否则，还可能起消极作用。

（1）小学生的一般特征。在认知发展方面，小学生的思维已经具备了初步逻辑的或语言的思维特点，已从以具体形象思维为主要形式，逐步过渡到以抽象思维为主要思维形式，但这种抽象思维仍需具体形象思维的帮助和支持。10~11岁是这一转变的关键年龄。

在言语方面，小学生可以用语言进行假设和推理，并有了一定的语言表达能力以及用语言辨析事理的能力；在感情方面，小学生的自居作用、模范趋向和自我意识已有了较快的发展。但他们的学习动机多倾向于兴趣，意志比较薄弱、抗诱惑能力差、自控能力有限，需教师进行引导和控制。

（2）中学生的一般特征。在认识发展方面，中学生思维能力得到迅速发展，抽象思维占优势，但在很大程度上是经验型的。初中二年级明显地表现出突变、飞跃和两极分化。直到高中二年级初步完成转变，由初中阶段的经验型抽象思维转变为理论型的抽象思维。思维有了系统性、结构性、预计性及个性色彩，创造性思维也有所发展。13~14岁是初中生思维发展的关键年龄。

在情感方面，中学生的个人独立意识更为明显。他们感情丰富、爱幻想、富于激情、容易冲动，意志行为逐渐增多，抗诱惑能力日益增强，同一性、勤奋感是其情感发展的主要方面。但情感世界仍处于易动摇和变化的状态。在高中阶段，独立性和自主性成为情感发展的主要方面。

（3）大学生的一般特征。大学生在智力发展上呈现出进一步成熟的特征：思维更具抽象性和理论性，由抽象逻辑思维逐渐向辩证逻辑思维发展；观察事物的目的性和系统性进一步增强，已能按程序掌握事物本身属性的细节特征；思维的深刻性和批判性有了进一步的发展；独立性更为加强，注意力更为稳定，集中注意的范围也进一步扩大。

在情感方面，大学生已有更为明确的价值观念，学习动机也趋于信念型，自我控制已建立在趋向稳定的人格基础上。对于学生一般特征的分析，可采用观察、谈话、填写情况调查表和开展态度调查等方法进行。

4. 学习者学习风格的分析

在各种学习情境中，每一个学习者都是带着自己的特点进入学习的。而学习者之间存在着生理和心理上的个体差异。不同学习者获取信息的速度不同，对刺激的感知及反应也不同。因此，要实现真正意义上的个别化教学，必须了解学习者的学习风格，并在此基础上为每一个学习者提供适合其特点的学习计划、学习资源和学习环境，而多媒体技术的发展和网上丰富的教学资源，使个别化教学成为可能。

（1）学习风格的含义。学习风格是指对学习者感知不同刺激，并对不同刺激做出反应这两个方面产生影响的所有心理特性。学习风格包括学习者在信息接受加工方面的不同方式、对学习环境和条件的不同需求、认知方面的差异（依存性和独立性、沉思性和冲动性）、某些个性意识倾向性因素（控制点、焦虑水平）、生理类型的差异（左右脑功能优势）等。

（2）学习风格的测量。如何对一个学习者的学习风格进行测定？这也是教育心理学研究人员力图解决的一个研究课题。据介绍，顿（R. Dunn）等人在1978年曾设计了两种“学习风格测定表”，用于测量学校学生和成人学习者的学习风格。这种测量表实际上是一种征答表，含有一系列意见陈述，例如：

——我喜欢一个人学习。

——我喜欢下午学习。

——我在安静的环境中学习效果最好。

——我记得最牢的是那些我听到的事情。

测量表要求学习者根据自己的实际情况，对每一条陈述的意见作出适当的反应，如在上述意见前面写上：“适合本人情况”或“不适合本人情况”。顿等人设计的测量内容包括上述感情需要、环境需求、社会性需求等方面。

第二节　学习情境创设

学习情境是一种特殊的环境，是教学的具体情境的认知逻辑、情感、行为、社会和发展历程等方面背景的综合体，具有文化属性。学习情境是指知识在其中得以存在和应用的环境背景或活动背景，它能够引起学生某种积极的情感反应。

学生自主学习、意义建构是在大量信息的基础上进行的，所以必须在学习情境中嵌入大量的信息。信息需要学习资源提供，丰富的学习资源是建构主义学习的一个必不可少的条件。学习情境加上丰富的学习资源和学习工具就构成了学习环境。

这里谈的情境指教学情境或学习情境，是学生参与学习的具体的现实环境。知识具有情境性，而且是被应用的文化、背景及活动的部分产物。知识是在情境中通过活动而产生的。一个优化的、充满情感和理智的教学情境，是激励学生主动参与学习的一种保证。教学情境的创设是指创设有利于学生对所学内容的主题意义进行理解的情境，是教学设计中的一个重要环节。情境创设将有助于反映新旧知识的联系，有助于促进学习者进行思维联想，有助于学习者对知识进行重组与改造，有助于帮助学习者对知识进行意义建构。

一、情境的主要形式

（一）根据学生感受分类

根据刺激物对学生感官或思维活动所形成的不同感受，情境大致可分为两组：现实情境与虚拟情境、描述性情境与意象性情境。

1. 现实情境与虚拟情境

现实情境主要是指以实实在在的物体原型或真实事情为主的情境。教师在课堂上展示的动物标本、地球仪、量角器、开国大典中的原声录音等都是现实情境。它们可以使学生凭借自己的视听感官直接感知，并从中产生对学习更深层次内容的追求。

虚拟情境主要是指将一些由于成本高、难度大，或者真实世界难以观察到的微观世界的内容以仿真的方式展示给学生的一类情境。在进行复杂的操作训练、生态系统的分析、危险环境的作业等方面的训练学习时，都可以考虑采用虚拟的方式模拟真实环境，让学生在反复练习中获得对复杂现象的认知，从而达到掌握学习内容的目的。

2. 描述性情境与意象性情境

描述性情境是指借助于语言的描述创设的情境。在教学实践中，通过恰当的语言描绘，如语言的意义、声调、形象、感情色彩等，并结合其他直观手段，将学生带入特定的情境中，可以激起学生的情绪与情感方面的变化，从而为学习活动的开展提供支持。

意象性情境是指借助于描述，并启发学生发挥自由想象力从而形成的情境。意象性情境可以把学生带入想象的空间，在想象中升华情感，并进而激起其参与学习活动的激情。

（二）根据表现形式分类

根据情境的不同表现形式，可以将情境分为问题、故事、叙事、生活与示范等多种形式：

（1）问题情境的创设是将学习内容转化为问题的形式，激发学生解决问题的热情，目的在于将学生引入一种与问题有关的情境。

（2）故事情境的创设是通过引入与学习内容相关的、具有生动情节和丰富内涵的故事，吸引学生的注意。故事的导入，有时会激发学生对故事的前因后果产生浓厚兴趣，并进而唤醒学生的潜在记忆，激发学生的学习动机。

（3）叙事情境是指就某些现象和事实进行陈述，并引导学生思考和分析包含于这些现象或事实中的科学道理，激发学生的学习需求。

（4）生活情境与前面所说的现实情境与虚拟情境相似，都强调结合学生的实际生活，通过模拟真实的生活场景，激发学生解决现实问题的动机，从而自然地融入学习过程中。

（5）示范情境一般是通过教师或学生的演示，培养学生观察与思考的习惯，在这一过程中，学生会对演示过程中产生的现象及要领等产生好奇，并生成新的求知动机。

当然，上述分类方式只是相对的，在具体的运用中，我们可以根据教学需要将多种方式结合起来，从而达到运用情境激发学习动机与推动新知生成的目的。

二、学习环境设计

从教学设计的角度看，学习环境是学习资源和学习工具的组合再加上学习情境，这种组合实际上是旨在实现某种目标的有机整合。学习环境设计主要表现为学习资源和学习工具的整合活动。在设计时，也应考虑人际支持的实施方案，但人际支持通常表现为一种观念而不是具有严格操作步骤的实施法则。由于学习环境对学习活动是一种支撑作用，故学习环境的设计必须参照学习活动的设计来进行。不同的学习活动可能需要不同的学习资源和学习工具。学习环境设计者必须清醒地了解设计的学习环境能支持哪些学习活动及支持的程度如何。

学习资源是指支持教学活动，实现一定教学目标的各种客观存在形态，它是一个非常庞杂的概念，通常包括人、材料、工具、设施和活动五大要素，每个要素均具有“自在的”和“自为的”特性。“自在的”资源是指整个人类环境中具有的、可资利用的资源系统；“自为的”资源是指为达到一定的教育/教学目的而特地设计出来的资源系统。学习资源的选择与设计存在很大的自由区间。

在学习环境设计中，资源是支持任务学习或问题研究的必备条件之一，是需要认真设计的重要构件之一。在学习环境设计时，必须详细考虑学生要解决这个问题需要查阅的信息、需要了解的知识，这些都可以以学习资源的方式为学生提供。另外，还要注意怎样才能从大量信息中寻找有用信息，避免信息污染，因此教学设计中要建立系统的信息资源库（或使用现有的资源管理系统），提供引导学生正确使用搜索引擎的方法。

在设计学习环境时，应当围绕学习活动进行，同时注意以下几点：

（1）为帮助学生充分地理解问题，需要给学生提供相关的信息。

（2）不论何种形式的信息资源，最好都以有意义的方式组织起来，即按学生学习的思维类型组织起来。

（3）要适时地为学生提供相关的信息，支持学生开展有意义的学习活动。

学习工具是指有益于学生查找、获取和处理信息，交流合作，建构知识，以具体的方法组织、表述、理解和评价学习效果的中介。从传统学习工具到信息技术工具，学习工具的种类很多。在学习环境设计中，比较注重信息技术作为学习工具的设计与应用。信息技术可作为多样化的学习工具，如交流工具、情境工具、认知工具、评价工具、效能工具等。

从分布式认知的观点看，人与技术的认知功能可以形成和谐的整体，在学习环境中各自发挥认知功能的优势。因此，在设计和运用学习环境中的工具时，应注意以下几点：

（1）充分发挥信息技术作为学习工具和促进学生学习的作用。

（2）在学习/教学中融合系列的认知工具，以帮助学生开展恰当的思维活动。

（3）为学生提供多样化的信息沟通方式，以支持学生之间的交流与合作、共享信息和共享知识建构。

第三节　教学目标与教学策略

一、教学目标的阐明

教学目标是预期的学生学习结果，它在指引教学方向、指导教学结果的测量与评价、指导教学策略的选择和运用、激励学生的学习等方面发挥着重要的作用。因此，理解教学目标的内涵及分类，对编写明确、具体、规范的教学目标是极其必要的。

（一）认识教学目标

教学目标是学习者在课堂教学活动后应该达到的教学效果的具体明确表述，其可用一个典型的比喻来形容，那就是教学目标是一节课的起点和终点（魏宏聚，2016）。我们可从两个方面来理解这一概念：（1）教学目标反映的是学习者的学习结果，而不应说明教师将做什么；（2）教学目标的表述应该是明确、具体的，可以测量和观察的，应避免笼统、抽象和不切实际的语言表述。

（二）掌握教学目标分类理论

不同类别的教学目标有不同的表述方式，这就需要我们对教学目标的分类理论有一定的了解，本小节主要介绍布卢姆的教育目标分类学说。布卢姆等人建构教育目标分类理论的灵感来自生物学家对动植物的分类方式，他们把教学目标分为三大类：认知领域、动作技能领域和情感（态度）领域，而每个领域的目标又由低级到高级分成若干层次（王允庆等，2015）。

1. 认知领域的教育目标分类

认知领域的教育目标从低到高可以分为六个层次：知道、领会、运用、分析、综合和评价。具体内容见表 6-1。

表 6-1　认知领域的教育目标分类

类别	含　义
知道	指对先前学习过的知识材料的回忆，包括具体事实、方法、过程、理论等的回忆。知道是这个领域中最低水平的认知学习结果，它所要求的心理过程主要是记忆。例如，学生会写“自、已、东、西”4 个字（语文）
领会	指把握知识材料意义的能力。可以借助三种形式来表明对知识材料的领会，一是转换，即用自己的话或用与原先的表达方式不同的方式来表达所学的内容；二是解释，即对一项信息（如图表、数据等）加以说明或概述；三是推断，即预测发展的趋势。领会超越了单纯的记忆，代表最低水平的理解。例如：能够借助 key points 进行看图问答（英语）
运用	指把学到的知识应用于新的情境。它包括概念、原理、方法和理论的应用。运用的能力以知道和领会为基础，是较高水平的理解。例如：至少能用 3 个新学的生字在 8~10 分钟内口头组词造句或编谜语、儿歌、小故事（语言）
分析	指把复杂的知识整体材料分解为组成部分并理解各部分之间的联系的能力。它包括部分的鉴别，分析部分之间的关系和认识其中的组织原理。例如，能区分因果关系，识别史料中作者的观点或倾向等。分析代表了比运用更高的智力水平，因为它既要理解知识材料的内容，又要理解其结构。例如，能根据实际问题找出等量关系，列出一元一次方程（数学）
综合	指将所学知识的各部分重新组合，形成一个新的知识整体。它包括发表一篇内容独特的演说或文章，拟定一项操作计划或概括出一套抽象关系。它所强调的是创造能力，形成新的模式或结构的能力。例如，运用现代技术设备收集资料、解决实际物理问题的能力（物理）
评价	指对材料（如论文、小说、诗歌、研究报告等）作价值判断的能力。它包括按材料内在标准（如组织）或外在的标准（如与目的的联系）进行价值判断。例如，判断实验结论是否有充分的数据支持。这是最高水平的认知学习结果，因为它要求超越原先的学习内容，并需要基于明确标准的价值判断。例如，能够选出最优秀的作文，并能讲述自己的理由（语文）

2. 动作技能领域教育目标分类

目前在教育界，关于动作技能领域的学习如何分类，还没有一个被广泛认可和接受的体系。下面介绍两种相对完整且应用广泛的分类方法，以便在编写学习目标时加以选择和综合运用。

(1) 哈罗 (A. J. Harrow) 的分类。

1) 反射动作——是学习者在没有有意识的意愿的情况下，对某些刺激做出的反应。

2) 基础性动作——包括的各种动作是一些固有的动作形式，它们是建立在学习者反射动作的基础上的，是无需训练就会的。这些动作形式是知觉能力和体能进一步提高的起点，是技巧动作发展的必要条件。

3) 知觉能力——指对所处环境中的刺激所作的观察和理解，并作出相应调节动作的能力。包括动觉（如保持身体平衡）、视听觉辨别、触觉辨别、眼-手和眼-脚协调动作（如踢球、接篮球、平衡、旋转等）。

4) 体能——指器官活力的那些机能特征，包括动作的耐力、力量、灵活性和敏捷性。如长时间运动的耐力锻炼、快速动作训练、举重训练等。

5) 技巧动作——指熟练完成复杂动作的能力。如弹拉乐器、使用工具、驾车、装配零部件、调整机器等。

6) 有意沟通——指传递感情的体态动作，即体态语，既包括反射性的，也包括习得的。有手势语、姿态、脸部表情、艺术动作和造型等，如舞蹈、感情通过动作流露、改变脸部表情等。

(2) 辛普森 (E. Simpson) 的分类。

1) 知觉——指运用感官获得信息以指导动作，主要了解某动作技能的有关知识、性质、功能等。

2) 定势——是为某种特定的行动或经验而作出的预备性调整或准备状态，包括心理定势、生理定势和情绪定势三个方面。知觉是其先决条件，我国有人把知觉和定势阶段统称为动作技能学习的认知阶段。

3) 指导下的反应——指复杂动作技能学习的早期阶段，包括模仿和尝试错误。学习者通过教师或一套适当的标准可判断操作的适当性。

4) 机制——指学习者的反应已成为习惯，对从事某种行动已有一定的信心和熟练程度。这一阶段的学习结果涉及各种形式的操作技能，但动作模式并不复杂。例如，从事手工缝纫的能力或给燕麦花授粉的能力。

5) 复杂的外显反应——指包含复杂动作模式的熟练动作操作，在这一层次上，技能已被掌握，能进行既稳定而又有效的操作，即花费最少的时间与精力完成这一动作。例如，调节和操作带锯的技能或演奏小提琴的技能。

6) 适应——指技能的高度发展水平，学习者能修正自己的动作模式以符合新的问题情境的要求。例如，通过改变已知的舞蹈能力和技能，形成一种新的现代舞蹈。

7）创作——根据在动作技能领域中形成的理解力、能力和技能，创造新的动作行动或操作材料的方式。例如，创造一种要求作出动作技能反应的新游戏或者创造一种现代舞蹈。

3. 情感（态度）领域目标分类

情感领域目标是注重情调、情绪或接受与拒绝程度的目标，它是对外界刺激的肯定或否定的心理反应，如喜欢、厌恶等。克拉斯沃尔（D. R. Krathwohl）、布卢姆等人编著的《教育目标分类学第二分册：情感领域》于 1964 年出版，他们依据情感内化理论，把情感（态度）领域的目标分为五个层级，见表 6-2。

表 6-2　情感（态度）领域的目标分类

接受	接受是情感目标中最低层次的学习结果。它是指对某种现象和刺激的感知。常用的行为动词有描述、指出、选择、示范
反应	反应是指主动的注意，即积极地参与反应。常用的行为动词有示范、说出、表现
价值判断	价值判断是指对于接触到的事情、现象或行为感到有价值存在，因而表现积极的态度和重视其价值。常用的行为动词有解释、判断、示范、申辩
价值的组织	价值的组织是指当个人以不同的程度评价许多事物的价值时，就已开始发展自己的价值系统。将这些不同的价值系统组织起来，且具有一致性，就是价值的组织。常用的行为动词有解释、申辩、判断
价值的个性化	价值的个性化是将价值系统内在化，成为个性的一部分，个体依其信念行事。常用的行为动词有表现、实践、示范

（三）学会编写教学目标

在布卢姆教育目标分类学说的基础上，美国学者罗伯特·马杰（Robert F. Mager）在《程序教学目标的编写》(1962 年）一书中提出了编写教学目标的一般方法，该方法能反映学习者行为或能力的变化。罗伯特·马杰认为教学目标应包括三个基本要素：

行为——说明学习活动结束以后学习者将能做什么，以便教师能观察到学习者的行为，了解教学目标是否已经达到。例如，“学生能将几何图形中的长方形和正方形进行分类”。

条件——说明上述行为是在什么条件下产生的。例如，“提供若干三角形、长方形、正方形和菱形”。

标准——学习者达到目标时表现出来的可接受的最低行为水平，用于评价学生的行为表现。例如，“至少有 90%的图形分类正确”。

在教学设计的实践过程中，有些教学专家在马杰模式的基础上增加了教学对象这一要素，并称其为“ABCD 模式”。例如：初二学生（对象）在观察实际的云或云的图片时（条件），能将卷云、层云、积云和雨云区分开来（行为），至少有 80%的云区分正确（标准）。

需要注意的是，马杰的三要素模式及其改进的 ABCD 模式是基于行为主义观点编写教学目标的方法，这类方法虽然能使描写的教学目标更具体、更清晰、可观察和测量，但忽视了学习者内部认知、情感、态度等心理过程的发展。试想，如果把所有的教学目标都用某种行为描述出来，必有使教育局限于某种具体行为训练的危险，这不是信息化时代所追求的教育目的。因此，马杰的三要素模式和 ABCD 模式适用于“知识与技能”目标领域的教学目标描述。那么，该如何描述“过程与方法”“情感、态度与价值观”目标领域的教学目标呢？

针对这一问题，诺曼·格朗伦（Norman E. Gronlund）于 1972 年提出先用描述内部过程的术语陈述教学目标，然后用可观察的行为作例子使该目标具体化，这就是所谓的“总体目标—具体行为”的方法。他把教学目标分为两个水平：（1）总体目标。侧重描述学生内部的心理发展，用“记忆”“理解”“应用”“分析”“创造”“欣赏”等抽象术语来表述学习结果，反映教师总的教学意图。（2）具体行为。侧重描述学生达到目标时的具体行为表现，是总体目标的具体化，是达到总体目标时具有代表性的行为例子，是我们评价总体目标是否实现的依据。

由此可见，格朗伦的“总体目标—具体行为”的方法既避免了教学目标描述的模糊性和笼统性，又克服了马杰三要素模式及 ABCD 模式的表面性和片面性，恰当吸纳了认知心理学和行为主义合理的成分，是一种相对科学、理想的教学目标编写理论。值得强调的是，上述三种学习目标的编写理论没有优劣之分，只是它们的适用对象不同而已。在实际的教学设计过程中，教师或教学设计者应针对不同的教学目标类型选择合适的编写理论，做到灵活选择和应用编写理论才是编写符合实际需要的教学目标的重要思想方法。

二、教学策略

教学策略是对完成特定的教学目标采用的教学活动程序、方法、形式和媒体等因素的总体考虑。对教学来说，没有任何单一的策略能够适用于所有的情况，有效的教学需要有可供选择的各种策略因素来达到不同的教学目标。本节的主题是介绍教学策略的基本构成：教学活动程序、教学方法和教学组织形式。

（一）认识教学活动程序

有目的、有计划地对人类学习的内部过程施加外部事件的影响，就是教学活动。我国常用的教学活动程序有传递—接受程序、引导—发现程序、示范—模仿程序和情境—陶冶程序。此外，国外也有许多颇具影响的教学程序，如奥苏贝尔提出的先行组织者、布卢姆提出的掌握学习及加涅提出的指导学习。

（二）理解教学方法分类

无论教师选择哪一种程序进行教学，都必须采用一定的方法。我们把教师和学生为了达到教学目标，在教学原则的指导下借助教学手段（工具、媒体或设备）而进行的师生相互作用的活动称为教学方法。在教学实践的过程中，会有许多新的教学方法涌现，而且没有一个令人信服的标准来判断教学方法的优劣，我们只有根据具体情况选择最优的教学方法。

另外，需要强调的是，前面按学习结果的类别对教学方法进行了简单的归类，目的是使各类教学目标都有相应的教学方法保证其得以实现，而不至于出现某些目标在教学设计中被忽略的现象。但这并不意味着各种方法只能用于对应的教学目标的实现；相反，各种教学方法有机的结合起来使用更能达到事半功倍的效果。

（三）掌握教学组织形式

各种教学程序不仅需要一定的教学方法来完成，而且也需要以某种组织形式为依托。这里说的教学组织形式是指根据教学的主观和客观条件，从时间、空间、人员组合等方面考虑安排的教学活动的方式，它大致分为三类：集体授课、个别化学习、小组相互作用。其对教学过程的影响如下所示：

（1）教学组织形式对教学效率、教学规模和教学质量有重要影响。不同的教学组织形式对教学效率、教学规模和教学质量有不同的影响。与个别教学相比，班级授课制在教学效率和教学规模上的提高是显而易见的。在目前中小学教学实际中是将这些组织方式综合起来运用，有时也根据不同的需要采用不同的组织方法。

（2）教学组织形式对学生知识技能的掌握、个性的形成、情感的发展有一定影响。不同的学科教学适合采用不同的教学组织形式来进行，教授不同的知识、技能，应灵活运用不同的教学组织形式，以达到教学的最优化。此外，教学组织形式决定了课堂师生交往方式、交往氛围、交往风格，这就间接影响到学生的个性和情感发展。

（3）教学组织形式对教师的教学方式及教学风格有一定影响。教师对教学组织的方式有决定权，可以根据教学目标、教学内容灵活地采用或全班，或小组，或个别教学的方式。我们所要注意的就是不要把这种思想僵化，不要完全受制于此，而要敢于突破，灵活地运用并创新教学组织形式。

第四节 信息化教学设计

一、信息化教学设计概述

所谓信息化教学，是与传统教学相对而言的现代教学的一种表现形态。这种教学形态，一方面以信息技术的支持为显著特征，另一方面以现代教育教学理念为指导。

所谓信息化教学设计，是指在综合把握现代教育教学理念的基础上，充分利用现代信息技术和信息资源，科学安排教与学过程的各个环节和要素，为学生提供良好的信息化学习条件，实现教学过程最优化的系统方法。其目的在于培养学生的信息素养、创新精神、实践能力和综合能力，从而增强其学习能力，提高学业成就，并使其最终成长为具有信息处理能力的、主动的终身学习者。

信息化教学设计以建构主义学习理论为指导，与传统学习方法、行为主义教学设计以及经典 CAI 设计有很大的不同。它具有自身的设计基本原则和评价标准。

（一）建构主义学习方法与传统学习方法的比较

乔纳森认为，建构主义学习方法与传统学习方法有很大的不同，见表 6–3。

表 6–3 建构主义学习方法与传统学习方法的比较

比较项目	建构主义学习方法	传统学习方法
知识观	知识是在行为活动/经验中建构的、逐渐显现的、情景化的、分布式的	知识是传递的、外在于学习者的、客观的、稳定的、现成的、非情景化的
现实观	心智/思维活动的结果	外在于学习者的客观存在
意义观	反映个人的观点/经验的理解	外部世界的反映
符号观	建构现实的工具	用于描绘或表现世界
学习观	知识建构、解释世界、建构意义、劣构的、真实的–经验的、阐释–反思的、重视过程的	知识传递、反映教师所知、良构的、抽象–符号化的、接受—保持—回忆的、重视结果的
教学观	反映多种观点、递进的复杂度、发散性/多样性的、由下至上的、归纳式的、认知学徒、模拟、指导、探究、以学习都为中心	简化知识、抽象原则、重视基础、从上至下的、推演式的、重视符号表征系统（规则/原理）的应用、讲授的、监护的、教师支配/控制的、个别化的、竞争性的

（二）行为主义教学设计与建构主义教学设计的比较

信息化教学设计是以建构主义为指导思想的，它在教学设计思想上与行为主义教学设计有很大的不同，见表 6-4。

表 6-4　行为主义教学设计与建构主义教学设计的比较

行为主义	建构主义
设计过程是顺序的、客观的和线性的	设计过程是递归的、非线性的，有时甚至是混沌的
制定计划是自上向下的有规则的，包括一个带行为目标的严格行动计划，并且按计划有组织地顺序展开设计过程	制定计划开始时概念还不清晰，随着开发工作进展而渐趋详细。开发工作应该是合作性的，设计小组人员一起工作，产生一个共同的意愿
教学设计专家对设计工作至关重要	不存在教学设计专家。懂得教学内容与情境的开发者是必需的，但不是一般的教学设计专家
复杂任务被分解为子技能并被顺序地教授	教学重点是在意义丰富的情境中发展理解
教学重心在于授递由专家选定的事实与强化技能。计算机被用来扮演传统教师的角色：信息发送者、评价者、学习记录者	所用教学手段是为了提出问题，并为学生提供获取解决这些问题所需知识的条件
终结性评价至关重要，因为它检验学习材料是否行之有效	形成性评价比终结性评价（参见第八讲）重要，因为它能够提供有助于改进教学的反馈信息
客观性数据是教学过程各部分的要素，从确定起点行为到事后测试	主观性数据可能最有价值，因为许多重要目标无法仅用客观性数据来评估。许多时候，其他类型的评估方法（诸如电子作品、面谈、观察、重点小组、口头征询）会比定量数据更宝贵

（三）经典 CAI 设计与信息化教学设计的比较

在信息化教学设计中，涉及电子作品的制作，但它与经典 CAI 设计有很大的区别。虽然经典 CAI 中的主要教学模式从广义上讲属于信息化教学模式，但信息化教学设计更强调以学为中心，促进学生综合能力的发展。经典 CAI 设计与信息化教学设计的比较见表 6-5。

表 6-5　经典 CAI 设计与信息化教学设计的比较

比较项目	经典 CAI 设计	信息化教学设计
设计核心	教学内容设计，以课件开发为中心	教学过程设计，重视学习资源的利用
学习内容	单学科知识点	交叉学科专题

续表 6-5

比较项目	经典 CAI 设计	信息化教学设计
主要教学模式	讲授/辅导	探究/研究型学习
	模拟演示	资源型学习
	操练练习	合作型学习
教学周期	以课时为单位	以单元为单位（短至一星期，长至学期或学年）
教学评价	依据行为反应	依据电子作品集

（四）信息化教学设计的基本原则

信息化教学设计的基本原则可归纳为以下几点：

（1）以学为中心，注重学生学习能力的培养。教师作为学习的促进者，引导、监控和评价学生的学习进程。

（2）充分利用各种信息资源来支持“学”。

（3）以“任务驱动”和“问题解决”作为学习和研究的主线，在相关的有具体意义的情境中确定学习策略，传授技能。

（4）强调协作学习。这种协作学习不仅指学生之间、师生之间的协作，还包括教师之间的协作，如实施跨年级和跨学科的基于资源的学习等。

（5）强调针对学习过程和学习资源的评价。

（五）信息化教学设计的评价标准

评价一个信息化教学设计是否成功，可从以下几个方面着手：

（1）是否有利于提高学生的学习效果。

1）学习目标是否明确，表述是否清楚。2）所有的学习目标是否都符合相关的教学大纲要求。3）教学设计中是否考虑到学生的个体差异，并明确说明如何调整标准以适合不同的学习者。4）教学设计是否能激发学生的兴趣，符合学生的年龄特征，并有利于学生的学习及其高级思维能力和信息处理能力的培养。

（2）技术与教学的整合是否合理。

1）技术的应用和学生的学习之间是否有明显的关联。2）技术是否是教学计划成功的必不可少的一部分。3）把计算机作为研究、发布信息和交流的工具是否有助于教学计划的实施。

（3）教学计划的实施是否简单易行。

1）教学计划是否易于根据具体教学情况的差异进行修改，以便应用于不同的班级。2）教师是否可以比较轻松地应用教学计划中涉及的技术，并获得相应的软硬件支持。

(4) 是否能够有效评价学生的学习。

1) 教学计划中是否包括一些评价工具，用于务实的评价和评估。2) 学生的学习目标和学习成果评估标准之间是否有明确的关系。

二、信息化教学设计典型模式的设计步骤

信息化教学设计模式是信息化教学环境中教学系统设计的理论与实践框架。信息化教学设计典型模式并不意味着最佳模式或唯一模式，但由于模式融合了现代的教学理念、系统的设计方法和结构化的评价手段，体现了信息化教学设计的基本原则，故代表了信息化教学的发展方向。其典型模式如图 6-3 所示。

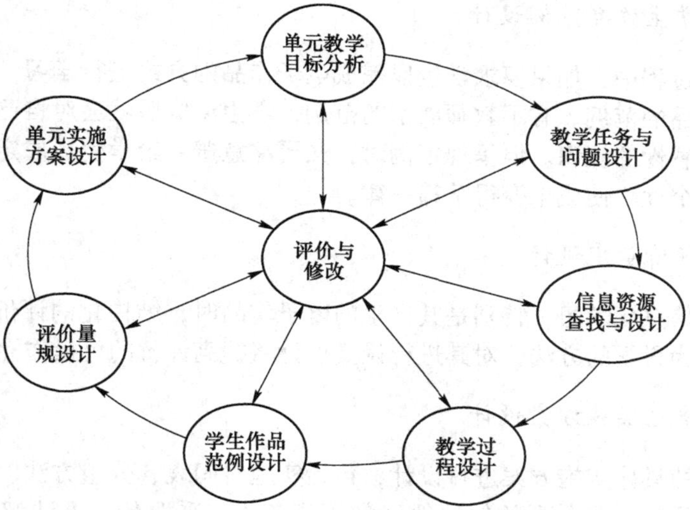

图 6-3　信息化教学设计典型模式

(一) 单元教学目标分析

在分析学习者特征、教学内容特点的基础上确定单元学习目标，确定学生通过学习应该达到的水平或获得的能力。

(二) 教学任务与问题设计

教学任务与问题的设计由教师与学生共同协商制定。根据阶段性目标，设计真实的任务和有针对性的问题。

(三) 信息资源查找与设计

在信息化时代，学习资源异常丰富，学生可以轻而易举地通过网络、图书馆

等找到自己所需的信息。然而信息的无限丰富性又给学生的学习带来一些不良的影响，其中一个比较突出的弊端是给学生的信息查找带来一定困难。教师在这方面应提供一定的帮助，如给学生提供一些寻求资源的方法，学生根据学习内容、学习地点、学习方式确定最恰当的寻找资源的途径。如果需要，教师还可以根据情况就某一个学习主题做一个资源列表，学生根据这一列表进行资料收集、分析与整理目标、寻求解决问题的方法，从而最终完成学习任务。

（四）教学过程设计

学生在教师指导下，对自己的学习方式、学习途径、学习过程进行设计。信息化教学强调学生的自主设计能力，对学生的有效学习起着关键作用。

（五）学生作品范例设计

在教学过程中，如果要求学生以完成电子作品的方式进行学习，教师应事先做出电子作品的范例。有了教师展示的范例，学生浏览后就会对自己将要完成的任务有一个感性的认识。但呈现范例时，又要注意避免给学生造成定势，否则会扼杀学生的个性，使成果变得千篇一律。

（六）评价量规设计

在评价信息化学习，特别是其产生的电子作品时，结构化的评价工具——量规提供了较为科学的方法，对其进行认真设计将提高评价的可操作性和准确性。

（七）单元实施方案设计

对教学的具体实施方案进行设计，包括实施时间表、分组方法、上机时间分配、实施过程中可能用到的软硬件（如不具备，应采取什么方法解决）以及其他必要的文档准备等。

（八）评价与修改

由于学习过程中各因素的复杂变化性，在教学设计过程中，需要随时进行评价修改，并伴随设计过程的始终，只有对教学各环节进行合理调控才能获得最理想化的教学效果。

信息化教学设计过程呈现动态、循环的特征，在每一个设计步骤中，都强调学习者作为学习主体的地位，让学生参与到整个设计过程之中，提高学生的自我意识以及对自身学习过程的反思与调节能力。

三、信息化教学设计成果

信息化教学设计模式产生的结果不是传统意义上的教案或课件，而是一个单元教学计划“包件”，其中包括以下内容。

（一）单元教学计划

具体地描述教学单元的主题、学习目标、学习活动（教学过程）、学习资源等，其中的学习活动和学习资源在很大程度上是由信息技术支持的，因此这种教学计划可称为信息化教案。

（二）学生电子作品范例

给学生提供参考用的电子作品，可以从各种电子信息源中选取或由教师自行制作。

（三）学生作品评价量规

提供结构化的定量评价标准，从内容、技术、创意等方面详细规定评级指标。利用这种量规来评价学生电子作品，可操作性强、准确性高，既可以让教师评，也可以让学生自评和互评。

（四）教学支持材料

为支持学生有效进行学习活动准备的各类辅助性材料，如软件工具、资料光盘、在线参考资料、参考书目、教师用电子讲稿等。

（五）单元实施方案

包括教学活动的时间安排、学生分组办法、上机时间分配以及征求社会支持的措施等。

信息化教学包件一般在计算机上生成和保持，每个构件各自有一个专门的文件夹，这对于检索、修改来说非常方便。

四、信息化教学设计方案的编写

信息化教学设计方案主要有两种编写格式：叙述式和表格式。不管哪种格式的教学设计方案一般包括学习者特征分析、教学目标分析、教学模式与教学策略的选择、教学媒体和教学资源的选择与设计、教学过程和教学评价等方面的描述。

叙述式信息化教学设计方案模板如下：

（1）课题名称。

（2）概述。说明学科（数学、语言艺术等）和年级（中学、小学、学前等）：简要描述课题来源和所需课时，概述学习内容，概述这节课的价值以及学习内容的重要性。

(3) 学习者特征分析。说明教师是以何种方式进行的学习者特征分析，比如说是通过平时的观察、了解，或是通过预测题目的编制使用等。包括智力因素方面（知识基础、认知结构变量、认知能力）和非智力因素（动机水平、学习风格）等。

(4) 教学目标分析。对该课题预计达到的教学目标作出一个整体描述，包括学生通过本节课的学习将学会具备哪些知识和能力、会完成哪些创造性产品以及潜在的学习结果、增强哪些方面的情感态度与价值观，包括知识目标、能力目标和情感目标。

(5) 教学模式、教学策略的选择与设计。根据对学习内容和教学目标、学习者等的分析，选择和设计有助于达到预期目标、符合学习内容的特点、与学习者特征相适应的教学模式和教学策略，包括学习任务设计。

(6) 学习情境与学习任务设计。在教学设计与实施过程中，要尽可能创设一个真实、完整的教学情境，以此为支撑物，启动教学，使学生产生学习的需要。学习情境有故事情境、问题情境、虚拟实验情境等，不同的学科可以有更多更细的情境类型。学习任务可以是一个问题、一个案例分析、一个项目研究或是一个观点分歧，好的任务应该是既有效又真实的。

(7) 教学媒体与教学资源的选择和设计。为学习者介绍可用于完成学习任务的媒体和资源。如学生可能获得的学习环境（多媒体教室、网络教室或实地考察环境等）、教材、文本、图片或音视频资料，可用的多媒体课件，参考网址（建议在每个网址后写上一句话，简要介绍通过该网址可以获得的信息），为学生提供的认知工具。

(8) 教学活动过程设计。课堂教学过程的设计实际上是以上述各教学设计要素的分析和设计结果为基础，综合考虑教师的活动、学生参与活动、教学内容的组织、教学媒体的运用等方面及它们之间相互联系，对具体的教学实施过程进行设计。为了形成最佳的课堂教学结构，可借助图形符号设计课堂教学结构流程图，作为实施课堂教学活动的蓝图。

(9) 评价。创建量规，向学生展示他们将如何被评价（来自教师和小组其他成员的评价）。另外，可以创建一个自我评价表，这样学生可以用它对自己的学习进行评价。

五、信息化教案标题

(一) 学科领域

介绍本教案所适用的学科领域。如果在教案中涉及多个学科，建议不要超过4门。

（二）适用年级

介绍本教案所适用的学生年级，建议不要跨度过大。

（三）教学/学习内容概述

在此处对学习内容进行简要的概述；如果涉及角色扮演等，还应在此处设置情境。

（四）学习目标/学习成果

先用一两句话概述学生通过此次学习将会获得或学到什么，然后清晰地描述学习者行为的最终结果将是什么。这些最终结果可以是：

（1）学到了一系列知识；

（2）解答了一系列问题；

（3）培养了高级思维能力和信息处理能力；

（4）阐明了自己的立场并进行了说明；

（5）进行了具有创意的工作。

（五）教学过程

介绍学习者完成任务应遵循的步骤，这一部分是教案的关键所在，一定要使这些步骤简明清晰。

还可以在此为学生提供一些建议，以帮助他们组织收集到的信息或发展高级思维能力。“建议”可以采用由复选框组成的问卷形式，问卷中的问题旨在分析信息或引起学生对要思考的事物的注意。如果有必要，可以在此处考虑对不同层次学生进行个别化教学。

（六）所需材料及资源

利用这一部分介绍学习者可用于完成任务的材料或参考网址（建议在每个网址后写上一句话，简要介绍通过该网址可以获得的信息）。

（七）评价方法或工具

创建量规、自我评价表或其他评价工具，以便学生可以知道他们将如何被评价。可见，教学模式是指在学习环境设计理论与实践框架指导下，为达成一定的教学目标而构建的教学活动结构和教学方式。它是将学习环境设计理论转化为具体教学活动结构和操作程序的中介，是将学习环境设计理论与实践框架同具体教学情境相结合的结果。信息化教学模式是新时代条件下的教学模式的新发展，是基于技术的数字化教学模式/学习模式。

评价信息化教学设计是否成功，主要考虑以下方面：

(1) 是否有利于提高学生的学习效果。

(2) 技术与教学相整合是否合理。

(3) 教学计划的实施是否简单易行。

(4) 是否能够有效评价学生的学习。

第五节 教学评价

评价即是评估活动或事物的价值，将数值根据一定的标准分配于事物之上，其基本原则是客观、整体、指导、科学。

一、教学评价定义

教学评价是以教学目标为依据，制定科学的标准，运用一切有效的技术手段，对教学活动过程及其结果进行测定、衡量，并给予价值判断（何克抗）。教学评价是以教学目标为依据，运用科学可行的方法，对教与学的过程和资源进行价值判断，它为促进学生发展提供可靠的依据（张剑平）。教学评价的基本功能包括诊断功能、激励功能、调控功能、教学功能和导向功能。

二、教学评价传统分类

教学评价可以按照多种方法分类。其中，按评价基准可分为相对评价、绝对评价与自身评价；按评价方法可分为定性评价与定量评价；按评价功能可分为诊断性评价、形成性评价与总结性评价。下面重点介绍按评价功能分类。

（一）诊断性评价

含义：也称教学前评价或前置评价。通常是在正常教学活动未纳入轨道前，对学生的知识和技能、智力和体力以及情感等状况进行“摸底”，如学习者分析中的起点水平分析。

特点：前置评价，目的是设计出可以满足不同起点水平和不同学习风格的学生所需要的教学方案，并分别将学生置于最有益的教学程序中。

实施：分析学习者起点水平，判断他们是否具备实现新的教学目标所必需的基本条件，为教学决策提供依据，使教学活动适合学生的需要和背景。

除了诊断缺陷和问题外，还包括各种优点和各种特殊才能禀赋的识别。

（二）形成性评价

含义：又称绝对评价，在某项教学活动或项目开发的过程中，为使活动或项目效果更好而不断地进行评价，如一个章节或一个单元后的小测验，相对进行得比较频繁。

特点：教学过程中频繁地进行，目的在于了解教学结果和学生学习的进展情况、存在的问题等，以便及时地反馈、及时地调整和改进教学工作。

实施：着重在于判断前期工作达标的情况。对新的教学方案进行评价通常是在该方案试行过程中进行的，目的是为修改方案收集有力的数据和资料。

（三）总结性评价

含义：又称事后评价，一般是在教学活动或项目开发告一段落时，为把握活动的最终效果而进行的评价，如期末考试。

特点：注重学习结果，借以对被评价者取得的较大成果作出全面鉴定、区分等级并对整个教学方案的有效性做出评定。

实施：在期末进行考试、考核。

祝智庭教授于2005年按照实施时间、评价目的、评价方法及其作用等分别比较了三种评价，具体见表6-6。

表6-6　诊断性评价、形成性评价和总结性评价的比较

要点	诊断性评价	形成性评价	总结性评价
实施时间	教学之前	教学过程中	教学之后
评价目的	了解学生底细，以便安排教学	了解学习过程，调整教学方案	检验学习结果，评定学习成绩
评价方法	观察、调查作业分析、测验	经常性测验、作业分析、日常观察	考试或考察
评价作用	查明学习准备情况和不利因素	确定学习效果	评定学业成绩

三、教学评价的功能

教育心理学和教学论专门研究了教学评价对提高教学效果的作用，具体概括为以下几个功能。

（一）诊断功能

评价是对教学结果及其成因的分析过程，借此可以了解到教学各方面的情况，从而判断它的成效和缺陷、矛盾和问题。全面的评价工作不仅能估计学生的成绩在多大程度上实现了教学目标，而且能解释成绩不良的原因，如学校、家庭、社会和个人中哪方面的因素是主要的，就学生个人来说，主要是由于智力因素，还是学习动机等其他非智力因素的影响，抑或是两者兼而有之。教学评价如同体格检查，是对教学现状进行一次严谨的科学诊断，以便为教学的决策或改进指明方向。

（二）激励功能

评价对教学过程有监督和控制作用，对教师和学生则是一种促进和强化。通过评价反映出教师的教学效果和学生的学习成绩。经验和研究都表明，在一定限度内，经常进行记录成绩的测验对学生的学习动机具有很大的激发作用。这是因为，较高的评价能给教师、学生以心理上的满足和精神上的鼓舞，可激发他们向更高目标努力的积极性：即使评价较低，也能催人深思，激起师生奋进的情绪，起到推动和督促作用。

（三）调控功能

评价的结果必然是一种反馈信息。这种信息既可以使教师及时知道自己的教学情况，也可以使学生得到学习成功和失败的体验，从而为师生调整教与学的行为提供客观依据，教师据此修订教学计划、改进教学方法、完善教学指导；学生据此变更学习策略、改进学习方法、增强学习的自觉性。教学评价有利于使教学过程成为一个随时得到反馈调节的可控系统，使教学效果越来越接近预期的目标。

（四）教学功能

评价本身也是一种教学活动。在这种活动中，学生的知识、技能将获得长足发展，甚至产生飞跃。如测验就是一种重要的学习经验，它要求学生事先对教材进行复习，巩固和整合已学到的知识技能；事后对试题进行分析，又可以确认、澄清和纠正一些观念。另外。教师可以在估计学生水平的前提下，将有关学习内容用测试题形式呈现，使题目包含某些有意义的启示，让学生自己探索领悟，获得新的学习经验或达到更高的教学目标。

四、教学评价的一般方法

在教学过程中，有多种评价方法。作为教育评价的工具，评价方法应具有科学性、灵活性和实践性。要综合采用测验、调查、观察、档案袋、自我评价、家长评价等多种方法进行评价。与传统的教学评价相比，新课程需要的是一个能促进学生主动发展的全面的评价体系。下面介绍常用的几种面向学习过程的评价方法。

（一）测验

如果评价的目的是为了了解学生认知目标的达标程度，测验是最常用的工具。试卷是实现测验这种评价方法的主要工具之一。试卷中的题目通常可分为两大类：构答题和选答题。所谓构答题，指的是要求学生用文字、算式等对给定的题目提供正确答案的试题，具体包括作文题、算术和填充题等；所谓选答题，指的是要求学生在题目附带的两个以上的答案中选择正确答案的试题，具体包括是非选择、多项选择、配对、组合等类型。这两大类试题各有利弊并恰为互补，是不能相互取代的。如在评价较高层次的理解能力、归纳推理能力、组织和表达能力方面，构答题（除填充题外）比选答题效果好；在评价较低层次的知识记忆、一般理解和判断能力方面，选答题要比构答题效率高；在编制题目的技巧方面，构答题比选答题容易掌握；在判断和反馈答案的正误方面，选答题比构答题容易处理。所以，较好的做法是将这两类试题相互结合，融为一体，即将若干选答题与供答题放于一张试卷同时使用。值得注意的是，信息化教育对试卷的形式和内容提出了新的挑战，什么样的题目才能测试出学生的信息处理能力和高级思维能力，这正是广大教育工作者正在思考和实践的一大问题。

（二）调查

调查是通过预先设计的问题请有关人员进行口述和笔答，从中了解情况，获得所需要的资料。作为教学评价的重要手段，它可以了解学生的学习兴趣与态度、学习习惯与意向，了解各方面对教学过程和教学效果的意见，也可以通过调查了解学习资源对学生产生的效果等，从而判断教学或学习资源的有效程度，为改进教学或学习资源提供依据。调查的主要形式有问卷和面谈两种。在调查过程中，将有很多相关因素相互作用，以面谈为例，谈话时的气氛、谈话人的态度、谈话人的身份、谈话的时间、问题的表述及敏感性等都会影响调查的结果。为此，为保证评价的合理真实，必须事先对即将付诸实施的调查进行精心的设计。

问卷调查表是进行调查的工具之一，它的设计将直接影响调查的结果。在设计问卷调查表时，应该注意：首先，要明确调查目标，并根据调查目标设计表述简单明了、没有歧义的问题，同时也要考虑调查结束后这些问题在进行整理评价时的意义；其次，为被调查者的方便起见，应使问卷填写工作尽可能地简单，为此最好将每个问题的答案都设计成选择题的形式，并提供尽可能多的答案，同时在必要的地方也不要忘了设置开放式问题收集意料之外的答案；最后，还要考虑问卷调查表的表现形式，最基本的要求是简洁大方、便于理解、方便填写。

问卷设计好以后，一般采用访问、邮寄、发放等方法进行调查。依靠组织系统逐级发放问卷的发放方式一般是由各级负责人讲明调查目的、要求、填写步骤、方法。大多数单位能积极合作，组织得好，问答率高。但也有合作不好的单位，有时不按时向下发放问卷，会耽误整个调查研究的工作，应引起研究者的注意。信息技术的发展，使现代的问卷调查方式已开始向电话调查、网上在线调查等方向发展。

（三）观察

观察，即在教育自然的场景下了解观察对象。观察与测验、调查不同的是被观察者像往常一样的学习和活动，不会产生或感到任何的压迫感。所有收集的资料自始至终都是被观察者的常态表现，都是自然的、真实的。观察一般要在事前确定观察目的、观察范围，并必须明确对观察的某现象需设置那些变化的情况或场景，使被观察者在这种特定条件下进行活动，以获得合乎实际目的的材料。

观察也同其他方法一样，有自身的局限性。比如，受时间的限制，某些事件的发生是有一定时间限制的，过了这段时间就不会再发生。受观察对象限制，如研究青少年犯罪问题，有些秘密团伙一般不会让别人观察的。受观察者本身限制，一方面人的感官都有生理限制，超出这个限度就很难直接观察；另一方面，观察结果也会受到主观意识的影响。观察者只能观察外表现象和某些物质结构，不能直接观察到事物的本质和人们的思想意识。因此，观察不适应于大面积调查。观察在情境化教学中的评价作用应该引起重视，但需要注意运用量规等评价工具，以便使观察更具目的性，观察结果更具客观性。

（四）学习契约

学习契约（learning contract）也称为学习合同，这种评价方法来源于真正意义上的契约或合同。其在学习中的应用，是为了能够让学生在完成任务和解决问题时有一个具体的目标或依据，也为了客观合理的学习要求。其目的是要求学生以“任务驱动”和“问题解决”作为学习和研究活动的主线。为了能够让学生在完成任务和解决问题时有一个具体的目标或依据，也为了客观合理的评价，学习契约这种评价方式是应该得到足够重视的。

（五）量规

量规（rubric）一个真实性评价工具，它是对学生的测验、成长记录袋或者表现进行评价或者等级评定的一套标准；同时也是一个有效的教学工具，是连接教学与评价之间的一个重要桥梁。一般量规至少应具有三个要素：一是评价准则，指确定表现性任务、行为或作品质量的各个指标；二是等级标准，说明学生在表现任务中处于什么样的水平；三是具体说明，描述评价准则在质量上从差到好（或从好到差）的序列，评价准则在每个等级水平上的表现是什么样的。

它的基本作用是：(1) 帮助教师和学生定义“什么是高质量的学习”。在评价学生的学习时，应用量规可以有效降低评价的主观随意性，不但可以教师评，而且可以让学生自评或同伴互评。(2) 当学生有规则的通过量规来评判他们的作业时，他们将开始对学习的结果充满责任心，减少了“我还要做什么”的问题。(3) 量规减少了教师为学生作业进行评分的时间，并且使教师更容易向学生解释，为什么他们得到这个等级，他们做哪些方面的努力可以获得提高。(4) 使用量规评分的最大好处之一是使标准公开化，这意味着量规将成为学生、父母和社区共享的一种评价标准，这样学生就会将精力集中在学习上。

(六) 档案袋

档案袋（portfolio）是按一定目的收集的反映学生学习过程以及最终产品的一整套材料。这种档案袋在客观上可有助于促进个人的成长，而学生也能在自我评价中逐渐变得积极起来。档案袋中可包含各种形式的学习材料，如录像带、书面文章、图画、计算机编程等。例如，一个艺术家的档案袋可包含使用一系列艺术媒体和技术所创造的艺术作品、不断进步的作品、最初的草图以及已完成的作品，还有报刊上刊登的教师、学生和同行的评论。档案袋使学生能在一段时间后检查自己的成长，从而成为自身努力的更有见识、更善思索和善于反思的评估者。同时，它能提供具体的参考资料，凭借这些资料，教师能辅导和支持学习者达到自己的目的。

(七) 绩效评估

在信息化教学中，学生个人或小组针对某一主题，独立完成任务，并以成果（如电子作品、解决方案、研究报告等）方式来展示绩效，已经成为一种普遍认可的学习模式。在这种学习模式中，绩效评估（performance assessment）涉及学生创造成果或完成所要求的既定任务的过程，并且需要一整套的辅助工作，如学生作业的观察、展现、陈述、访问，学生生成的计划、模仿以及角色游戏等。为了绩效的真实性，它们应与真实世界或该世界的某些方面保持联系，即这应当是知识的应用，而不只是对知识的回忆。好的绩效评估反映了真实世界的复杂性，并同时对许多方面进行测量。在绩效评估中，学生有机会显示广泛的才能，意识到学习不仅仅是记忆的练习，而且是发展既有具体训练的深度，又能适应所学领域的复杂性的一种感悟。

第七章　课程整合

信息化是当今世界经济和社会发展的大趋势，以多媒体和网络技术为核心的信息技术已成为拓展人类能力的创造性工具。《基础教育课程改革纲要》中强调："促进信息技术与课程的整合，逐步实现教学内容的呈现方式、学生的学习方式、教师的教学方式和师生互动方式的变革，充分发挥信息技术的优势，为学生的学习和发展提供丰富多彩的教育环境和有力的学习工具。"为了适应这个发展趋势，我国已经确定在中小学普及信息技术教育，并继续加强信息技术与其他课程的整合。"信息技术与课程整合"是我国面向21世纪基础教育教学改革的新视点，是继承了传统的学科教学的优势，同时又具有一定相对独立的特点的教学类型。信息技术与课程整合已成为了信息化教育的一个重要领域。

第一节　现代教育技术与新课程改革

改革开放以来，我国基础教育取得了辉煌成就，基础教育课程建设也取得了显著成绩。但是，我国基础教育总体水平还不高，原有的基础教育课程已不能完全适应时代发展的需要。为贯彻《中共中央国务院关于深化教育改革全面推进素质教育的决定》(中发〔1999〕9号)和《国务院关于基础教育改革与发展的决定》(国发〔2001〕21号)，教育部决定，大力推进基础教育课程改革，调整和改革基础教育的课程体系、结构、内容，构建符合素质教育要求的新的基础教育课程体系。新的课程体系涵盖幼儿教育、义务教育和普通高中教育。

一、新课程背景下教学理念的重建

(一) 新课程背景下教学与课程的关系

在新课程改革中，课程不再是仅仅由教材、教学大纲或教学计划等文字资料组成的了，而是由这些文字资料和教师与学生对课程的体验和感悟共同组成的，并且教师与学生的体验和感悟将占课程的主体地位。"教学过程因此成为课程内容持续生成与转化、课程意义不断构建与提升的过程。"因此，在新课程中，教学与课程的关系是一种动态的、生成性的、互相促进、相互作用的关系。

（二）新课程背景下教与学的关系

在新课程的教学中，“教学是教与学的交往、互动，师生双方相互交流、相互沟通、相互启发、相互补充，达到共识、共享、共进，实现教学相长和共同发展”。可见，在新课程下的教与学的关系是一种交流的、互动的和融合的关系。真正地做到在“教”中“学”，在“学”中“教”，教师与学生将组成一个“学习共同体”，在这个共同体中，没有教与学的明显区分，只有共同的学习目标。

（三）新课程背景下学科与学生的关系

学科与学生之间的关系其实是教育价值观方面的问题，即教学应该关注学科，还是应该关注学生。新课程倡导的教学是一种学生本位论。它的特点是：（1）关注每一位学生；（2）关注学生的情绪状态和情感体验；（3）关注学生的道德与人格培养。

（四）新课程背景下的师生关系

新课程改革的师生关系是一种建立在相互尊重基础上，动态、平等的对话关系。首先，是建立在教师与学生相互尊重的基础上的，这种相互尊重在要求教师尊重学生的同时，也要求学生尊重教师，不能走极端；其次，这种关系是建立在教师与学生地位平等的基础之上的，在相互尊重与地位平等的基础之上，教师与学生之间是一种动态的对话关系。

（五）新课程背景下的教学目标

新课程要求建立新的教学目标体系，必须要充分体现素质教育的思想。素质教育为教学提出的第一个要求就是认知与情意的统一。融认知与情意为一体，使之相辅相成、相互促进。素质教育为教学提出的第二个要求是结果与过程的统一。在上述两个指导原则的指导下，素质教育的教学目标应该具有以下特点：

（1）情意性。即在素质教育教学目标体系中，由认知发展目标与学生的情感、态度以及价值观的发展目标共同组成。

（2）过程性。素质教育要求教学目标应该是教学情境的产物和问题解决的结果。

（3）个性化。素质教育要求发展学生的个性，追求学生反应的多元性，而不是同质性。

（六）新课程背景下的学习方式

新课程要求建立的新的学习方式是一种“以弘扬人的主体性为宗旨、以促进人的可持续发展为目的，由许多具体方式构成的多维度、具有不同层次结构的开放系统”。总体来说，新课程下的学习方式具有以下几个特征：主动性、独立性、多样性、体验性、问题性。

（七）新课程背景下的教学环境。

教学环境包括人文环境和物理环境两种：（1）人文环境的开放主要表现在打破教与学的界限，打破教师与学生之间的那种束缚与被束缚的关系，解放学生的学习等方面。（2）所谓教学的物理环境指的就是教室。教室作为教学的场所，其功能与作用在新课程改革当中也要有所转变，要从封闭走向开放。

教室的开发主要包括以下几个方面：（1）它肩负着为学生与学生之间、学生与教师之间以及学生与社会之间的交流提供条件的责任。（2）教室的空间定义在新课程的教学中也有所改变。可以是将社会引进教室，也可以是将教室设于社会之中。这里的教室已经不是传统意义上的教室，而是真正地成为一种教学环境。

（八）新课程背景下的教学组织形式

在新课程的实施中，教学的组织形式应该具有以下几个特征：

（1）多样化。新课程改革要求建立多种教学组织形式，它可以包括个别教学、小组教学、集体教学、学生自学等多种形式。

（2）综合化。教学要根据不同的情境采取不同的教学组织形式。

（3）社会化。教学组织形式必须逐步走向社会化，充分利用社会的资源完善我们的教学。

（九）新课程背景下的教学评价

新课程所倡导的教学评价具有以下几个特点：

（1）由甄别走向发展。新课程教学评价应该承认学生的差异性，关注学生的各方面发展，促进每位学生的发展。

（2）从单一走向多元。教学评价的多元化，主要体现在以下几个方面：

1）实现评价主体的多元化。

2）实现教学评价指标的多元化。

3）评价方法与评价手段的多样化。

（3）由重结果走向重过程。在新课程中，教学评价即重视学生的学习过程，根据不同学生的学习经历做出不同的评价，使评价具有针对性。总之，在新课程中教学评价将由简单的静态的结果性评价走向动态的形成性评价，走向结果与过程评价的统一。

（十）新课程背景下的教学效果

新课程下的教学改革要达到的效果主要有两个方面：一方面是提高质量；另一方面是个性化的。新课程改革中所追求的“高质量”是一种对每一个人的高质量发展的追求，要求每个人都要成为一个自己对自己满意的人。实现个性化的教学有两个方面的含义：一是教学要以促进学生的个性发展为宗旨；二是教学本身要实现个性化。

二、现代教育技术在新课程改革中的地位和作用

运用现代教育技术促进新课程的改革将引起教育内容、教学材料、教学方式、学习方式、考评方式等方面的根本性变革，在学生能力培养和促进学生个性发展等方面有着非常重要的作用。

（一）现代教育技术促进教学方式的变革

基础教育课程改革不能只是“换药”不“换汤”，其不仅要对课程本身进行改革和发展，更重要的是对教学方式、教学手段和教学工具进行革新和改进。现代教育技术倡导利用现代信息技术手段优化课堂教学，提高教学效率，把现代教育新理念和新技术应用到基础教育课程改革中必将促进新课程的改革。

1. 教育观念从重“教”转向重“学”

在这诸多变化中，教学观念是重中之重，主要表现为：打破传统的师生主从关系，促进新型师生关系的形成。现代教育技术的出现使得传统的课堂出现了第二种画面（投影、电视、音响和跨区域的学习伙伴（网络协作学习成员）），网络技术和虚拟技术让师生处于一种身临其境的教学情景。现代教育技术为新课程的改革提供动力，新课程改革将会有重大的创新和突破。因而新课程对教育改革提出了全新的要求，要求教师在教育观念、教学方式都要有根本性的转变。

传统教学重视教师的教，忽视学生的学。传统的课堂是建立在教师对知识的绝对权威的假想之上的，所以老师成为课堂教学活动的主宰。学生对老师产生盲从，学生学习就是整天处于被动地应付、机械训练、死记硬背、简单重复之中，对于所学的内容总是生吞活剥、一知半解、似懂非懂。现代人本主义观点认为：“学习的过程是丰满人性形成的过程，学生是学习的主体。”现代教育观念要求从重教向重学的方向转移，教师在教学活动中起到教导、引导、指导和辅导的作用。

2. 信息时代促使学习方式从“学会”向“会学”转变

传统学习方式重视知识本身的学习，忽略了知识产生的过程。转变学习方式

就是从知识产生、推导的过程入手，让学生掌握知识产生的过程和获得知识的方法。即从“学会”转向“会学”，这是学习观的根本变革。学生的学习方式一般有接受和发现两种。在接受学习中，学习内容是以定论的形式直接呈现出来的，学生是知识的接受者；在发现学习中，学习内容是以问题形式间接呈现出来的，学生是知识的发现者。传统学习方式过分突出和强调接受与掌握，冷落和忽视发现与探究，从而在实践中导致了对学生认识过程的极端处理，使学生学习书本知识变成仅仅是直接接受书本知识（死记硬背书本知识即为典型），学生学习成了纯粹被动地接受、记忆的过程。它不仅不能促进学生发展，反而成为学生发展的阻力。转变学习方式就是要把学习过程之中的发现、探究、研究等认识活动突显出来，使学习过程更多地成为学生发现问题、提出问题、分析问题、解决问题的过程。现代教育技术通过提高师生获取教育信息的能力和素质，让学生在信息海洋里发现问题，展开探究与研究，通过网络协作与共享资源，对信息进行加工处理，建构知识。

3. 现代教育技术提供创新的学习方法

学习方法有维持性学习和创新性学习两种。转变学习方式，要以培养创新精神和实践能力为主要目的。换句话说，要构建旨在培养创新精神和实践能力的学习方式及其对应的教学方式。要注重培养学生的批判意识和质疑精神，鼓励学生对书本的质疑和对教师的超越，赞赏学生独特性和富有个性化的理解和表达。要积极引导学生从事实验活动和实践活动，培养学生乐于动手、勤于实践的意识和习惯，切实提高学生的动手能力、实践能力。这些新的教育观和学习方式的变化在于现代教育技术的介入产生了深刻的变革，尤其是计算机网络和多媒体技术渗透到教学当中，促使从 3R（Reading、Writing、Arithmetic）教育向 3T（Technology、Teaming、Transference）教育转变。转变学生的学习方就是转变单一、被动和陈旧的学习方式。

（二）现代教育技术丰富新课程资源建设

在教育技术发展到视听传播阶段以前，人们习惯于用孤立、静止的观点来分析媒体的教学作用——主要是研究如何通过媒体来提高教学内容呈现效果。随着媒体本身的丰富和发展以及传播理论和早期系统观对教学产生越来越大的影响，人们对媒体作用的认识发生了质的变化，并形成了一种新的教学思想，即依靠资源来促进有效教学，由此提出了学习资源的概念。学习资源是指在学习过程中可被学习者利用的一切要素，主要包括支持学习的人、财、物、信息等。传统教学资源只是文字教材，形式单一，呆板、生硬。现代教育技术丰富了课程资源建设的形式和内容。多媒体课件集成了文字、音频、视频、动画等多种符号形式从多种感觉器官刺激呈现信息，提高教学质量和教学效率。

（三）现代教育技术革新了传统教学管理评价体系

新一轮课程改革倡导“立足过程，促进发展”的课程评价，这不仅仅是评价体系的变革，更重要的是评价理念、评价方法与手段以及评价实施过程的转变。新课程强调建立促进学生全面发展、教师不断提高和课程不断发展的评价体系，在综合评价的基础上，更关注个体的进步和多方面的发展潜能。新课程倡导成长记录、学习日记、情景测验等质性的评价方法，强调建立多元主体共同参与的评价制度，重视评价的激励与改进功能。传统评价手段和方式重视学生知识的考核，一般通过考试、测验实现。现代教育技术针对传统评价只重视甄别与选拔功能的缺陷，发展信息化的评价工具和评价软件，实现评价的综合化、多元化、全面化。

随着信息技术的发展和网络时代的形成，更加构成了知识的无限丰富与急速增长，原有的以传授知识为主的基础教育课程的功能受到了极大的挑战，转而注重培养学生，包括积极的学习态度、创新意识和实践能力以及健康的身心品质等多方面的综合发展，为学生的终身发展奠定基础。于是，配合课程功能的转变，评价的功能也发生着根本性转变，不只是检查学生知识、技能的掌握情况，更为关注学生掌握知识、技能的过程与方法，以及与之相伴随的情感态度与价值观的形成。

现代教育技术利用现代信息技术手段提高教学管理和评价的现代化水平，学籍管理、成绩管理、德育档案、交费管理、排课系统等以前用手工的方法和方式做的事情现在通过软件就可以方便、快捷、高效实现。随着社会的发展，知识爆炸、竞争加剧、网络与信息时代的来临，仅仅掌握知识与技能已远远不能适应社会对人发展的要求，学业成就作为单一评价指标的局限性就突显出来。在关注学业成就的同时，人们开始关注个体发展的其他方面，如积极的学习态度、创新精神、分析与解决问题的能力，以及正确的人生观、价值观等。在学生的考核、评价中除了纸笔测试以外，还包括平时的课堂行为记录、项目调查、书面报告、作业等开放性的方法。而“成长记录袋”“学习日记”和“情景测验”等质性评价的方法，目前也开始受到较为广泛的重视和认可。

第二节　信息技术与学科整合微探

信息技术与学科整合是教育技术在教学中应用的重要形式，也是当前教育技术发展的一个主要方向。利用信息技术对当前的教育教学模式、方法和手段进行革新时，也要与学科融合，通过学科教学渗透信息技术教育，让信息技术切实成为学习者的认识工具与学习工具，成为学习者行为方式的一部分。

目前我国已经确定在中小学普及信息技术教育，并特别强调要加强信息技术与其他学科的整合，在开好信息技术课程的同时，要努力推进信息技术与其他学科教学的整合，鼓励在其他学科的教学中广泛地应用信息技术手段，并把信息技术教育融合在其他学科的学习中。

《国家中长期教育改革和发展规划纲要（2010—2020年）》提出要加快教育信息基础设施建设。信息技术对教育发展具有革命性影响，必须予以高度重视，要把教育信息化纳入国家信息化发展整体战略，超前部署教育信息网络；到2020年，基本建成覆盖城乡各级各类学校的教育信息化体系，促进教育内容、教学手段和方法现代化；充分利用优质资源和先进技术，创新运行机制和管理模式，整合现有资源，构建先进、高效、实用的数字化教育基础设施。

一、信息技术与学科整合的界定

（一）信息技术与学科整合的含义

信息技术是人类对数据、语言、文字、声音、图画和影像等各种信息进行采集、处理、存储、传输和检索的经验、知识，及其手段、工具的总和。整合有综合、融合、集成、成为整体、一体化等含义，在哲学上通常指若干相关事物或因素之间相互作用而合成一个新的统一整体的建构和程序化过程。

目前国内关于信息技术与学科课程整合的说法与定义很多，下面列举一些类型观点：

（1）信息技术与课程整合是指在课程教学过程中把信息技术、信息资源、信息方法、人力资源和课程内容有机结合，共同完成课程教学任务的一种新型教学方式。这种观点强调整合是一个有机整体，不是混合（blending）。整合是一种教学方式，那么整合能力的培养过程就应该是掌握并获得这种教学方式的过程。

（2）信息技术与课程整合的本质与内涵是要求在先进的教育思想、理论指导下，尤其是“主导-主体”教学理论的指导下，把计算机及网络为核心的信息技术作为促进师范生自主学习的认知工具与情感工具、丰富的教学环境的创设工具，并将这些工具全面地应用到各学科教学过程中，使各种教学资源、各个教学要素和教学环节经过整理、组合相互融合，在整体优化的基础上产生聚集效应，从而促进传统教学方式的根本变革，也就是促进以教师为中心的教学结构与教学模式的变革，从而达到培养师范生创新精神与实践能力的目标。

（3）从目前国内课程整合的实践看，理解整合的实质需要把握三点：一是教师要在自己的教学工作中恰当地应用信息技术；二是不仅教师使用，更重要的是要让学生在学习活动中使用信息技术；三是使用技术的目的是为了提高学生的学业成就。信息技术与课程整合，使教师和学生在课程中恰当地运用信息技术来促进教学。

(4) 信息技术与课程整合意味着在已有课程的学习活动中结合使用信息技术，以便更好地完成课程目标，它是在课程教学过程中把信息技术、信息资源、信息方法、人力资源和课程内容有机结合，共同完成课程教学任务的一种新型教学方式。该定义更加肯定了整合过程中课程的主体地位，强调了信息技术在整合过程中的作用是“更好地”完成课程目标。

综观这些观点，我们发现主要是基于对课程概念的不同理解而产生的分歧。我们可以将目前信息技术与学科课程整合的定义分为“大整合论”和“小整合论”。

1. 大整合论

“大整合论”主要是指课程是一个较大的概念。这种观点主要是指将信息技术融入课程的整体中去，改变课程内容和结构，变革整个课程体系。它针对教育领域中信息技术与学科课程存在的割裂和对立问题，通过信息技术与课程的互动性双向整合，促进师生民主合作的课程与教学组织方式的实现和以人为本的新型学习课程与教学活动方式的发展，建构起整合型的信息化课程结构、课程内容、课程资源以及课程实施等，从而对课程的各个层面和维度都产生变革作用，促进课程整体的变革。“大整合论”观点有助于从课程整体的角度去思考信息技术的地位和作用。

2. 小整合论

“小整合论”则将课程等同于教学。这种观点将信息技术与课程整合等同于信息技术与学科教学整合，将信息技术主要作为一种工具、媒介和方法融入教学的各个层面中，就像教科书、教案、黑板、粉笔融入教学过程一样，包括教学准备、课堂教学过程和教学评价等。这种观点是目前信息技术与课程整合实践的主流观点。

信息技术与学科课程整合概念的分化反映了人们看待信息技术作用的不同视角。在研究与实践中，持“大整合论”的人一般都是专家学者，而一线教师和教研人员则比较认可“小整合论”。笔者认为从整个基础教育改革的角度出发，“小整合论”是符合当前的发展趋势和实践要求的。信息技术与课程整合特别需要关注教学实践层面的问题。

(二) 信息技术与课程整合的关系

信息技术教育并不是孤立的一门学科，它渗透在其他学科之中，没有任何一门学科、任何一种工具能像信息技术这样和其他学科有着千丝万缕的联系。要弄清两者的关系，需要在课程整合中注意以下两个问题。

1. 信息技术和课程的关系

信息技术与课程整合强调的是信息技术服务于课程，信息技术应用于教育的出发点是课程，而不是技术。在信息技术与课程整合的过程中，应以课程目标为最根本的出发点，选用合适的技术，提高现有的教学质量与效率，切忌在使用传统教学手段能够取得良好效果时，生硬地使用信息技术。

从课程整合的角度来分析信息技术与其他课程的关系：信息技术课程与其他课程不是相互孤立的关系，信息技术课程与其他课程的整合不等于两者的综合，信息技术课程与其他课程的整合不是课程的兼并，信息技术课程与其他课程的整合不等于新课程的创造，信息技术课程与其他课程是一种相互整合的关系。

2. 信息技术与学科整合的层次

根据信息技术与课程整合的不同程度和深度，可以将整合的进程大致分为以下三个层面：

第一层面：封闭式的、以知识为中心的课程整合。所有的教学都严格按照教学大纲，把学生封闭在教材或简单的课件内，使其和丰富的资源、现实完全隔离。按照教材的安排和课时的要求来设计所有教学活动，如果课程内容较少，就安排一些讨论，多设计一些活动；如果课程内容较多，就采用“满堂灌”的形式，力保不超时、不少时。虽然采用一定辅导软件，但是目前的辅导软件也都是在上述思想下编制出来的，因此没有什么突破。整个教学都在以“知识”为中心的指导下进行，教学目标、教学内容、教学形式及教学组织都和传统课堂教学没有什么区别，整个教学过程仍以教师的讲授为主，学生仍然是被动的反应者、知识被灌输的对象。信息技术的引入，只是在帮助教师减轻教学工作量，而对学生思维与能力的发展与传统方式相比并没有实质性的进步。

第二层面：开放式的、以资源为中心的课程整合。信息技术与课程整合的第一阶段基本上是封闭的、以个别化学习和讲授为主。在第二阶段，教学观念、教学设计的指导思想、教师的角色和学生的角色等都会发生较大变化。教育者日益重视学生对所学知识的意义建构，教学设计从以知识为中心转变为以资源为中心、以学为中心，整个教学对资源是开放的，学生在学习某一学科内的知识时可以获得许多其他学科的知识，学生在占有丰富资源的基础上完成各种能力的培养，学生成为学习的主体，教师成为学生学习的指导者、帮助者、组织者。按照对学生能力由低到高的培养顺序，此阶段着重培养学生的能力，即信息获取和分析能力、信息分析和加工能力、协作能力、探索和创新能力。

第三层面：全方位的课程整合。前两个阶段虽然彼此之间有很大的差异，但是它们都没有对教学内容、教学目标以及教学组织架构进行全面的改革和信息化。当前两个阶段在较大范围内得到推广和使用，并取得很大成功时，当教育理论和学习理论得到充分发展和利用时，当信息技术在教学中的应用得到更系统、更科学的探讨和细化时，必然会推动教育发生一次重大变革，促进教育内容、教学目标、教学组织架构的改革，从而完成整个教学的信息化，将信息技术无缝地融合到教育的每一个环节，达到信息技术和课程改革的更高目标。

二、信息技术与学科整合的现状

信息技术与课程整合实质上就是一种基于信息技术的课程研制（或开发）理论和实践，它针对教育领域中信息技术与学科课程存在的割裂等问题，通过信息技术与课程的互动性双向整合，建构起整合型的信息化课程新形态。回望这些年的教育信息化进程，人们发现信息技术与课程整合的瓶颈很难突破，其中存在许多问题，影响了信息技术与学科的深层次整合。

（一）目标定位不准，影响教学目标的实现

信息技术与学科整合的，最终目的是发挥信息技术的优势，优化课堂教学，实现教学目标。但在实际教学中，许多老师为了突出体现信息技术的优势，不顾是否有利于本节课教学目标的实现，将各类文字、图像、动画、声音、影片等一股脑地加进去，追求信息技术的高、精、尖和界面的精美，一节课下来似乎一直在展示信息技术的作用。如果过多地追求“多媒体”，特别是莫名其妙地来一段音乐，就会适得其反，不仅不能增强教学效果，反而干扰了学生的思考，干扰了课堂教学，削弱了课堂教学效果，最终影响教学目标的实现。

（二）忽略学科特点，影响教学质量的提高

我们强调信息技术服务于学科教学，但不能因为在学科教学中应用信息技术而抹杀学科教学的特点。在实际教学中，有一部分教师盲目地、不切实际地花大力气把工作重点放在课件的制作上，放弃了深入研究教材，忽略了学科特点。

（三）教学设计不当，影响学生思维的拓展

教学过程中存在着由形象到抽象、由感性到理性的转换，有经验的教师总会留下足够的时间和空间让学生自己去思考、想象、理解，实现思维能力的培养。但许多教师运用信息技术进行教学设计时，却大大减少了学生这种“思考—发现”的过程，他们按照自己的理解设计整个课件的结构和一些问题的“标准答案”。学生按预先设定的模式进行学习，根本没有足够的时间进行深入思考，只能顺应教师的思维方式简单作答，这实际上是另一种形式的“灌输式”教学，因而限制了学生思维能力的发展。

（四）课件制作粗糙，影响学生对知识的理解接受

有些课件制作过程过于简单，只是几张简单的幻灯片，缺乏交互性，上课时学生当“观众”，只能被动观看，教师当“导演”，只能按顺序播放；有些课件

的制作则过于复杂，追求表面上的新颖、花哨、动感，并使用大量的动画和音响，导致学生上课时一味看课件中的图案和动画效果，而不关心教师的讲解和画面上的知识点，影响了学生对知识的理解接受。

（五）信息技术运用能力不强，影响实际的教学效果

有些教师上课时用的课件、网页不是自己亲自做的，对课堂上出现的突发性技术问题无法处理。例如，一些学生在计算机上操作交流，教师不会控制其他学生的计算机，任那学生自由浏览；有些学生打字速度慢，电子邮件不会发，这些都会造成课堂教学组织不严密，张弛度把握不好，影响教学效果。

三、信息技术与学科整合的意义

“整合”的目的和意义不仅是为了发挥信息技术的工具功能，而是赋予了新的教育意义。是要通过“整合”促进教学模式的变革，实现教育思想、教学内容、教学方式全方位的现代化，要突破传统教育的模式。信息技术与学科课程整合后，对整个课程实施的各个层面都产生了变革作用，教师由传统的知识传授者转变为课程的设计者、学习的指导者和学习活动的组织者和参与者。学习者由被动的简单接受，转变为主动的积极探索。学习方式由传统的接受式转变为主动学习、自主学习和探究学习。这时的信息技术，对教师来说是一种知识呈现工具、师生交流工具、学习测评工具、情景展示工具；对学生来说，是课程学习内容和学习资源的获取工具、协商学习和交流讨论的通信工具、知识构建和创作实践工具、自我评测和学习反馈工具。因此，“整合”是为了更好地实现信息技术教育的目标——培养学生的获取、加工和利用信息的能力。

同时，信息技术与学科课程的整合是信息化时代发展的需要，是教学手段现代化的需要，是实施基于信息技术背景下新课程的需要，加强信息技术与学科课程的整合研究意义重大。科学地运用信息技术，促进教学实践活动的整体优化，这是深化教育改革的需要，也是摆在我们面前的迫切任务。

四、信息技术与学科整合的目标

信息技术介入学科教学，打破了原有的课堂结构，对课程目标、课程内容、课程实施、课程评价及课程资源等都产生了深刻影响，具体体现在以下几方面。

（一）提高课程学习效率和学习质量

在现代教育思想、理论的指导下，把计算机及网络为核心的信息技术作为支持教师“教”和促进学生“学”的认知工具与情感激励工具、丰富的教学环境的创设工具，并将这些工具全面应用到各学科的教学过程中，使各种教学资源、

各个教学要素和教学环节，经过整理、组合、相互融合，在整体优化的基础上产生聚集效应，提高教学质量、效率和效益，同时在培养学生创新精神和实践能力方面发挥作用。因为信息技术与课程整合本身就是先进的教学技术与先进的教学思想相结合的产物，其先进性必然体现在学生学习效率和学习质量的提高上，这是信息技术与课程整合的最基本的评价目标。

（二）培养学生掌握信息时代的学习方式

信息技术与课程整合的最高目的乃是改善学习。在信息技术与课程没有整合之前，学生的学习仍然进行，并能够取得一定的效果。信息技术与课程整合后，将有效改善学习，革新传统的教学和学习观，改善学生的学习方式，改善学习资源和学习环境。我们常说信息技术将要改变人们的生活方式、生产方式和学习方式，学生学习方式的改变是需要培养的，培养学生掌握信息时代的学习方式是信息技术与课程整合的直接目标。信息时代的学习方式有以下特点：

（1）会利用资源学习。

（2）会进行自主发现学习。

（3）会利用网络通信工具进行协商交流，进行合作讨论式的学习。

（4）会进行实践创造的学习。

（三）培养学生的信息素养

使学生形成良好的信息素养是信息技术与各科课程整合所追求的综合目标。一般认为信息素养应包含以下三个基本点：

（1）信息技术的应用技能。

（2）对信息内容的理解与批判能力。

（3）运用信息，具有融入信息社会的态度和能力。

信息素养包含的这三个基本点，是信息技术与各科课程整合中应该做到，也能够做到的。

（四）培养学生具有终身学习的态度和能力

学习资源的全球共享，虚拟课堂、虚拟学校的出现，现代远程教育的兴起，使人们可以随时随地通过网络进行学习，从而使学习空间变得无围墙界限了。教育信息化还为人们从接受一次性教育向终身学习转变提供了机遇和条件。

终身学习就是要求学习者能根据社会和工作的需求，确定继续学习的目标，并有意识地自我计划、自我管理、自主努力，通过多种途径实现学习目标。要实现终身教育和终身学习，教育必须进行深刻变革，要使教学个性化、学习自主化、作业协同化，要把培养学生学会学习，培养学生具有终身学习的态度和能力作为学习的培养目标。

五、信息技术与学科整合的原则

信息技术与学科整合不等于信息技术与课程混合，其中影响信息技术整合效果的因素有很多。在利用信息技术之前，必须做好“三件”建设：首先是硬件建设，主要是信息技术设备、设施的建设；其次是软件建设，即课程和教材的建设；第三是潜件建设，即整合理论和方法的建设，这个建设是起决定作用的。教师要掌握一定的信息技术，清楚信息技术的优势和不足，以一定教育理论为指导，根据学科教学和教学对象需求，设法找出信息技术在哪些地方能优化教学效果。具体说来，应该遵循以下基本原则：

（1）运用正确的教育理论指导信息技术与课程整合的实践。现代学习理论为信息技术与学科整合奠定了坚实的理论基础。在教学和学习的层上，每一种理论都具有其特定的正确性，但是，一旦推及到实践中却没有一种理论显现出普遍的合理性，换言之，无论哪一种理论都不能涵盖其他理论而成为唯一的指导理论。否则，误入了二元分立的思维方式易导致为了克服一种片面性而又陷入另一种片面性。行为主义对需要机械地记忆知识或具有操练和训练教学目标的学习有其合理成分。认知主义的指导作用主要体现在激发学生的学习兴趣，控制和维持学生的学习动机。建构主义提倡给学生提供建构理解所需要的环境和广阔的建构空间，让学生自主地、发现式地学习。建构主义较适合于不良结构领域的高级学习，而对于中小学学生来说，由于他们正处在知识积累和思维发展阶段，他们的认知结构还比较简单，自主学习能力还没有得到很好的培养，这个年龄阶段的学生还缺乏自制力，因此，教师的指导、传授及人格魅力的影响，就有着不可替代性。因此，在信息技术与学科整合的应用中，应该兼顾各种理论的合理成分，根据教学对象、教学内容及教学媒体等多种变量，灵活地运用理论并指导实践。

（2）根据教学对象选择整合策略。人类的思维类型可按抽象思维、具体思维、有序思维和随机思维进行组合，不同的学习类型和思维类型的人学习成效与他们所选择的学习环境和学习方法有关。在长期的教学实践中可以发现，有的学生不能主动地对外来信息进行加工，喜欢有人际交流的学习环境，需要明确的指导和讲授；而有的学生在认知活动中更愿意独立学习、个人钻研，更适应结构松散的教学方法或个别化的自主学习环境。因此，信息技术与课程的整合应该根据不同的教学对象，实施多样化、多元化和多层次的整合策略。

（3）根据学科的特点构建整合的教学模式。每个学科有其固有的知识结构和学科特点，对学生的要求是不同的，如语言教学的一个任务是培养学生运用语言的能力，训练学生在各种不同的场合下使用正确的语言流利地表达自己的思想，很好地与别人交流，为此应该利用信息技术，模拟出接近生活的真实的语境，提供给学生反复练习的机会。数学属于逻辑经验科学，主要由概念、公式、定理、法则以及它们的应用问题组成，数学教学的重点应放在开发学生的认知潜能上。可以通过给学生创设认知环境，让他们经历由具体思维到抽象思维，再由抽象思维到具体思维的思维过程，以完成对数学知识的建构。而物理学和化学是与人们生活、生产密切相关的学科，应注意学生的观察能力、解决问题的能力和亲自做实验的动手能力等的培养。对那些需要观察自然现象或事物变化过程的知识，形象和直观地讲解有助于学生理解和记忆，但对培养学生操作能力来说，如果全部用计算机的模拟实验代替学生亲手实验，则违背了学科的特点，背离了培养动手能力的学科教学目标。因此，对于不同的学科，既应该有相同的整合原则，也应该根据学科的特点采用不同的整合策略。信息技术与课程整合的方式不相同。

（4）加强学生的动手能力。信息技术是一个应用性很强的实践领域，而非纯理论性领域，因此要求学生积极面参与、积极探究和合作，更要求学生亲身体验、具体操作、反复练习。实际上，信息技术与课程整合可以十分有效地为学生提供一个充分发挥主体性的舞台，提供一个全面发展的空间。

（5）应用各种媒体。信息技术是一种综合技术，是一个多层次、多专业的复杂矩阵体系，涵盖的内容非常广泛，它的发展是由许多单元技术支撑的。因此，“信息技术”与“计算机技术”是两个不同的概念，信息技术的范围十分广泛，包括多种媒体，例如，摄像机、电视机、录音机、照相机等。应该要求学生掌握各种媒体的功能和操作方法，利用各种媒体制作电子作品。

（6）在教学后期，应该使学生的学习结果作品化，并做好学习成果的发表工作。获得学习成果之后，应该要求学生将学习成果发布给其他人，包括同学、老师、家长以及社会上的各种人员。这是一个重要的学习环节，可以起到总结提高的作用。它能够培养学生更多的能力，包括交流力、表现力、约束力，还能够使学生分享更多的学习成果，并能够大大提高学生的自我效能感，增强自信心。

六、探索信息技术与课程整合的方法与策略

我国学者在借鉴国外先进经验的基础上，结合国内十多年的实践探索，对信息技术与课程整合也逐渐形成了一套比较系统完整且具有中国特色的理论与方法。

由于“教无定法”，谁也不可能提出一套适合所有学科的“包治百病”的整合方法。但是不同学科要实现与信息技术的整合都需要信息技术环境的支持，因而需要遵循共同的指导思想与实施原则。只要掌握了这种指导思想与实施原则，各学科的教师完全可以八仙过海、各显神通，在教学实践中结合相应的学科创造出多种多样、实用有效的整合模式与整合方法。若从这个意义上说，各学科的整

合都应遵循的共同指导思想与实施原则，也未尝不可看作是一种宏观的实施方法或途径。下面五条就是何克抗教授经过多年的整合实践和深入的理论思考而形成的、关于各学科的信息技术与课程整合都必须遵循的指导思想与实施原则，这也就是我们为广大教师开出的实施深层次整合的“处方”，即实现信息技术与课程深层次整合的基本途径与方法。

（一）以先进的教育理论（特别是建构主义理论）为指导

信息技术与课程整合的过程绝不仅仅是现代信息技术手段的运用过程，它必将伴随教育、教学领域的一场深刻变革。换句话说，整合的过程是教育深化改革的过程，既然是改革，就必须有先进的理论作指导，没有理论指导的实践是盲目的实践，将会事倍功半甚至徒劳无功。这里之所以要特别强调建构主义理论，并非因为建构主义十全十美，而是因为它对于我国教育界的现状特别有针对性。它所强调的“以学为主”、学生主要通过自主建构获取知识意义的教育思想和教学观念，对于多年来统治我国各级各类学校的以教师为中心的传统教学结构是极大的冲击；除此以外，还因为建构主义学习理论与教学理论及建构主义学习环境下的教学设计方法，可以为信息技术环境下的教学，也就是信息技术与各学科课程的整合，提供最强有力的理论支持。

（二）紧紧围绕新型教学结构的创建进行整合

在前面分析信息技术与课程整合的定义与内涵的过程中，曾经指出：“整合”的实质与落脚点是变革传统的教学结构，即改变以教师为中心的教学结构，创建新型的、既能发挥教师主导作用又能充分体现学生主体地位的“主导－主体”相结合的教学结构。既然如此，信息技术与课程整合应该紧紧围绕新型教学结构的创建来进行，否则将会迷失方向——把一场深刻的教育革命（教学过程的深化改革）变成纯粹技术手段的运用与操作。

要紧紧围绕新型教学结构的创建这一实质来整合，就要求教师在进行课程整合的过程中，密切关注教学系统中四个要素（教师、学生、教学内容、教学媒体）的地位与作用：看看通过自己进行的整合，能否使这四个要素的地位与作用和传统教学结构相比发生某种改变？改变的程度有多大？哪些要素改变了？哪些还没有？原因在哪里？只有紧紧围绕这些问题进行认真分析，并采取相应的措施，才能实现有效的深层次的整合。事实上，这也正是衡量整合效果与整合层次深浅的主要依据。

（三）注意运用“学教并重”的教学设计理论进行信息技术与课程整合的教学设计

目前流行的教学设计理论主要有“以教为主”的教学设计和“以学为主”

的教学设计（也称建构主义学习环境下的教学设计）两大类。由于这两种教学设计理论均有其各自的优势与不足，所以最好是将二者结合起来，互相取长补短，形成优势互补的“学教并重”的教学设计理论。这种理论正好能支持“既要发挥教师主导作用，又要充分体现学生主体地位的新型教学结构”的创建要求。在运用这种理论进行教学设计时，应当注意的是，对于以计算机为核心的信息技术（不管是多媒体还是计算机网络），不能把它们仅仅看作是辅助教师教课的形象化教学工具，而应当更强调把它们作为促进学生自主学习的认知工具与协作交流工具。建构主义学习环境下的教学设计，正好能在这方面发挥重要的指导作用。

（四）重视各学科的教学资源建设是实现课程整合的必要前提

没有丰富的高质量的教学资源，就谈不上学生的自主学习，更不可能让学生进行自主发现和自主探索；教师主导课堂、学生被动接受知识的状态就难以改变，新型教学结构的创建也就无从说起。新型教学结构的创建既然落不到实处，创新人才的培养自然也就落空。

但是重视教学资源的建设，并非要求所有教师都去开发多媒体课件，而是要求广大教师努力收集、整理和充分利用互联网上的已有资源，只要是网站上有的，不管是国内的还是国外的（国外也有不少免费教学软件），都可以采取“拿来主义”（但“拿来”以后只能用于教学，而不能用于谋取商业利益）。只有在确实找不到理想的与学习主题相关资源的情况下，才有必要由教师自己去进行开发。

（五）注意结合各门学科的特点建构易于实现学科课程整合的新型教学模式

新型教学结构的创建要通过全新的教学模式来实现。教学模式属于教学方法、教学策略的范畴，但又不等同于教学方法或教学策略。教学方法或教学策略一般是指教学上采用的单一的方法或策略，而教学模式则是指两种或两种以上教学方法或教学策略的稳定组合。在教学过程中，为实现某种预期的效果或目标（如创建新型教学结构）往往要综合运用多种方法与策略，当这些教学方法与教学策略的联合运用能达到预期的效果或目标时，就成为一种有效的教学模式。

能实现新型教学结构的教学模式很多，而且因学科和教学单元而异。每位教师都应结合各自学科的特点，并通过信息技术与课程深层次整合去创建新型的，既能发挥教师主导作用又能充分体现学生主体地位的“主导-主体”相结合的教学结构。教学模式的类型是多种多样的、分层次的。从最高层次考虑，大致有四种实现信息技术与课程深层次整合的教学模式。

(1) 探究性教学模式适用于各个学科每一个知识点的常规教学（这种模式可以深入地达到各学科认知目标与情感目标的要求，且文理科皆适用）。

(2) 专题研究性教学模式适用于培养学生的解决实际问题的能力（包括发现问题、提出问题、分析问题、解决问题的能力）。

(3) 创新思维教学模式适用于培养学生的创新思维能力（包括发散思维、逻辑思维、形象思维、直觉思维和辩证思维能力）。

(4) 仿真实验教学模式适用于物理、化学、生物等课程的实验教学。

这四种教学模式都有各自不同的实施步骤与方法。大量实践证明，如能掌握这四种教学模式的实施步骤与方法并加以灵活运用，定能取得深层次整合的理想效果。

信息技术与课程整合的六大优化策略：

第一，内容组织策略。通过将教学内容组织成主题单元，较好地处理单元内容之间的共性和个性问题，将分散内容进行有意义的组织；同时能够在更大范围内将授导与探究的矛盾进行弹性协调，解决以往单课时、单课文设计的不足，优化信息技术与课程整合。

第二，思维引导策略。在课程改革背景下，从问题视角对课程进行建构，将“知识问题化”，有助于培养学生的高级思维技能。近来课程领域出现的许多新型教学模式（基于问题的学习、Web Quest 等），都反映出这种面向问题探究的课程组织方式，即在信息技术与课程整合时，无论采用什么具体模式、什么技术手段，它的重点都应该落在课程上，应该增进课程教学的有效性。

第三，教学活动设计策略。可以对各种常见的教学活动进行定位，了解它们的特性差异，如课堂讲授的社会化程度中等、反思程度低、重在传递知识，而个别辅导社会程度偏低、反思程度中等、体验感受低。在课程整合中设计教学活动时，可以根据教学活动的特性结合实际需要进行选定，并采用相应的技术工具作为支持。

第四，资源组织策略。通过将教学资源围绕单元进行主题组织，能够符合课程改革要求，满足学习者基本的学习需要，保证学习者自主探究的需要；主题与教学单元对应，能够解决各种分散、单一教学资源的有效应用问题；精简课程内容；展现学习的学科交叉性和拓展性；提高学生的兴趣和投入；将资源和教学活动相融合等。

第五，教学环境创设策略。在信息技术与课程整合时，并不是任何活动都要用信息化环境来支撑，在主题单元设计时，教学环境不能始终限于某个单一环境之中，而应该根据实际情况动态选择，使教学效果最优化。对于整个主题单元而言，从总体倾向上偏向于选择与学生现实生活相联系的真实环境，但对于单元中的不同模块、专题、课时来说，可以根据实际需要来动态选择全空间中的某种教学环境。

第六，教学评价设计策略。在信息技术与课程整合过程中，倡导采用多样化评价方法来促进整合效果，使评价主体多元化、评价项目综合化、评价手段多样化，要避免评价功能单一、评价项目单一、评价方法单一。

七、信息技术与课程整合中的教师的要求及角色

（一）信息技术与课程整合中对教师的要求

教师综合素质的提高是有效整合的前提，信息技术与课程的整合对现代教师提出了更高的要求，整合之后的教学和学习会呈现出新的规律和特征。有人把网络时代的教育称为新教育，它的“新”不仅在于目标的新、手段的新，更在于它需要新的观念、新的方法和新的能力。新教育需要具有新素质的教师来保证新教育目标的实现。因此，教师能力结构的变化是整合的必然需要。

1. 系统教学设计能力

在现实的教学过程中，有一些教师只是为了使用新技术而使用新技术，缺乏将新的信息技术与教学过程有机结合的意识与具体方法。陈旧的教学观念和方法成为教师能力和素质提高的瓶颈。因此，如何进行系统的、整体的教学设计，如何对教学过程中的各个要素及其关系进行统一的协调的安排，如何用一种新的教学设计的思想与方法来促进与改进教学工作，是目前教师亟待发展的一种新能力。

2. 教学实施能力

教学实施能力是指教师在信息化教学设计的基础上，实现教学设计方案的能力。现代教育观念指导下的教学实施能力不同于传统教育中单纯的讲授能力和答疑能力，而是强调各个学科的相互整合，从单一的知识传递变为重视问题解决，强调学校教学与社会的连续性，强调对学生进行生存能力和创造性的培养。教师应该更加重视对基于问题式学习和合作学习的指导能力。

3. 教学研究能力

信息技术与课程整合的方方面面必将呈现新的规律。对新规律的发现和了解的深度，在一定程度上会影响教育信息化的进程。教育实践活动是发现新规律的重要过程，也是尝试新方法、创造新理论的过程。正如我们已经发现，尽管教育技术学在理论上已经为基于网络的现代教育提供了原则和方法，但教师仍然感到在实际教学中现有的原则和方法确实不够用。其原因是：一方面是由于教育技术的理论落后于实践，实践需要教育从重视方法论层次的研究，向应用层次倾斜；另一方面，在社会变革时期，发现和创新的机会渗透在实践的各个环节，没有教

师的参与和积极性，这种研究的深度只能限于方法论层面上。教师不仅是现代教育的实践者，还应该是现代教育规律的发现者和研究者。因此教师的研究能力应该是时代对全体教师提出的新要求。

4. 教学监控能力

教学监控能力是指为了保证教学达到预期的目的而在教学的全过程中，将教学活动本身作为意识对象，不断对其进行积极主动的计划、检查、评价、反馈、控制和调节的能力。教学监控能力是教师教学能力结构的高级形式，是其他教学能力和教学行为的调节中枢。

信息化教学是教师促进学生完成正确知识建构的过程，教师要在充分满足学生个性需要的基础上，对教学进行全面的监控。教师的角色发生了变化，学生的学习形式又增加了利用媒体的独立学习和协作学习，因此教学过程复杂性和教师的角色变化，都对教师的监控能力提出了许多新的要求。例如，为激发学生的学习积极性和正确导航，教师要向学生及时反馈其学习情况，及时反馈要求教师的监控从宏观纵深到微观。信息技术与课程整合经常是在一定的学习情境中进行，教学监控必须从课堂监控到情景监控，从对集体监控到对个人监控、小组监控和同伴关系的监控。

5. 信息素养

在信息技术的教育教学应用的过程中，教师无论是作为社会人还是作为职业角色，都应该掌握信息技术并具备一定的信息素养。作为职业角色的教师，还特别要学会选择信息技术和在教学中有效整合技术。教师的信息素养应该包括，对信息技术的敏感性、应用信息的能力、教学媒体的整合能力。

（二）信息技术与课程整合中的教师角色

1. 教学设计准备中教师角色

教师应是新颖教学活动设计的构划者、引领者、协作者。课堂教学目标的制订除了要有知识、能力、情感等方面的要求外，还应要有培养学生的信息素养这一更重要的教学目标。人类已经步入信息化社会，信息成为社会发展的基本资源，信息技术渗透到社会的方方面面，信息素养成为信息社会每个公民必备的一种基本素质。培养学生获取、分析、加工、利用信息的能力是信息社会对新型人才培养提出的最基本要求。突破教师单独备课的封闭式备课形式，让学生参与备课过程，从而构建师生共同备课的开放式备课形式，既是让学生参与主动学习的过程，也是达到培养学生信息素养这一教学目标的过程。在信息技术与课程整合的过程中，往往具有跨学科整合的特征，在教学设计的过程中，教师间的协作和课题间的交流常突破学科界限。学科教师不可能也没有必要做到“样样都通”。

2. 在教学活动过程中的教师角色

将信息技术整合于课堂教学，在这类课堂上虽然强调要充分发挥学生的主体作用，但是并不等于放弃或降低教师的主导作用，反而对教师提出了更高的要求。教师应该是教学情境的创设者、学习工具运用的帮助者、协作学习的组织者、学生对知识进行意义建构的指导者与促进者。

3. 在教学活动总结反思阶段教师的角色

教师是学习活动的评价者、渐进层次学习的激发者。教育心理学的研究表明，学习评价给予学生的反馈信息，对教与学有着重要的促进作用。因此教师应该营造和谐的教学气氛，对学生的学习给予正确的评价反馈，从而激起学生学习的成就感和责任感。对学生进行评价是教育过程的一个环节，所以评价的功能与教育目标是一致的。突出评价的发展性功能集中体现了“一切为了学生发展”的教育理念。学生处于不断发展、变化的过程中，教师的作用是引导和促进学生的发展和完善。学生的发展需要目标，需要导向，需要激励。教师作为渐进层次学习的激发者，他们为学生确定个体化的发展性目标，不断收集学生发展过程中的信息，根据学生的具体情况，判断学生存在的优势与不足，在此基础上帮助学生提出具体的、有针对性的改进建议，帮助学生的渐进层次学习的顺利开展。

八、信息技术与课程整合中存在的误区

到目前为止，在广大中小学教师中（乃至整个教育界）仍对“信息技术与课程整合”存在种种片面甚至是错误的认识，尚未明确实施信息技术与课程整合的目的、内涵及方法。目前，对信息技术与课程整合主要存在以下四大误区。

（一）对技术应用的误区

误区一：技术排斥观。部分人认为目前以中国教育的现行体制及经济现状，信息技术与课程整合根本无法实现，从保护学生、保证教学进度角度看是不宜采用的。

误区二：唯技术主义，过度依赖技术支持。很多人认为，如果一堂课没有用到多媒体课件、网络等就不是一堂好课。也有人认为，使用的技术越先进越好。

误区三：重精品型课件，轻实用型课件。目前很多学校都存在这样一个现象，花大量的人力、物力、财力、时间去准备一个精品课件参加评选活动，而活动一结束就不再使用，对课堂上使用的实用型课件则开发不够。

误区四：关注课件，过多地展示多媒体，忽视教学过程。很多教师认为必须把课件做得非常完美，色彩比较亮丽，但这往往会分散学生注意力，对学生的观察产生干扰，不利于看清问题的本质。

（二）教学方法与教学思想上的误区

误区一：在教学方法上重视演示现象、传授知识，忽视揭示过程、培养能力。在多媒体与网络技术的信息技术环境下，应重视教学方法的选择、精心合理地设计教学设计方案、注重对学生认知方法的培养等。

误区二：错误地理解学生的主体地位。在多媒体与网络技术为核心的信息技术环境下，建构主义学习理论指导下的教学活动更能充分体现学生的主体地位，但有些教师对学生主体地位的理解有偏差，认为学习过程中尽可能让学生多说多做就是发挥学生的主体作用。主要体现在以下几个方面：

（1）过度弱化教师的作用，过度强调学生的主体地位，导致信息技术环境下学习的优势没有发挥、完不成教学任务。

（2）分组学习是教学中教师常用的一种方式，但很多只停留在形式上，存在小组任务目标不明晰、小组成员分工不明确等问题，从而导致学生主体地位没有充分发挥。

（3）忽视学习能力比较弱的学生，导致学习参与度较弱的学生游离在课堂之外，产生两极分化的现象。

误区三：忽视教师的主导作用。教师要定位为教学情景的创设者、学生运用信息技术进行学习的指导者、学习工具运用的帮助者、合作学习的组织者、意义建构的促进者。

（三）对教学资源应用的误区

误区一：对网络资源过分信赖，忽视其他教学资源。

误区二：为使用网络而使用网络，忽视教学目标和效果。

误区三：过分重视助“教”的资源建设，忽视助“学”的资源建设。

误区四：重视物质资源，忽视人力资源。

（四）对教育信息化理解的误区

误区一：校园网建设重形式、轻效果。校园网的建设和应用缺乏全面考虑，造成资源浪费；只重视硬件建设，忽视软件与应用建设，配套的软件与资源不足已经严重制约了硬件的有效使用。

误区二：建设资源的比例严重失调，忽视教师培训。教师信息技术能力是影响教育信息化的一个非常重要的因素。拥有大批掌握先进教育科学理论并能将其应用到现代信息技术中去的教育工作者，是搞好信息化教育的关键。

误区三：以信息技术课程为核心。很多人错误认为，教育信息化就是买计算机、上信息技术课，只是纯粹培养学生的信息技能，应将信息技术融入各学科教学中，师生通过利用信息技术达到更好的教学效果。

第三节　翻转课堂教学

一、翻转课堂的由来

翻转课堂（flipping classroom，或译作颠倒课堂）近年来成为全球教育界关注的热点，2011 年还被加拿大《环球邮报》评为“影响课堂教学的重大技术变革”。翻转课堂的起源应归功于美国科罗拉多州落基山林地公园高中的两位化学教师——乔纳森·伯尔曼（Jon Bergmann）和亚伦·萨姆斯（Aaron Sams）。在 2007 年前后，他们受到当地一个实际情况的困扰：有些学生由于生病，无法按时前来上课；也有些学生是因为学校离家太远而花费了过多时间在乘坐校车上，这就导致有些学生缺课而跟不上教学进度。为解决这一问题，开始时，他们是使用录屏软件去录制 PPT 演示文稿和教师实时讲解的音频，然后再把这种带有实时讲解的视频上传到网络，供学生下载或播放，以此帮助课堂缺席的学生进行补课。由于这些在线教学视频也被其他无须补课的学生所接受，经过一段时间以后，两位教师就逐渐以学生在家看视频、听讲解为基础，腾出课堂上的时间为完成作业或实验过程中有困难的学生提供帮助。这样，就使“课堂上听教师讲解，课后回家做作业”的传统教学习惯、教学模式发生了“颠倒”或“翻转”，变成“课前在家里观看教师的视频讲解，课堂上在教师指导下做作业（或实验）”。

在新教学模式实施过程中，上述在线教学视频也被其他的（并未缺课的）学生所接受并在更大范围内传播开来。与此同时，两位教师的不同寻常的实践探索，引起学校、家长和社会各界越来越多的关注，并经常受到同行的邀请去介绍经验，从而在落基山附近地区（乃至整个科罗拉多州）产生越来越大的影响，不少其他中学的各学科教师也在积极探索和运用“翻转课堂”这种全新的教学模式。这就是“翻转课堂”的由来或起源。

二、翻转课堂的发展

翻转课堂虽然在 2007 年前后就已开始出现，但它真正能把自身影响力扩展至全美乃至全球，还是三年以后的事，而这又和可汗学院的兴起密切相关。

如上所述，在 2007 年以后，翻转课堂这种全新的教学模式已在美国科罗拉多州的部分地区逐渐流行，但是尚未能够在更大范围内推广。其原因是：很多教师虽然认可翻转课堂，愿意参与这种形式的教学实验，而要真正实施这种教学模式，还需克服一个重要障碍——制作教学视频（并非每一位教师都能制作出具有较高质量的教学视频）。正是在这个关口，美国出现了可汗学院，并快速发展，从而使上述障碍得到较好的解决。

可汗学院是2004年由孟加拉裔美国人萨尔曼·可汗（Salman Khan）创立的。开始时，他是为了给亲戚家的小孩学习数学进行远程辅导，录制数学方面的教学视频，并把它放到You Tube，网站上，除供其亲戚家的孩子远程学习外，也供其他有需要的人士免费观看和学习。接下来，他又对这些教学视频内容作了补充——增加互动练习软件，以便学习者进行数学训练。到2007年，可汗把教学视频和互动练习软件加以整合，在此基础上创立了一个非营利的教学网站——用教学视频讲解各学科的教学内容和解答网上读者提出的各种问题，并提供在线练习、自我评估、学习进度自动跟踪等学习工具；到2009年，可汗干脆辞掉自己的原有工作，全身心投入这一教学网站的运行与维护，并把专门开展在线教育的这个非营利教学网站正式命名为可汗学院；一年以后（2010年秋天），可汗学院引起了比尔·盖茨的关注，并相继收到“比尔和梅林达·盖茨基金会”及“谷歌公司”的数百万美元资助，从而使可汗学院不仅有更大范围的影响，所提供的教学视频的质量和学习支持工具的性能也进一步提升。后来可汗学院还开发出学习控制系统，它能及时收集学生的各种学习数据，不仅使学生和教师能随时了解学习状况，还便于教师有效实施翻转课堂。

可汗学院免费提供的优质教学视频，克服了实施翻转课堂的重要障碍，大大降低了广大教师进入翻转课堂的门槛，从而推动了翻转课堂的普及，使翻转课堂走出科罗拉多州，进入北美乃至全球教育工作者的视野，并受到热捧。

翻转课堂的发展，除体现在上述应用区域和受影响人群的扩大外，还体现在教学内容与教学方式的拓展上。如上所述，翻转课堂是使传统的“课堂上听教师讲解，课后回家做作业”的教学习惯、教学模式发生了“颠倒”或“翻转”，变成“课前在家里观看教师的视频讲解，课堂上在教师指导下做作业（或实验）”。早期的翻转课堂，课前在家里只有“观看教师的视频讲解”这种单一的形式，但是到2011年，随着全球教育领域另一个重大事件MOOC（慕课）的崛起，使翻转课堂在课前家中实施的教学内容与教学方式也发生了很大的变化。

在以往的网络公开课中，大多是提供视频授课录像，如可汗学院早期的“教学视频”；或是事先编辑好的课件或录制好的讲座，学生往往处于被动接受状态，教师与学生之间、学生与学生之间缺少交流与反馈，所以没有参与感。而MOOC通过在授课视频中穿插提问、随堂测验和开展专题讨论，并鼓励学习者利用QQ、社交网站及其他个性化学习工具主动浏览、获取相关信息与学习资源等方式，大大增强了课程实施过程中的交流、互动与反馈。与此同时，MOOC还积极鼓励、倡导学习者在参与慕课的过程中（尤其是在完成作业或专题讨论的过程中），形成各种在线学习社区。学习者根据不同的主题和个人的兴趣爱好，在不同的社交网站上构建起互助、协作、交流的亚群体，并随着亚群体人员的聚集、学习社区的不断扩大，又进一步衍生出与本课程相关的网站和资源库。通过以上两种方式——加强互动与反馈和倡导在线学习社区，使学习者在参与慕课的过程中产生一种沉浸感和全程参与感，这是传统的讲授和教学视频完全无法与慕课相比之处，也正是翻转课堂在与慕课相结合后，体现在教学内容与教学方式的拓展上的发展与变化。事实上，在翻转课堂的开创者看来，属于单向传授的教学视频播放并非翻转课堂的重点，他们最为关注的还是有利于发展学生深层次认知能力的教师与学生之间、学生与学生之间的交流与互动。为此，后来他们还把翻转课堂重新命名为“翻转学习”。

（一）翻转课堂实质

所谓翻转课堂，就是教师创建视频，学生通过登录互联网在线观看网络视频中教师的讲解，完成任务清单中的学习任务，课堂上师生面对面交流、答疑和完成作业的一种教学模式。

1. 课堂翻转

翻转课堂是把课堂还给了学生，学生可以自由决定学习的内容与学习的方式。它既不是加入了视频资源的传统课堂，也不是完完全全的在线教学。它在颠倒课堂秩序的同时，也颠覆了教学形式。

在给学生“放权”的过程中会遇到很多实际的问题：放权过少，会使得教学重教轻学，不利于学生主体性的发挥；而放权过多，把学生完全置于网络环境中，又容易造成其过分自由、迷失自我，最终偏离教学目标。在翻转课堂教学模式下，学生在课堂外完成知识的学习，而课堂变成教师与学生之间和学生与学生之间互动的场所，包括答疑解惑、知识和技能的运用等，为自主和高效学习创造条件。课堂的翻转成为一种理性而适度的翻转，是在保留传统教学优势的条件下的一种科学、合理的翻转。

2. 角色翻转

教师课堂角色发生了翻转。教师更多的责任是帮助学生解决学习存在的问题和引导学生运用知识。教师不再是讲台上的“圣人”，也不再是知识的代言人，更不是绝对的权威，只是存在于学生身边的指导者。翻转课堂同时也翻转了传统的师生关系，教师的地位和作用有了显著的变化，他们在肯定学生获取知识渠道多样化的基础上，帮助学生整合资源，有针对性地为学生解答困惑，面对有争议的问题时与学生民主、平等地探讨。翻转课堂充分肯定了教师在教学中的引领地位，肯定了“网络不能替代人”这一基本的观点。在实际教学中，教师不是袖手旁观，而是对每一个学习者进行实时监控，确保每个人都没有在自主选择中偏离目标，确保在对每一个基本知识点自主学习后达到要求的程度，最终保证教学的高效性。

3. 学习翻转

翻转课堂的第一个阶段是以获得资源为目的的继承性的学习，课前由教师进行学案设计。导学案即教学任务清单，主要内容包括学习重点、难点及学习策略指导。每节课都会有一个导学案，其中会对应 5~10 个视频，每一个视频指向一个知识点或能力点的解决。导学案可以保证学生有目的地观看教学视频，使自主学习的过程准确地指向预先设定的目标。自学结束后，导学案可以为学生了解学习结果提供一个相对权威的参照，这样，在进入课堂讨论答疑阶段前，学生通过视频习得一些基本的知识，达到要求的水平。

上课时间是用来提问和讨论的，教师根据学生提出的问题给予有针对性的解决和回答，充分肯定学生学习能力的差异，依据每个人的实际程度进行个性化的指导。在此过程中，教师通过真实的交流灵活地把握教学步调，群体教学结合个别教学，把更多的课堂时间留给师生互动和生生互动，在交往中学习和提高。

4. 评价翻转

学生完成网络视频学习后，平台会有在线检测系统。完成在线检测，平台会自动把数据反馈给教师。教师通过对数据的观察，了解学生对视频的学习效果，明确还没掌握的知识和技能，课堂讨论交流时重点讲解答疑。在线检测系统提供的结果是可被教师和学生两方使用的，从教师方面来说，测试结果一定程度上反映了学生的学习程度，可以协助教师评估学生的学习进程，了解教学资源的适用性，教师也借此结果对课堂上的指导确定清楚的方向；从学生方面来说，在线检测可以发挥其自主监督功能，学生依据结果反馈查漏补缺、调整改进，能在学习的同时获知自己的学习进度，为课堂上有师生充分利用评价结果，真正关注人的发展，使之服务于课堂教学。评价结果不是评判学生的手段，而是作为一种有利的资源，在课前为教师提供学习者的信息，以了解学生的起点，探寻最佳的个别化教学方式。

（二）翻转课堂的基本特征

翻转课堂是在移动互联网技术条件下，顺应数字化课程、个性化教学和移动学习需要的新教学模式。就翻转课堂实践而言，除上述课堂翻转、角色翻转、学习翻转和评价翻转四个实质外，还表现出其不同于传统课堂教学的四个基本特征，掌握这些基本特征，是教师能够高效指导答疑和学生实现高效学习的前提条件。

1. 教师团队化

翻转课堂要求改变传统的一个教师一台“独角戏”的课堂讲授模式，追求课程实施和课堂指导的团队化。教师团队通过合作开展课程研发设计和建设，以团队形式进行课前学情研究、学习任务设计、学生在线学习中的问题梳理、课堂答疑与指导策略确定及个性化学习策略设计，教师团队共同进入课堂，开展指导和答疑。一门课程组建一支团队，团队成员的年龄结构、知识结构、专业发展水平搭配合理。团队由专家教师（1~3 人）、骨干教师（3~5 人）和新手教师（5~8 人）三种不同专业发展水平的教师构成。团队内部有明确的分工协作：教学团队以教学研究和教学反思为基本任务，专家教师明确课程、教学的方向和目标，负责课程与教学的实施思路和方案设计、教学重点和难点的答疑，以及指导骨干教师、新手教师的专业发展与成长；骨干教师协助专家教师，负责整理和完成各种设计方案，承担学生在线学习的及时指导和答疑，在课堂中组织学习分组和指导小组开展合作学习等；新手教师协助专家教师和骨干教师开展工作，根据专家教师和骨干教师的要求，搜集、整理各种网络课程与教学资源，发放视频学习任务单，在线互动并适时了解学习进度，统计、整理学生的在线学习问题，协助骨干教师指导小组合作学习，课堂观摩学习，并完成一对一的个性化学习需求调查。

教学团队建设应以合作教学、专家引领、教学反思、专业发展为宗旨，同时还应注重团队成员课程研发设计的新理念和新方法的形成，注重团队成员将数字和网络技术植入课程教学的能力提升，注重团队成员对本课程领域前沿知识和最新课程资源的掌握，注重团队成员网络教学理念、思想和方法的培训，注重团队成员课堂讲授讲解能力、与学生的交往沟通能力和表达能力的提高。

2. 教学组织大班（或小组）化

翻转课堂将有共同学习兴趣和疑惑的学习者集中在一起开展答疑解惑，从而使得大规模指导和答疑成为可能。翻转课堂由大班集体答疑和重难点指导（大班形式）、小组合作完成拓展练习（小组合作形式）、个别化学习指导三种形式构成，三种课堂组织形式分别指向不同的学习目标和任务。大班形式主要由专家教师针对线上学习中学习者普遍存在的问题、重点难点进行答疑解惑，约占课时数的 50%~60%，解决的是 70%~80%学习者的疑难困惑；这种学习结束后，会有拓展性的应用练习，一般以小组合作形式展开，约占课时数的 30%~40%，学习者通过组内同伴互助、资源分享和讨论，解决的是中等生的巩固、应用问题和后进生的学习困难问题；而个别化的指导，则是穿插在小组合作学习过程中，由专家教师和骨干教师针对优秀生和后进生的问题展开小组合作学习，也可以通过参与论坛在线进行，或是通过社交网站建立讨论组，这样的小组化教学使得学生能够真正参与其中，真正形成相对稳定且具有长效性的学习共同体。

3. 学习方式个性化

什么样的学习资源能够为学习者所用呢？除受移动设备性能的制约外，主要在于学习者的自主选择。在慕课的支持下，学习者可以根据自己的认知风格、学习进度选择学习资源展开学习。在慕课的环境中，学习者可以处于不同的学习状态、不同的学习进度，学习者可以根据自身条件的差异，自行确定哪部分内容需要投入更多的精力。

4. 学习评价自主化

在网络教学平台中，每完成一步的学习都可以通过小测验进行在线测试，并可即刻收到反馈，学习者利用反馈的结果了解自己的学习状况，及时调整自己的学习进度。互联网时代的评价体系立足于学习的过程，关注学习者的进步，以最及时、最直接的方式矫正学习行为。

三、翻转课堂在教学中的应用流程

翻转课堂已在美国实施多年。美国落基山林地公园高中从初步探索到逐步完善，走过了漫长的实施道路，其翻转课堂教学模式的成功范式影响了美国很多其他的中小学校乃至世界各地的学校。有越来越多的学校开始开创符合本校特色的翻转课堂教学模式。山东刘梅课题组经过对小学六年级数学课的三轮行动研究，总结出翻转课堂在中小学教学中的应用程序。

（一）课前阶段

1. 教师活动

（1）分析教学目标。在制作教学视频前，教师需要分析教学目标。教学目标是通过教学活动所期望达到的预期结果。明确教学目标，即教师期望学生通过教学知道什么、获取什么，这是任何教学所要明确的首要关键问题。只有教学前确定清晰的教学目标，教学才有针对性，才能明确要采用的具体的教学方法。实施翻转课堂教学模式前，对教学目标进行分析，不仅有利于教师分析哪些内容适合通过视频的方式直接讲授给学生，哪些内容适合课堂上通过师生的合作探究获得最佳的教学效果，而且有利于教师明确教学目标，避免教学中的盲目性和无目的性。

（2）制作教学视频。在翻转课堂中，知识的传递是通过视频来完成的。教学视频可以由教师自己录制，也可以使用其他教师制作的教学视频，或者是使用网络上优秀的视频资源。制作教学视频是翻转课堂教学模式的重要部分。教师在录制教学视频过程中，应考虑学生的想法，以适应不同学生的学习方法和习惯。视频的呈现形式大体来说有三种：第一种是出现教师整个形象，可以在微格教室录制或者直接用摄像机录制课堂教师授课的情形；第二种是 PPT 加画中画，教师的身影以画中画的形式出现；第三种是可汗学院式，只出现教学内容，不出现教师的身影。录制教学视频必须选择一个安静的地方，这样制作出来的视频才能保证学生在观看时不受视频中噪声的干扰。视频录制完成后要进行发布。

2. 学生活动

（1）观看教学视频。教师通过对教学内容的分析，把适合直接讲授的内容用教学视频的形式教给学生，这在一定程度上避免了课堂时间的浪费。学习进度快的学生可以快速地进行知识的学习。对于学习进度慢的学生，他们不用担心传统课堂上跟不上教师节奏的问题，可以根据自己的实际学习情况对教师讲授的内容做适时的停顿。在观看教学视频的过程中，学生在遇到不懂的地方可以做笔记，把自己不懂的问题带到课堂上。这样，学生可以完全掌控自己的学习步调。在此过程中，学生需要对所观看的教学视频里讲授的知识做一定程度上的梳理和总结，以明确自己的收获并整理出有疑惑的知识点。

（2）做适量练习。学生观看完教学视频后，需要完成教师布置的具有针对性的课堂练习。这些练习是教师针对教学视频中所讲的知识，为加强学生对学习内容的巩固并发现学生的疑难之处所设置的。根据“最近发展区”理论，教师需要对课前练习的数量和难易程度进行合理的设计，明确让学生做练习的目的是帮助学生利用旧知识完成向新知识的过渡，加深对教学视频中知识的巩固与深化。学校可以通过网络交流平台与学生进行互动，了解学生在观看教学视频和做练习过程中所遇到的问题。教师可以通过学生所做练习的反馈情况，时刻了解学生的实际学习情况，同时，同学之间也可以进行互动，彼此交流收获，进行互动解答。

（二）课中教学活动阶段

1. 确定问题，解答疑惑

在课中教学活动开始阶段的交流中，教师需要针对学生观看视频的情况和通过网络交流平台所反映出的问题进行答疑解惑，学生也可以提出自己在观看教学视频时存在的疑惑，与教师和同学共同探讨，这样学生本身就成为一种交往的学习资源。

2. 独立探索，完成作业

独立学习能力是学生必备的能力之一。一个没有独立学习能力的人，必然无法在社会中生存。在传统的课堂中，教师一手包办学生的学习，课堂的大部分时间用来讲授知识，学生的课下时间被大量机械性的作业填满，学生独立学习和探索的能力越来越被压制。学生是独立的个体，他们本身有着独立学习的能力。学生知识结构的内化需要经过独立的思考，教师只能从方法上引导学生，而不能代替学生完成学习。翻转课堂为学生提供了个性化的学习环境，学生在课堂中独立完成教师布置的作业。在独立完成作业的过程中，学生审视自己理解知识的角度，建构知识的结构，完成对知识的进一步学习。教师要在刚开始时给予学生一定的指导，帮助学生完成任务。待学生有一定的独立解决问题的能力时，教师要“放手”，逐渐让学生在独立学习中构建自己的知识体系。

3. 合作交流，深度内化

学生在独立探索学习阶段，已建立了自己的知识体系，但是知识的深度内化需要在交流合作中完成。人是社会中的人，交往是人与人之间直接的相互作用的过程。交往学习是学生在与他人的对话、交流、讨论等学习活动中所开展的学习过程，学生在这一过程中实现自身的发展。相关实验证明，团队学习、合作学习和参与式学习的效果可以达到50%以上。在翻转课堂里，学生被分成小组，一般为3~4人一组，学生与学生之间通过独立探索阶段的学习与同伴交流自己对知识的理解；教师不是站在讲台上，俯视着课堂里所发生的一切，而是走下讲台，参与到学生的探讨中，真正地融入学生的小组合作活动中。当学生在讨论中遇到问题时，教师可以给予及时的帮助，引导学生澄清对知识的错误认知。在此过程中，学生的批判性思维、课堂参与能力和对待学习的态度发生了很大的改变，从而真正地把学生推到了学习的主体地位。当学习本身成为学生的自身需要时，学生就会真正成为学习的主人，变“要我学”为“我要学”；教师也从说教、传授的角色转变为学生学习的引导者和促进者。

4. 成果展示，分享交流

学生在经过独立探索和合作交流后，完成个人或者小组的成果。学生可以通过报告会、展示会、辩论赛或者小型的比赛等形式交流学习心得和体会。在成果展示过程中，学生或小组可以通过教师与学生的点评获得对知识更深的了解；同时，学生也可以通过观看其他学生或小组的展示，学习他人的优点，明确自己的优势与不足。学生在此过程中不断领略学习给他们带来的乐趣，更以一种积极乐观的心态面对以后的学习，增强学习的自信心。教师在分享交流环节，可以通过学生或者小组的汇报，明确学生对知识的掌握水平，有针对性地进行后期的“补救”工作。

参考文献

[1] 顾明远．教育技术［M］. 北京：高等教育出版社，1999.
[2] 朱式庆．教育技术学［M］. 合肥：中国科学技术大学出版社．2009.
[3] 何克杭．教育技术学［M］. 北京：北京师范大学出版社，2009.
[4] 罗维亮．教育技术［M］. 西安：西北大学出版社，2006.
[5] 黄怀荣．信息技术与教育［M］. 北京：北京师范大学出版社，2008.
[6] 万新恒．信息化校园：大学的革命［M］. 北京：北京大学出版社，2000.
[7] 李艺．信息技术课程与教学［M］. 北京：高等教育出版社，2005.
[8] 乌美娜．教学设计［M］. 北京：高等教育出版社，1994.
[9] 章伟民．现代教育技术［M］. 北京：人民教育出版社，2000.
[10] 刘良华．教育研究方法［M］. 上海：华东师范大学出版社，2016.
[11] 秦丹，等．现代教育技术基础［M］. 北京：电子工业出版社，2017.
[12] 胡来林．现代教育技术——面向信息化的教师专业发展［M］. 北京：电子工业出版社，2011.
[13] 汪琼，李林．交互式电子白板教学应用教程［M］. 北京：北京大学出版社，2014.
[14] 李运林，徐福荫．电视教材编导与制作［M］. 北京：高等教育出版社，2004.
[15] 任友群．技术支撑的教与学及其理论基础［M］. 上海：上海教育出版社，2007.
[16] 曾晓红．基于 BLOG 的协作学习及其应用［J］. 中国点化教育，2010（10）.
[17] 周剑云．使用 WIKI 技术实现网络学习评价［J］. 中国远程教育 2010（7）.
[18] 张利．基于“掌握学习理论”的工科 ESP 教学改革研究［J］. 外国语文，2015（4）.
[19] 赵呈领，等．21 世纪以来我国教育技术学研究的热点与趋势［J］. 现代教育技术，2017（3）.
[20] 郑旭东，李志茹．新兴信息技术在场馆学习中的创新与应用：现状、趋势与挑战［J］. 现代教育技术，2015（6）.
[21] 杨续辉．知识构建视角下创客教育的有效开展［J］. 电化教育研究，2017（5）.

参考文献